汽车构造

主 编　于秀涛
主 审　王殿坤

北京理工大学出版社
BEIJING INSTITUTE OF TECHNOLOGY PRESS

内 容 简 介

本书从汽车类专业毕业生行业领域和工作岗位群的需要出发，系统地介绍了现代汽车的基本结构和工作原理。内容主要包括概述、发动机基本知识、曲柄连杆机构与配气机构、汽油机燃料供给系统、柴油机燃料供给系统、发动机冷却与润滑系统、汽车传动系统、汽车行驶系统、汽车转向系统和汽车制动系统等部分，内容涉及面广，充分体现了汽车新结构、新技术和新工艺的应用。本书还结合安全和排放法规的要求，编写了汽油直接喷射和进气、排气系统及发动机有害排放物的控制以及安全转向柱和防抱死制动装置等内容。

版权专有　侵权必究

图书在版编目（CIP）数据

汽车构造 / 于秀涛主编. —北京：北京理工大学出版社，2018.10（2024.11重印）
ISBN 978 – 7 – 5682 – 6389 – 4

Ⅰ.①汽…　Ⅱ.①于…　Ⅲ.①汽车 – 构造　Ⅳ.①U463

中国版本图书馆 CIP 数据核字（2018）第 222026 号

出版发行 / 北京理工大学出版社有限责任公司
社　　址 / 北京市海淀区中关村南大街 5 号
邮　　编 / 100081
电　　话 /（010）68914775（总编室）
　　　　　（010）82562903（教材售后服务热线）
　　　　　（010）68948351（其他图书服务热线）
网　　址 / http://www.bitpress.com.cn
经　　销 / 全国各地新华书店
印　　刷 / 涿州市新华印刷有限公司
开　　本 / 787 毫米 × 1092 毫米　1/16
印　　张 / 18　　　　　　　　　　　　　　责任编辑 / 张鑫星
字　　数 / 425 千字　　　　　　　　　　　　文案编辑 / 赵　轩
版　　次 / 2018 年 10 月第 1 版　2024 年 11 月第 4 次印刷　责任校对 / 周瑞红
定　　价 / 48.00 元　　　　　　　　　　　　责任印制 / 李志强

图书出现印装质量问题，请拨打售后服务热线，本社负责调换

前 言

汽车产业已经成为支撑和拉动我国国民经济持续快速增长的支柱产业，其发展日新月异，汽车产销量迅速增加。但是，汽车行业的发展凸显专业人才的匮乏，营销、维修以及服务等各方面人才长期处于供不应求的局面。

为了适应汽车市场对技术技能型人才需求增加的变化以及满足我国汽车行业技术技能型人才培养的需要，达到职业教育以就业为导向的办学目的，本书按照"知识、能力和素质并重"的要求，以"工学结合"为切入点，将"课堂理论教学、实验探究教学、实践体验教学"的教学体系落实在教材中，打破传统教材体系，引入了以情境导入为驱动的启发式教学模式，由实际工作情境开展教学内容，激发了学生的学习兴趣，提高了效率，使学生易于接受、易于吸收。

在汽车结构分析中将典型工作任务进行整合的基础上，以目前市场常见的车型为研究对象，以国家技术标准、原厂维修手册、技术培训资料和实际维修案例为编写依据，重新设立四个模块，以汽车结构特征为主线，采用情景模拟和任务驱动的教学方法，围绕汽车系统的结构、工作过程和机件的特征等制定与实施组织教学，在培养学生知识学习能力、实践操作技能的同时，更加注重学生结构分析、性能优化思维的形成。

本书有普遍适用性，可作为高等院校汽车工程类（车辆工程、汽车服务工程、汽车维修检测、汽车运用与维修及汽车营销与服务等专业）教材，也可以作为成人高等教育、汽车技术培训等相关课程的教材使用，还可供汽车行业工程技术人员阅读参考。根据教材内容各部分的学时安排（见下表），在实际教学过程中也可根据培养目标和教学计划做适当调整。

序号	学习内容	建议学时
知识领域1	汽车发动机部分	26
知识领域2	汽车传动系统	24
知识领域3	汽车行驶系统	10
知识领域4	汽车转向系统和制动系统	20
总计		80

本书由黄河交通学院的于秀涛主持编写并统编全书内容；由河南工业大学王殿坤主审，并提出宝贵修改意见。

本书编写过程中得到了广大汽修工作从业人员和职业教育一线教学人员的支持与帮助，并提供了大量的参考资料，在此表示感谢，同时参考了大量的国内外相关书籍资料，对此表示感谢。由于编写时间短、工作量大，书中如有不足之处，敬请广大读者批评指正。

编 者

目　　录

知识领域1　汽车发动机部分（AEP） ………………………………………………… 1
知识单元1.1　汽车发动机的工作原理及总体构造 ……………………………………… 1
学习任务1.1.1　汽车发动机的总体构造 ……………………………………………… 1
学习任务1.1.2　汽车发动机的工作原理 ……………………………………………… 6
知识单元1.2　机体组和曲柄连杆机构 …………………………………………………… 11
学习任务1.2.1　机体组 ………………………………………………………………… 12
学习任务1.2.2　活塞连杆组 …………………………………………………………… 17
学习任务1.2.3　曲轴飞轮组 …………………………………………………………… 26
知识单元1.3　配气机构 …………………………………………………………………… 31
学习任务1.3.1　气门组 ………………………………………………………………… 31
学习任务1.3.2　气门传动组 …………………………………………………………… 36
知识单元1.4　发动机冷却系统 …………………………………………………………… 48
学习任务1.4.1　冷却系统概述 ………………………………………………………… 48
学习任务1.4.2　冷却系统的主要部件 ………………………………………………… 50
知识单元1.5　发动机润滑系统 …………………………………………………………… 58
学习任务1.5.1　润滑系统概述 ………………………………………………………… 58
学习任务1.5.2　润滑系统主要部件 …………………………………………………… 60
知识单元1.6　发动机供给系统 …………………………………………………………… 65
学习任务1.6.1　燃油供给系统 ………………………………………………………… 66
学习任务1.6.2　汽油供给系统的主要部件 …………………………………………… 68

知识领域2　汽车传动系统（ATS） …………………………………………………… 81
知识单元2.1　离合器 ……………………………………………………………………… 81
学习任务2.1.1　离合器概述 …………………………………………………………… 81
学习任务2.1.2　摩擦式离合器 ………………………………………………………… 87
学习任务2.1.3　离合器操纵机构 ……………………………………………………… 89
学习任务2.1.4　汽车自动离合器 ……………………………………………………… 91
知识单元2.2　变速器与分动器 …………………………………………………………… 92
学习任务2.2.1　普通齿轮变速器的变速传动机构 …………………………………… 92
学习任务2.2.2　手动变速器的操纵机构 ……………………………………………… 96
学习任务2.2.3　液力变矩器与自动变速器 …………………………………………… 98
学习任务2.2.4　自动变速器齿轮传动机构 …………………………………………… 103
学习任务2.2.5　自动变速器操纵机构 ………………………………………………… 108
学习任务2.2.6　自动变速器控制机构 ………………………………………………… 115

知识单元2.3　驱动桥 128
　　　　学习任务2.3.1　汽车驱动桥 129
　　　　学习任务2.3.2　汽车万向传动装置 133
　　　　学习任务2.3.3　半轴与桥壳 137
　　　　学习任务2.3.4　四轮全轮驱动系统的驱动桥 139

知识领域3　汽车行驶系统（ARS） 143
　　知识单元3.1　车架与车桥 143
　　　　学习任务3.1.1　汽车车架 143
　　　　学习任务3.1.2　车桥与车轮定位 148
　　知识单元3.2　车轮与轮胎 155
　　　　学习任务3.2.1　汽车车轮 155
　　　　学习任务3.2.2　汽车轮胎 160
　　　　学习任务3.2.3　轮胎改装简介 164
　　知识单元3.3　悬　架 165
　　　　学习任务3.3.1　汽车悬架概述 165
　　　　学习任务3.3.2　汽车减震器 173
　　　　学习任务3.3.3　电子控制悬架 179

知识领域4　汽车转向系统和制动系统（ASB） 180
　　知识单元4.1　汽车转向系统 180
　　　　学习任务4.1.1　汽车转向系统概述 180
　　　　学习任务4.1.2　汽车转向操纵机构 182
　　　　学习任务4.1.3　汽车转向器 188
　　　　学习任务4.1.4　动力转向系统 192
　　　　学习任务4.1.5　动力转向器 196
　　　　学习任务4.1.6　电控助力转向系统 198
　　　　学习任务4.1.7　四轮转向系统 202
　　知识单元4.2　汽车制动系统 208
　　　　学习任务4.2.1　汽车制动系统概述 208
　　　　学习任务4.2.2　车轮制动器 216
　　　　学习任务4.2.3　液压制动系统 223
　　　　学习任务4.2.4　制动操纵系统 247
　　　　学习任务4.2.5　电磁刹车 262
　　　　学习任务4.2.6　汽车防抱制动系统 263
　　　　学习任务4.2.7　牵引力控制系统 269

参考文献 280

知识领域 1　汽车发动机部分（AEP）

知识单元 1.1　汽车发动机的工作原理及总体构造

知识目标

1. 了解汽车发动机的总体构造；
2. 熟悉汽车发动机的基本组成与编号规则；
3. 掌握汽车发动机的工作原理。

学习任务 1.1.1　汽车发动机的总体构造

汽车发动机的结构复杂，种类繁多，一般由上万个零件组成。汽车发动机目前应用比较广泛的是汽油机和柴油机。但是，从总体上看，它们的结构基本相同。所有发动机的曲柄连杆机构和配气机构、润滑系统、冷却系统、进排系统和起动系统等六大构造基本相同，只是燃料供给、燃烧方式和结构不同。汽油机中化油器式的有燃料供给系统和点火系统，电喷式的汽油机有其独特的点火系统、燃油供给系统和电子控制系统。而柴油机有其独特的燃料供给系统，而没有点火系统。

下面分别介绍发动机的基本相同的构造和特有的基本构造。

1. 发动机基本相同的构造

以四缸四冲程为例，如图 1-1 所示。

（1）曲柄连杆机构

曲柄连杆机构主要是由气缸体、气缸盖、活塞和连杆总成、曲轴飞轮和油底壳等组成的。它是发动机的能量转换机构，又是发动机运动转换机构。它的主要作用是把燃气作用在活塞顶上的压力转变为曲轴的旋转运动并对外输出动力。

（2）配气机构

配气机构主要有进气门、排气门、摇臂机构、推杆、挺柱、凸轮轴和凸轮轴正时齿轮等部分组成。它的主要作用是使新鲜的混合气或空气适时地充入气缸并及时把废气排出缸外。

（3）冷却系统

冷却系统主要有水泵、风扇、节温器、水套、散热器等，其主要作用是冷却受热机件，保持发动机的正常工作温度。

（4）润滑系统

润滑系统主要由机油泵、集滤器、限压阀、油道、机油滤清器和机油散热器等组成。其主要功用是冷却、清洗、润滑、密封和防腐蚀等。

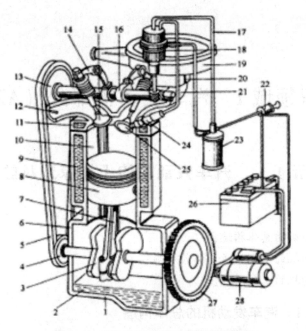

图1-1 四缸四冲程发动机的基本结构

1—油底壳；2—机油；3—曲轴；4—曲轴同步带轮；5—同步带；6—曲轴箱；7—连杆；8—活塞；9—水套；10—气缸；11—气缸套；12—排气管；13—凸轮轴同步带轮；14—摇臂；15—排气门；16—凸轮轴；17—高压线；18—分电器；19—空气滤清器；20—化油器；21—进气管；22—点火开关；23—点火线圈；24—火花塞；25—进气门；26—蓄电池；27—飞轮；28—起动机

（5）进排气系统

进排气系统主要由空气滤清器、进气管、排气管和排气消声器组成。其作用是使新鲜气体送入燃烧室，并将燃烧后的废气排到大气中，保持发动机的运转。

（6）起动系统

起动系统主要由起动机和其他辅助装置组成，其作用是使发动机由静止起动到自行运转。

2. 发动机特有的构造

化油器式汽油机、电喷式汽油机和柴油机除了上述的基本相同的构造外，还各自有特有的构造。

（1）化油器式汽油机

1）点火系统。点火系统主要由电源、点火开关、点火线圈、分电器、火花塞组成。其主要作用是将电源提供的低压电流转变为高压电流，再将高压电流在各缸压缩行程接近上止点分配给各火花塞，产生电火花，点燃气缸内被压缩的气体。

2）燃料供给系统。化油器是汽油机的燃料供给系统，主要由油箱、燃油泵、燃油滤清器和化油器等组成。其主要作用是将空气与汽油混合为合适的可燃混合气，送入气缸中燃烧。

（2）电喷式汽油机

1）燃油供给系统。电喷式燃油供给系统主要由汽油箱、电动汽油泵、汽油滤清器、燃油压力调节器和喷油器组成。

2）电子控制系统。电喷式汽油机的电子控制系统由控制单元、传感器和执行器组成。

电控单元根据传感器的信号进行判断、运算和处理,然后与此有关的执行器发出指令,使发动机在各种工况下都得到最佳浓度的混合气和最佳的点火时刻。另外,电控单元还以故障代码的形式储存和显示电控系统某些元件的故障,具备自诊断功能。

3) 点火系统。电喷式汽油机的点火系统主要由电控单元控制低压电路的通断和高压电流的分配,使发动机在各种工况下都能获得最佳的点火时间和足够的点火能量。

(3) 柴油机的燃料供给系统

柴油机燃料供给系统与汽油机有很大的差别,它主要由柴油箱、输油泵、柴油机滤清器、喷油泵和喷油器等组成。输油泵从油箱内吸入柴油并经滤清器后输送到喷油泵,喷油泵将低压柴油提高压力,喷油器在压缩行程接近上止点时将高压柴油以雾状喷入气缸,柴油在高温空气中自行着火燃烧。

图1-2所示为上海桑塔纳轿车发动机的构造,其结构特点是凸轮轴安装在气缸盖上方,有凸轮轴直接驱动气门,省去了摇臂,简化了配气机构的传动。这种布置形式最适用于高速发动机。

图1-2 上海桑塔纳发动机的构造
(a) 发动机侧剖视图;(b) 发动机外部附件及总成布置

图1-3所示为黄河JN1181C13型汽车用的6135Q型六缸四冲程柴油机。6135Q型柴油机与一般柴油机相比,其结构特点是曲轴为组合式曲轴且主轴承采用滚动轴承,其摩擦损失小,气缸体采用隧道式结构,刚度很大,与油底壳结合面的密封简单。

图1-4所示为南京汽车制造厂生产的依维柯(IVECO)轻型货车用的柴油机横剖面图。IVECO柴油机是一种轻型的高速、高性能的四缸直喷式ω形燃烧室自吸式水冷柴油机,采用了顶置凸轮轴及同步齿形带,降低了噪声,在最大功率时转速可高达4 200 r/min。我国重型汽车公司从奥地利斯太尔(STEYR)公司引进的WD615系列四冲程直列六缸增压中冷、直接喷射式柴油机的横剖面图。它采用ω形燃烧室,并对喷油系统与燃烧做了较好的匹配与调整,能使燃油在较短的时间内喷入燃烧室,使发动机具有良好的燃油经济性与低速转矩的特性。

图1-3 黄河JN 1181C13型汽车用的6135Q型六缸四冲程柴油机

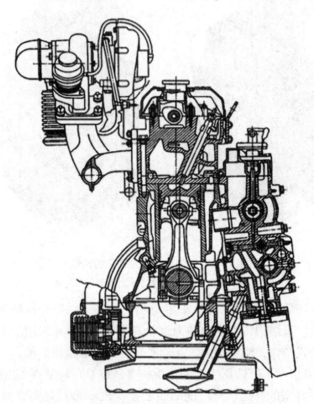

图1-4 依维柯轻型货车用的柴油机横剖面图

3. 内燃机的名称和型号

为了便于内燃机的生产管理和使用，国家标准（GB/T 725—2008）《内燃机产品名称和型号编制规则》中对内燃机的名称和型号都做了统一规定。

内燃机名称均按照所使用的主要燃料命名，如汽油机、柴油机和煤气机等。

内燃机型号由阿拉伯数字和汉语拼音字母组成。

内燃机型号由以下4部分组成。

- 首部：首部为产品系列符号和换代标志符号，由制造厂根据需要自选相应字母表示，但需主管部门核准。
- 中部：由缸数符号、冲程符号、气缸排列形式符号和缸径符号等部分组成。
- 后部：结构特征和用途特征符号，以字母表示。
- 尾部：区分符号。同一系列产品因改进等原因需要区分时，由制造厂选用适当符号表示。

内燃机型号的排列顺序及符号所代表的意义规定如图1-5所示。

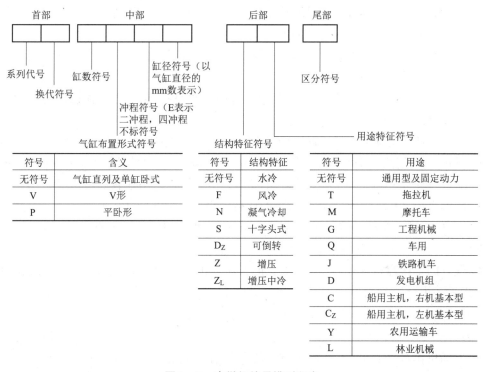

图1-5 内燃机编号排列顺序

型号编制举例：

（1）汽油机

1E65F——表示单缸，L形（气缸布置形式，即直列），二冲程，缸径65 mm，风冷，通用型汽油机。

CA6102——表示第一汽车制造厂制造，六缸，L形，四冲程，缸径102 mm，水冷，汽车用汽油机。

EQ6100-1——表示第二汽车制造厂制造，六缸，L形，四冲程，缸径100 mm，水冷，汽车用汽油机，第二代变型产品。

（2）柴油机

6135Q——表示六缸，L形（气缸布置形式，即直列），四冲程，缸径135 mm，水冷，汽车用柴油机。

10V120FQ——表示十缸，V 形，四冲程，缸径 120 mm，风冷，汽车用柴油机。

R175ND——表示单缸，L 形，四冲程，缸径 75 mm，凝气冷却，发电用柴油机（R 表示 175 的换代标志符号）。

495T——表示四缸，L 形，四冲程，缸径 95 mm，水冷，拖拉机用柴油机。

12VE230ZCz——表示十二缸，V 形，二冲程，缸径 230 mm，水冷，增压，船用主机，左机基本型。

学习任务 1.1.2　汽车发动机的工作原理

1. 发动机的基本术语

- 工作循环：发动机每次将热能转化为机械能，都必须经过进气、压缩、做功及排气 4 个连续的行程来实现，每进行一次这样的行程就叫一个工作循环。
- 四冲程发动机：曲轴旋转两周，活塞往复四个行程完成一个工作循环的发动机，称为四冲程发动机。
- 二冲程发动机：曲轴旋转一周，活塞往复两个行程完成一个工作循环的发动机，称为二冲程发动机。
- 上止点：活塞顶部离曲轴回转中心最远处，即活塞的最高位置，如图 1-6 所示。
- 下止点：活塞顶部离曲轴回转中心最近处，即活塞的最低位置，如图 1-6 所示。
- 活塞行程（S）：上下止点之间的距离即为活塞行程，用 S 表示，如图 1-6 所示。
- 曲柄半径（R）：曲轴与连杆大头的连接中心至曲轴的回转中心的距离。显然，对于四冲程发动机来说，曲轴每转一周，活塞移动两个行程，对于气缸中心线通过曲轴回转中心的内燃机，其 $S = 2R$，如图 1-6 所示。
- 气缸的工作容积（V_h）：活塞从上止点到下止点所扫过的容积称为气缸工作容积或气缸的排量，用符号 V_h 表示。

$$V_h = \pi d^2 S/4 \times 10^6 \quad (1-1)$$

式中　d——气缸直径，mm。

- 发动机排量（V_l）：发动机所有气缸工作容积之和。设发动机的气缸数为 i，则

$$V_l = V_h \cdot i \quad (1-2)$$

- 燃烧室容积（V_c）：活塞在上止点时，活塞上方的空间叫燃烧室，它的容积叫燃烧室容积。
- 气缸总容积（V_a）：活塞在下止点时，活塞上方的容积积称为气缸总容积。它等于气缸工作容积与燃烧室容积之和，即

$$V_a = V_h + V_c \quad (1-3)$$

- 压缩比（ε）：气缸总容积与燃烧室容积的比值，即

$$\varepsilon = V_a/V_c = 1 + V_h/V_c \quad (1-4)$$

它表示活塞由下止点运动到上止点时，气缸内气体被压缩的程度。压缩比越大，压缩终了时气缸内的气体压力和温

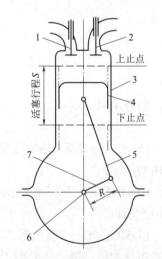

图 1-6　发动机工作示意图
1—进气门；2—排气门；3—气缸；
4—活塞；5—连杆；
6—曲轴中心；7—曲柄

度就越高。但是，压缩比过大，汽油机会产生爆燃和表面点火等不正常的燃烧。一般车用汽油机的压缩比为7~10，柴油机的压缩比为15~22。

- 工况：内燃机在某一时刻的运行状况简称工况，以该时刻内燃机输出的有效功率和曲轴转速表示。曲轴转速即为内燃机转速。
- 负荷率：内燃机在某一转速下发出的有效功率与在相同转速下所能发出的最大有效功率的比值称为负荷率，以百分数表示。负荷率通常简称为负荷。

2. 发动机的基本工作原理

往复活塞式内燃机所用的燃料主要是汽油或柴油。由于汽油和柴油具有不同的性质，因而在发动机的工作原理和结构上有差异。

（1）四冲程汽油机工作原理

汽油机是将空气与汽油以一定的比例混合成良好的混合气，在进气行程中被吸入气缸，混合气经压缩点火燃烧而产生热能，高温高压的气体作用于活塞顶部，推动活塞做往复直线运动，通过连杆、曲轴飞轮机构对外输出机械能。四冲程汽油机在进气行程、压缩行程、做功行程和排气行程内完成一个工作循环。

以气缸容积 V 为横坐标、气缸内气体压力 p 为纵坐标构成示功图（见图1-7），表示活塞在不同位置时各个行程中 p 与 V 的变化关系。下面结合示功图来说明汽油机的工作过程。

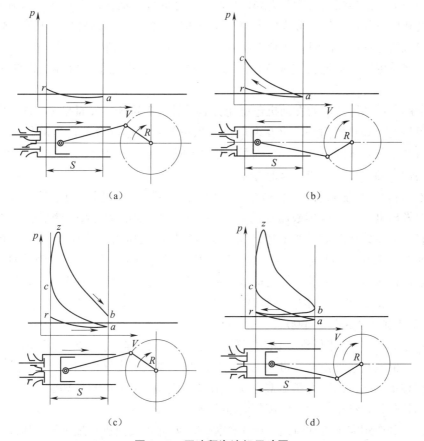

图1-7 四冲程汽油机示功图

(a) 进气行程；(b) 压缩行程；(c) 做功行程；(d) 排气行程

1）进气行程。在这个过程中，发动机的进气门开启，排气门关闭。随着活塞从上止点向下止点移动，活塞上方的气缸容积增大，从而使气缸内的压力将到大气压力以下，即在气缸内造成真空吸力，这样空气便由进气管道和进气门被吸入气缸，同时喷油嘴喷出雾化的汽油与空气充分混合。在进气终了时，气缸内的气体压力为 0.075~0.09 MPa，而此时气缸内的可燃混合气的温度已经升高到 370~400 K。在示功图上，进气行程为曲线 ra。

2）压缩行程。为使吸入气缸的可燃混合气能迅速燃烧，以产生较大的压力，从而使发动机发出较大功率，必须在燃烧前将可燃混合气压缩，使其容积缩小、密度加大、温度升高，即需要有压缩过程。在这个过程中，进、排气门全部关闭，曲轴推动活塞由下止点向上止点移动一个行程，即压缩行程。此时混合气压力会增加到 0.6~1.2 MPa，温度可达 600~700 K。

在这一行程中，一般压缩比越大，在压缩终了时，混合气的压力和温度便越高，燃烧速度也越快，因而发动机发出的功率越大，经济性越好。一般轿车的压缩比在 8~10，不过现在 Polo 就达到了 10.5 的高压缩比，因此它的扭矩表现很不错。但是当压缩比过大时，不仅不能进一步改善燃烧情况，反而会出现爆燃和表面点火等不正常燃烧现象（燃油质量的影响也是占有相对重要的地位，这方面我们会在以后详细讲解）。

爆燃是由于气体压力和温度过高，在燃烧室内离点燃中心较远处的末端可燃混合气自燃而造成的一种不正常燃烧。爆燃时火焰以极高的速率向外传播，甚至在气体来不及膨胀的情况下，温度和压力急剧升高，形成压力波，以声速向前推进。当这种压力波撞击燃烧室壁时就会发出尖锐的敲缸声。同时，还会引起发动机过热，功率下降，燃油消耗量增加等一系列不良后果。严重爆燃时甚至会造成气门烧毁、轴瓦破裂、火花塞绝缘体被击穿等机件损坏现象。

除了爆燃，过高压缩比的发动机还可能会面对另一个问题：表面起火。这是由于缸内炽热表面与炽热处（如排气门头、火花塞电极、积炭处）点燃混合气产生的另外一种不正常燃烧（也称作炽热点火或早燃）。在表面起火发生时，也伴有强烈的敲缸声（较沉闷），产生的高压会使发动机负荷增加，降低寿命。

3）做功行程（膨胀行程）。在这个过程中，进、排气门仍旧关闭。当活塞接近上止点时，火花塞发出电火花，点燃被压缩的可燃混合气。可燃混合气被燃烧后，放出大量的热能，此时燃气的压力和温度迅速增加。其所能达到的最大压力可达 3~5 MPa，相应的温度则高达 2 200~2 800 K。高温、高压的燃气推动活塞由上止点向下止点运动，通过连杆使曲柄旋转并输出机械能，除了维持发动机本身运转外，其余即用于对外做功。在活塞的运动过程中，气缸内容积增加，气体压力和温度都迅速下降，在此行程终了时，压力降至 0.3~0.5 MPa，温度则为 1 300~1 600 K。

4）排气行程。当膨胀行程（做功行程）接近终了时，排气门开启，利用废气的压力进行自由排气，活塞到达下止点后再向上止点移动时，强制将废气排到大气中，这就是排气行程。在此行程中，气缸内压力稍微高于大气压力，为 0.105~0.115 MPa。当活塞到达上止点附近时，排气行程结束，此时的废气温度为 900~1 200 K。

由此，已经介绍完了发动机的一个工作循环，四冲程汽油机经过进气、压缩、做功和排气四个行程完成一个工作循环。在这期间，活塞在上、下止点间往复移动了四个行程，相应地曲轴旋转了两周。

(2) 四冲程柴油机工作原理

柴油机的工作是由进气、压缩、燃烧膨胀和排气这四个行程来完成的,这四个行程构成了一个工作循环。四冲程柴油机和四冲程汽油机工作原理基本相同,但由于柴油和汽油有较大的差别(柴油黏度大,不易蒸发和自燃温度低),故可燃混合气形成、着火方式、燃烧过程及气体温度压力变化都和汽油机不同,活塞经过这四个行程才能完成一个工作循环的柴油机称为四冲程柴油机。四冲程柴油机的工作原理如图为1-8所示。

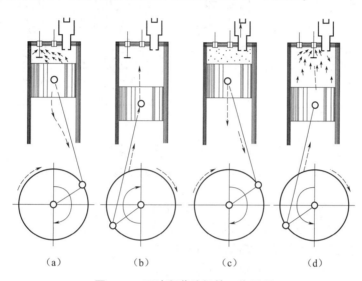

图 1-8 四冲程柴油机的工作原理
(a) 进气行程;(b) 压缩行程;(c) 做功行程;(d) 排气行程

1) 进气行程。进入气缸的工质是纯空气。由于柴油机进气系统阻力较小,进气终点压力 $p_a = (0.85 \sim 0.95) p_0$,比汽油机高。进气终点温度 $T_a = 300 \sim 340$ K,比汽油机低。

2) 压缩行程。由于压缩的工质是纯空气,因此柴油机的压缩比比汽油机高(一般为 $\varepsilon = 16 \sim 22$)。压缩终点的压力为 3 000~5 000 kPa,压缩终点的温度为 750~1 000 K,大大超过柴油的自燃温度(约 520 K)。

3) 做功行程。当压缩行程接近终了时,在高压油泵作用下,将柴油以 10 MPa 左右的高压通过喷油器喷入气缸燃烧室中,在很短的时间内与空气混合后立即自行发火燃烧。气缸内气体的压力急速上升,最高达 5 000~9 000 kPa,最高温度达 1 800~2 000 K。由于柴油机是靠压缩自行着火燃烧,故称柴油机为压燃式发动机。

4) 排气行程。柴油机的排气与汽油机基本相同,只是排气温度比汽油机低,一般 T_r = 700~900 K。对于单缸发动机来说,其转速不均匀,发动机工作不平稳,振动大。这是因为在 4 个行程中只有一个行程是做功的,其他 3 个行程是消耗动力为做功做准备的行程。为了解决这个问题,飞轮必须具有足够大的转动惯量,这样又会导致整个发动机质量和尺寸增加,采用多缸发动机可以弥补上述不足。

现代汽车多采用四缸、六缸和八缸发动机。在图 1-9 中,排气行程曲线表示在排气过程中,缸内的气体压力几乎是不变的,但比大气压力稍高一些。排气行程终点的压力 P_r 为 0.105~0.115 MPa,残余废气的温度 P_r 为 850~960 K。

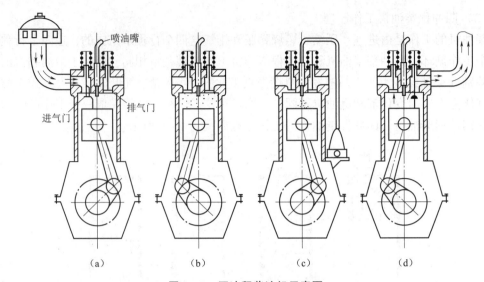

图1-9 四冲程柴油机示意图
(a) 进气行程；(b) 压缩行程；(c) 做功行程；(d) 排气行程

在四冲程柴油机的四个冲程中，只有第三冲程即做功行程才产生动力对外做功，而其余三个冲程都是消耗功的准备过程。为此在单缸柴油机上必须安装飞轮，利用飞轮的转动惯性使曲轴在四个冲程中连续而均匀地运转。图1-10所示为柴油机的示功图。

(3) 四冲程汽油机和柴油机的异同分析

1) 四冲程汽油机和柴油机的共同点：

① 每个工作循环都包含进气、压缩、做功和排气4个活塞行程，每个行程各占180°的曲轴转角，即曲轴每转两周才能完成一个工作循环。

② 在4个活塞行程中，只有一个做功行程，其余3个都是耗功行程。显然，在做功行程中，曲轴转角的角速度要比其他3个要大得多，即在一个工作循环内曲轴的角速度是不均匀的。为了改善曲轴旋转的不

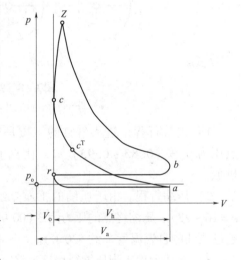

图1-10 柴油机的示功图

均匀性，可在曲轴上安装转动惯量较大的飞轮和采用多缸内燃机并按照一定的工作顺序工作。

2) 四冲程汽油机和柴油机的不同点：

① 汽油机可燃混合气在气缸外部并持续到进气和压缩行程的终了，时间较长。但柴油机混合气是在气缸内部形成，从压缩行程接近终了时开始，并占一小部分做功行程，时间较短。

② 汽油机可燃混合气是靠火花塞点燃，而柴油机利用气缸内的高温高压而自燃，所以汽油机又称点燃式内燃机，柴油机为压燃式内燃机。

柴油机与汽油机比较，柴油机的压缩比高，热效率高，燃油消耗率低，同时，柴油价格较低，因此，柴油机的燃料经济性能好，而且柴油机的排气污染少，排放性能较好。但它的主要缺点是转速低、质量大、噪声大、振动大，制造和维修费用高。在其发展过程中，柴油机不断发扬其优点，克服缺点，提高速度，有望得到更广泛地应用。

知识单元 1.2 机体组和曲柄连杆机构

知识目标

1. 了解机体组和曲柄连杆机构的功用、组成；
2. 熟悉机体组和曲柄连杆机构的主要部件构造；
3. 掌握机体组和曲柄连杆机构的工作原理。

1. 曲柄连杆机构的功用及基本组成

曲柄连杆机构的功用：曲柄连杆机构是把燃料燃烧后发出的热能转变为机械能的装置。在做功行程中，把活塞的往复运动转变成曲轴的旋转运动，对外输出动力，而在其他三个行程中，即在进气、压缩、排气行程中，又把曲轴的旋转运动转变成活塞的往复直线运动。可概括为：

- 将气体的压力变为曲轴的转矩。
- 将活塞的往复运动变为曲轴的旋转运动。

曲柄连杆机构的主要零件可分为三组：机体组、活塞连杆组以及曲轴飞轮组。

曲柄连杆机构的工作条件：发动机在工作时，曲柄连杆机构直接与高温高压气体接触，曲轴的旋转速度又很高，活塞往复运动的线速度相当大，同时与可燃混合气和燃烧废气接触，曲柄连杆机构还受到化学腐蚀作用，并且润滑困难。因此，曲柄连杆机构工作环境的特点是高温、高压、高速和化学腐蚀。

曲柄连杆机构的受力情况很复杂，其中有气体作用力、运动惯性力以及摩擦力等。

（1）气体作用力

气体作用力作用于活塞顶上，这在活塞的 4 个行程中始终存在，但只有做功行程中的气体作用力是发动机对外做功的原动力，其他 3 个行程都为阻力，阻碍活塞的运动，如图 1-11 所示。气体作用力 F_p 传到活塞销上，可分解为 F_{p1} 和 F_{p2}。F_{p1} 通过活塞销传给连杆，并沿连杆方向作用在曲柄销上，还可分解为两个分力 F_R 和 F_S，分力 F_R 沿曲柄主轴颈与主轴承间产生压紧力；分力 F_S 垂直于曲柄除了产生压紧力，还对曲轴形成转矩 T，推动曲轴旋转；力 F_{p2} 主要把活塞压向气缸壁，使活塞与缸壁间形成侧压力，有使气缸体翻倒的趋势，故气缸体下部的两侧应支撑在车架上。

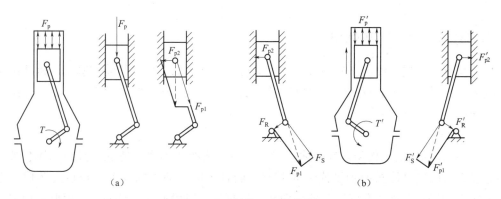

图 1-11 气体压力作用情况

（a）做功行程；（b）压缩行程

在压缩行程中，气体压力是阻碍活塞向上运动的阻力。这时的气体总压力为 F_p，它也可分解为两分力 F_{p1} 和 F_{p2}，而 F_{p1} 又分解为 F_R 和 F_S。F_R 使曲轴主轴颈与主轴承间产生压紧力，F_S 对曲轴形成旋转阻力矩 T，企图组织曲轴旋转，而力 F_{p2} 把活塞压向气缸另一侧壁。

（2）运动惯性力

在曲柄连杆机构中，活塞部分做直线往复运动，产生往复惯性力；曲轴部分做圆周旋转运动，产生旋转惯性力，也称离心力。往复惯性力和旋转惯性力通过主轴承和气缸体传给发动机支撑。

活塞当向下运动时，前半个行程是加速运动，惯性力向上，以 F_j 表示，如图 1-12（a）所示；后半个行程是减速运动，惯性力向下，以 F_j' 表示，如图 1-12（b）所示。同理，当活塞向上时，前半行程惯性力向下，后半行程惯性力向上。

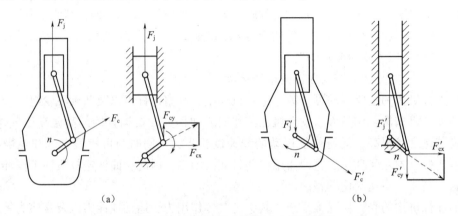

图 1-12 往复惯性力和离心力作用情况

（a）活塞在上半个行程时的惯性力；（b）活塞在下半个行程时的惯性力

离心力方向沿曲柄半径向外，大小与曲柄半径、旋转部分的质量及曲轴转速有关。如图 1-12 所示，离心力 F_c 在垂直方向的分力 F_{cy} 与往复惯性力 F_j 方向总是一致的，因而加剧了发动机的上下振动；而水平方向分力则使发动机产生水平方向的振动。离心力增大了机件间所受载荷，增加了它们的变形和磨损程度。

（3）摩擦力

摩擦力存在于任何一对互相压紧并做相对运动的零件表面之间，使机件间的磨损程度加剧。

学习任务 1.2.1 机体组

机体组是曲柄连杆机构、配气机构和发动机各系统主要零部件的装配基础。机体组主要由气缸体、气缸盖、气缸垫、气缸盖罩以及油底壳等组成。镶气缸套的发动机，机体组还包括干式和湿式气缸套。

1. 气缸体

1）气缸体的组成和作用：气缸体是气缸与曲轴箱的连铸体，是发动机的基体骨架。绝大多数发动机的气缸体与曲轴箱连铸在一起，而且多缸发动机的各个气缸也合铸成一个整体。风冷发动机在气缸体和气缸盖外表面铸有散热片，以增加其散热面积，因此一般将气缸体与曲轴箱分别铸制。

2) 气缸体的工作条件、要求和材料：在发动机工作时，气缸体承受拉、压、弯、扭等不同形式的机械负荷，同时还因为气缸壁面与高温燃气直接接触而承受很大的热负荷。因此，气缸体应具有足够的强度和刚度，且耐高温、耐磨损和耐腐蚀。另外，气缸体应该力求结构紧凑、质量轻，以减小整机的尺寸和质量。它一般用高强度灰铸铁或铝合金铸造。

3) 气缸体的构造和分类：气缸体的构造与气缸排列形式、气缸结构形式和曲轴箱结构形式有关。

根据气缸体与油底壳安装平面的位置不同，通常把气缸体分为以下3种形式：一般式、龙门式和隧道式，如图 1-13 所示。

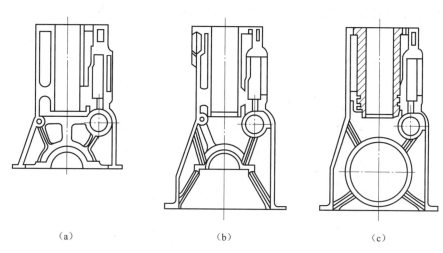

图 1-13　气缸体结构形式
(a) 一般式；(b) 龙门式；(c) 隧道式

一般式气缸体的底平面与曲轴轴线齐平，这种气缸体高度小、质量轻、加工起来也方便。但与另外两种气缸体相比刚度较差。

龙门式气缸体是指底平面下沉到曲轴轴线以下的气缸体。龙门式气缸体刚度和强度较好。气缸体底平面与油底壳之间的密封比较简单。

隧道式气缸体是指主轴承孔不剖分的气缸体结构，这种气缸体配以窄型滚动轴承可以缩短气缸体长度。隧道式气缸体的刚度大，主轴承孔的同轴度好，但是由于大直径滚动轴承的圆周速度不能很大，而且滚动轴承价格较贵，因此限制了隧道式气缸体在高速发动机上的应用。

4) 气缸的散热方式：水冷、风冷。为了能够使气缸内表面在高温下正常工作，必须对气缸和气缸盖进行适当地冷却。散热方法有两种，一种是水冷；另一种是风冷。水冷发动机的气缸周围和气缸盖中都有冷却水套，并且气缸体和气缸盖冷却水套相通，冷却水在水套内不断循环，带走部分热量，对气缸和气缸盖起冷却作用。风冷发动机在气缸体和气缸盖外表面铸有散热片，以增加散热面积。

5) 气缸的排列方式。气缸排列形式有三种：直列式、V形和水平对置式。

直列式（单列式）发动机的各个气缸排成一列，一般是垂直布置的。但为了降低发动机的高度，有时也把气缸布置成倾斜的甚至是水平的。单列式多缸发动机气缸结构简单，加工容易，但长度和高度较大。一般六缸以下的发动机多采用单列式，如 EQ6102 型发动机、

CA1040 型、红旗 CA7220 型和北京 BJ2023 型等汽车的发动机。

双列式发动机左右两列气缸中心线的夹角 γ<180°的，称为 V 形发动机；γ = 180°则称为水平对置式发动机。

6）气缸套。

① 气缸套的作用：单独铸造，具有很好的耐磨性，可以延长发动机使用寿命。

② 气缸套的分类：干式缸套，缸套不与冷却水接触；湿式缸套，缸套与冷却水直接接触，如图 1-14 所示。用合金铸铁制造的湿式气缸套的壁厚一般为 5~8 mm。湿式气缸套下部用 1~3 道耐热、耐油的橡胶密封圈进行密封，防止冷却液泄漏。当湿式气缸套装入气缸体后，通常气缸套顶面高出气缸体顶面 0.05~0.15 mm。装配紧后可将气缸盖衬垫压紧，保证其密封。

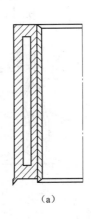 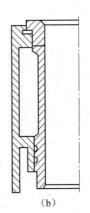

(a) (b)

图 1-14 气缸套

(a) 干缸套；(b) 湿缸套

2. 气缸盖、气缸垫和气缸盖罩

（1）气缸盖

1）气缸盖的作用及构造。气缸盖是结构复杂的箱形零件，其作用是封闭气缸形成燃烧室。其上加工有进、排气门座孔、气门导管孔、火花塞安装孔（汽油机）或喷油器安装孔（柴油机）。在气缸盖内还铸有水套、进排气道。若凸轮轴安装在气缸盖上，则气缸盖上还加工有凸轮轴承孔或凸轮轴承座及其润滑油道。

2）气缸盖工作条件及要求。气缸盖承受气体力和紧固气缸盖螺栓所造成的机械负荷，同时还由于与高温燃气接触而承受很高的热负荷。为了保证气缸能够良好密封，气缸盖既不能损坏，也不能变形。为此，气缸盖应具有足够的强度和刚度。为了使气缸盖的温度分布尽可能的均匀，避免进、排气门座之间发生热裂纹，应对气缸盖进行良好的冷却。

3）气缸盖材料。气缸盖一般都由优质灰铸铁或合金铸铁铸造，轿车用的汽油机则大多采用铝合金气缸盖。

4）气缸盖分类。水冷发动机的气缸盖有整体式、分块式和单体式 3 种结构形式，如图 1-15 所示。在多缸发动机中，全部气缸共用一个气缸盖的，则称该气缸盖为整体式气缸盖；若每两缸一盖或三缸一盖，则该气缸盖为分块式气缸盖；若每缸一盖，则为单体式气缸盖。

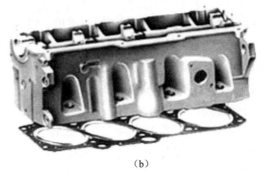

图1-15 气缸盖分类

(a) 单体式气缸盖；(b) 整体式气缸盖

5) 燃烧室：当活塞位于上止点时，活塞顶面以上、气缸盖底面以下所形成的空间称为燃烧室。要求燃烧室的结构尽可能紧凑、表面积要小，以减少热量损失及缩短火焰行程；其次是使混合气在压缩终了时具有一定的涡流运动，以提高混合气燃烧速度，保证混合气得到及时和充分地燃烧。

汽油机燃烧室常用形状：常见的有楔形、盆形和半球形3种，如图1-16所示。

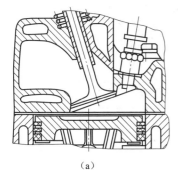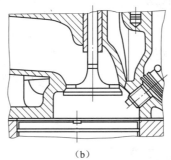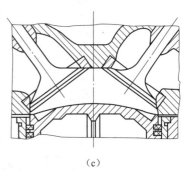

图1-16 汽油机燃烧室常用形状

(a) 楔形；(b) 盆形；(c) 半球形

① 楔形燃烧室结构比较紧凑，气门相对气缸轴线倾斜，进气道比较平直，进气阻力小。压缩行程终了时能产生挤气涡流。

② 盆形燃烧室结构简单，气门与气缸轴线平行，进气道弯度较大。压缩行程终了能产生挤气涡流。

③ 当半球形燃烧室结构最紧凑时，燃烧室表面积与其容积之比（面容比）最小。进排气门呈两列倾斜布置，气门直径较大，气道较平直。火焰传播距离较短，不能产生挤气涡流。

（2）气缸垫

气缸盖衬垫安置在气缸盖与气缸体之间，保证燃烧室的密封，并防止漏气、漏水现象。对气缸盖衬垫的主要要求有以下几点：

① 在高温、高压燃气作用下有足够的强度，不易损坏。

② 耐热和耐腐蚀，即在高温、高压燃气下或有压力的机油和冷却水的作用下不烧损、

不变质。

③ 具有一定弹性，能补偿接合面的不平度，以保证密封。

④ 拆装方便，能重复使用，寿命长。

目前应用较多的是金属-石棉气缸盖衬垫，如图1-17（a）和（b）所示。石棉之间夹有金属丝或金属屑，而外覆铜皮或钢皮。水孔和燃烧室孔周围另用镶边增强，以防被高温燃气烧坏。这种衬垫压紧厚度为1.2~2 mm，有很好的弹性和耐热性，能重复使用，但厚度和质量的均匀性较差。安装气缸盖衬垫时，应注意把光滑的一面朝气缸体或规定的要求安装，否则容易被气体冲坏。有的发动机还采用在石棉中心用编织的钢丝网（见图1-17（c））或有孔钢板（冲有带毛刺小孔的钢板）（见图1-17（d））为骨架，两面用石棉及橡胶黏接剂压成的气缸盖衬垫。近年来，国内还正在试验采用膨胀石墨作为衬垫的材料。

很多强化的汽车发动机采用实心的金属片片作为气缸盖衬垫，如图1-17（e）所示。这种气缸盖衬垫由单块光整冷轧的低碳钢板制成，在需要密封的气缸孔、水孔和油孔周围冲压出一定高度的凸纹，利用凸纹的弹性变形来实现密封。

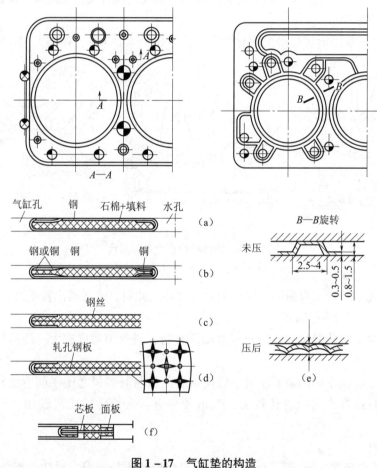

图1-17 气缸垫的构造

(a)~(d) 金属-石棉板；(e) 冲压钢板；(f) 无石棉气缸垫

气缸盖与气缸体采用螺栓紧固。在拧紧螺栓时，必须按"从中央对称地向四周扩展的顺序分几次拧紧"的原则进行。最后一次要用扭力扳手按工序规定的拧紧力矩值拧紧，以免损坏气缸垫和发生漏水现象。由于铝气缸盖的膨胀比钢螺栓的大,由铝合金制成气缸盖,则最后必须在发动机冷却的状态下拧紧,这样,在热起来时,会增加密封的可靠性;铸铁气缸盖则可以在发动机热的状态时最后拧紧。

(3) 气缸盖罩

气缸盖罩位于缸盖上部,其作用是为了封闭配气机构,也称为气门室盖。

3. 油底壳

油底壳的主要功用是储存机油并封闭曲轴箱。油底壳受力很小,一般采用薄钢板冲压而成,如图 1-18 所示。其形状决定于发动机的总体布置和机油的容量。为了加强油底壳内机油的散热,在有些发动机上采用了铝合金铸造的油底壳,在油底壳的底部还铸有相应的散热肋片。为了保证在发动机纵向倾斜时机油泵能经常吸到机油,油底壳后部一般做得较深。油底壳内还设有挡油板,其目的是防止汽车行驶时油面波动过大。油底壳底部装有放油塞。有的放油塞是磁性的,能吸集机油中的金属屑,以减少发动机运动零件的磨损程度。

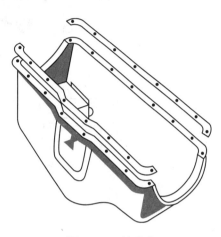

图 1-18 油底壳

学习任务 1.2.2 活塞连杆组

活塞连杆组包括活塞、活塞环、活塞销和连杆组等,如图 1-19 所示。

1. 活塞

1) 功用。活塞的主要功用是承受燃烧气体压力,并将此力通过活塞销传给连杆以推动曲轴旋转。此外活塞顶部与气缸盖、气缸壁共同组成燃烧室。

2) 工作条件、要求及材料。活塞是发动机中工作条件最严酷的零件。作用在活塞上的有气体压力和往复惯性力。活塞顶与高温燃气直接接触,使活塞顶的温度很高。活塞在侧压力的作用下沿气缸壁面高速滑动,由于润滑条件差,磨损程度严重。活塞的工作条件可概括为高温、高压、高速、周期惯性力和润滑条件差。对活塞的要求:① 足够的刚度与强度;② 质量轻;③ 良好的导热性;④ 热膨胀系数小。所以发动机上广泛采用铝合金活塞,只在极少数汽车发动机上采用铸铁或耐热钢活塞。

3) 构造。分为活塞顶部、活塞头部和活塞裙部三部分,如图 1-20 所示。

① 顶部。汽油机活塞顶部的形状与燃烧室形状及压缩比有关,如图 1-21 所示。大多数汽油机采用

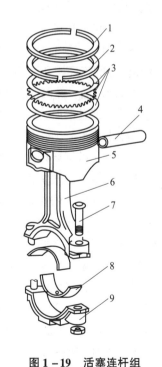

图 1-19 活塞连杆组

1,2—气环;3—油环;4—活塞销;
5—活塞;6—连杆;7—连杆螺栓;
8—连杆轴瓦;9—连杆盖

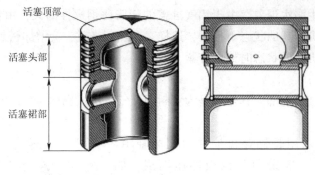

图 1-20　活塞的构造

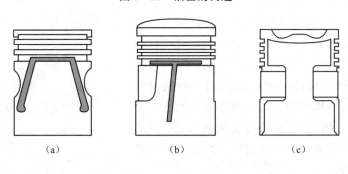

图 1-21　活塞顶部
(a) 平顶活塞；(b) 凸顶活塞；(c) 凹顶活塞

平顶活塞，其优点是受热面积小，加工简单。采用凹顶活塞，可以通过改变活塞顶上凹坑的尺寸来调节发动机的压缩比。

② 头部。由活塞顶部至油环槽下端面之间的部分称为活塞头部。在活塞头部加工有用来安装气环和油环的气环槽和油环槽。在油环槽底部还加工有回油孔或横向切槽，油环从气缸壁上刮下来的多余机油，经回油孔或横向切槽流回油底壳。

活塞头部应该足够厚，从活塞顶部到环槽区的断面变化要尽可能圆滑，过渡圆角 R 应足够大，以减小热流阻力，便于热量从活塞顶部经活塞环传给气缸壁，使活塞顶部的温度不至于过高。在第一道气环槽上方设置一道较窄的隔热槽的作用是隔断由活塞顶部传向第一道活塞环的热流，使部分热量由第二、第三道活塞环传出，从而可以减轻第一道活塞环的热负荷，改善其工作条件，防止活塞环黏结。

③ 裙部。活塞头部以下的部分为活塞裙部。裙部的形状应该保证活塞在气缸内得到良好的导向，气缸与活塞之间在任何工况下都应保持均匀的、适宜的间隙。间隙过大，活塞敲缸；间隙过小，活塞可能被气缸卡住。此外，裙部应有足够的实际承压面积，以承受侧向力。活塞裙部承受膨胀侧向力的一面称为主推力面，承受压缩侧向力的一面称次推力面。

结构特点：活塞在工作时，燃烧气体的压力均匀作用在活塞顶上，而活塞销给予的支反力则作用在活塞裙部的销座处，由此而产生的变形是裙部直径沿活塞销座轴线方向增大，如图 1-22 (a) 所示。侧压力 F_N 的作用也使活塞裙部直径在同一个方向上增大，如图 1-22 (b) 所示。此外，活塞销座附近的金属堆积受热后膨胀量大，致使裙部在受热变形时，在沿活塞销座轴线方向的直径增量大于其他方向。所以，活塞工作时产生的机械变形和热变形，使得其裙部断面变成长轴在活塞销方向上的椭圆。鉴于上述情况，为了使活塞在正常工作温度下与气缸壁间保持比较均匀的间隙,以免在气缸内卡死或引起局部磨损,必须预先在冷态下把活塞制成裙部断面为长轴垂直于活塞销方向的椭圆形,如图1-22(c)所示。为了减少销座附近处的热变形量,有的活塞将销座附近的裙部外表面制成下陷0.5~1.0 mm。

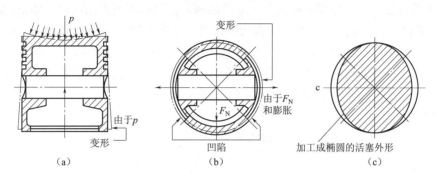

图 1-22 活塞裙部的椭圆变形

(a) 活塞受力;(b) 活塞变形;(c) 活塞的椭圆形断面

现代汽车发动机的活塞一般做成椭圆桶形,即在裙部的不同部位其椭圆度不同,椭圆度由下而上逐渐增大,这种裙部不仅适应活塞的温度分布,而且裙部与承受侧压力的一边的缸壁之间容易形成双向"油楔",活塞无论向上或向下运动,都能保证裙部有良好的润滑及较高的承载能力。

预防和控制裙部椭圆变形的措施:

尽量减少活塞的受热;使活塞的侧表面形状与变形相适应;对汽油机活塞,在裙部开纵向补偿槽;在活塞上镶铸钢片,以限制活塞的变形量;采用油冷活塞;减少销座方向的金属量,以减少其受热变形。

此外,活塞裙部一般还要采用表面处理。汽油机常用镀锡方法,柴油机一般是磷化,还有的用涂石墨。

活塞销座的作用是支撑活塞销,将活塞顶部气体作用力经过活塞销传给连杆。

活塞销一般偏移布置,其目的是减少活塞在上下往复运动时敲击(见图1-23)、气缸的噪声与磨损。活塞销座孔内有安放弹性卡环的卡环槽。卡环用来防止活塞销在工作中发生轴向窜动。

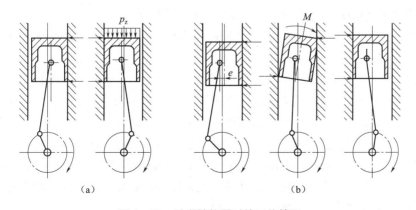

图 1-23 活塞销偏置时的工作情况

(a) 活塞销对中布置;(b) 活塞销偏移布置

活塞销座孔的中心线一般位于活塞中心线的平面内。但也有些高速汽油机的活塞销孔中心线偏离活塞中心线平面,如图 1-22 所示。图 1-22 中活塞销座轴线向在做功行程中受侧向力的一面偏移了 1~2 mm,这是因为,如果活塞销对中布置(见图 1-23 (a)),则当活塞越过上止点时侧压力的作用方向改变,会使活塞敲击气缸壁面发出噪声。如果把活塞销偏移布置(见图 1-23 (b)),则可使活塞较平稳地从压向气缸的一面过渡到另一面,而且过渡时刻早于达到最高燃烧压力的时刻,可以减轻活塞"敲缸",减小噪声,改善发动机工作的平顺性。但这种活塞销偏置的结构,却带来活塞裙部两端的尖角负荷增大,引起这些部位的磨损或变形增大,这就要求活塞的间隙要尽可能地小。

2. 活塞环

按照活塞环的用途可分为:气环和油环两大类,如图 1-24 所示。

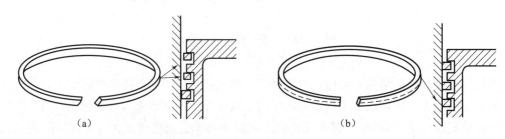

图 1-24 气环和油环

(a) 气环;(b) 油环

气环的主要功用是密封和传热。保证活塞与气缸壁间的密封,防止气缸内的可燃混合气和高温燃气漏入曲轴箱,并将活塞顶部接受的热传给气缸壁,避免活塞过热。油环的主要功用是刮除飞溅到气缸壁上的多余机油,并在气缸壁上涂布一层均匀的油膜。

根据活塞环的功用及工作条件,制造活塞环的材料应具有良好的耐磨性、导热性、耐热性、冲击韧性、弹性和足够的机械强度。目前,广泛应用的活塞环材料有优质灰铸铁、球墨铸铁、合金铸铁和钢带等。第一道活塞环外圆面通常进行镀铬或喷钼处理。多孔性铬层硬度高并能储存少量机油,可以改善润滑、减轻磨损。钼的熔点高,也具有多孔性,因此喷钼同样可以提高活塞环的耐磨性。

(1) 气环

1) 气环的密封原理。气环的密封原理如图 1-25 所示。

第一密封面:由气环装入气缸后在自身的弹力作用下形成,为气环外缘面与缸壁接触的面。

第二密封面:由下窜入背隙的气体压力形成,加强了第一密封面的密封性。

活塞环工作时受到气缸中高温、高压燃气的作用,并在润滑不良的条件下在气缸内高速滑动。由于气缸壁面的形状误差,使活塞环在上下滑动的同时还在环槽内产生径向移动。这不仅加重了环与环槽的磨损,还使活塞环受到交变弯曲应力的作用而容易折断。

2) 气环开口形状。气环开口形状对漏气量有一定影响,如图 1-26 所示。直开口工艺性好,但密封性差;阶梯形开口的密封性好,工艺性差;斜开口的密封性和工艺性介于前两种开口之间,斜角一般为 30°或 45°。

3) 常用气环的断面形状及其优缺点如图 1-27 所示。

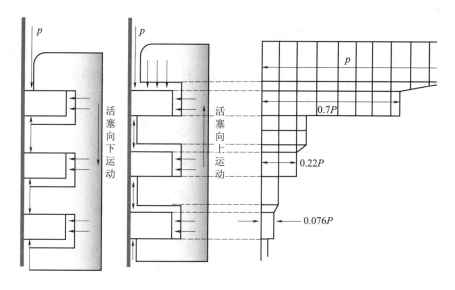

图1–25 气环的密封原理

① 矩形环。（气环横剖面为矩形）结构简单，加工容易，成本较低，报废率低，贴合性、结合性、磨合性较差，耐磨性也较差，密封效果不好，泵机油现象严重。

② 锥形环。环的磨合性和贴合性大大提高，此环多用在第二、三道上，起强化密封的作用。由于接触面是斜面，为防止漏气，不用于第一道上。

③ 扭曲环。正扭曲内切环（用作第二、三道环）和反扭曲锥面环（多用于第一道环上）。

④ 梯形环。用于热负荷比较高的柴油机上，多用于第一道。

特点：抗胶结作用比较强，有自洁作用，与其他环比较，提高了环的密封性。

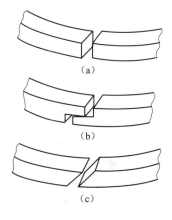

图1–26 活塞环开口形状
(a) 直开口形状；(b) 阶梯形开口形状；(c) 斜开口形状

(a)   (b)   (c)   (d)   (e)

图1–27 活塞环断面形状
(a) 矩形环；(b) 锥形环；(c) 扭曲环；(d) 梯形环；(e) 桶面环

⑤ 桶面环。普遍用在强化柴油机中的第一道。其结构有利于润滑；对气缸的表面适应性和对活塞偏摆适应性均好，有利于密封。其缺点是凸圆弧表面加工困难。

(2) 油环

1) 作用。油环的主要功用是刮除飞溅到气缸壁上的多余的机油，并在气缸壁上涂布一层均匀的油膜。

2) 种类。分为组合式和整体式两种。整体式油环的结构如图1-28（a）所示，一般是用合金铸铁制造的。其外圆面的中间切有一道凹槽，在凹槽底部加工出很多排油小孔或狭缝。组合式油环的结构如图1-28（b）所示。轴向衬环夹装在刮油钢片之间，径向衬环使三片刮油钢片压紧在气缸壁上。

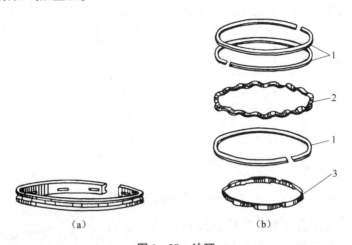

图1-28　油环
（a）整体式；（b）组合式
1—刮油钢片；2—轴向衬环；3—径向衬环

柴油机气环数一般多于汽油机，其原因是：柴油机压缩比大于汽油机；柴油机转速低于汽油机；柴油机活塞与缸套的间隙大于汽油机。

3. 活塞销

（1）活塞销的功用及工作条件

活塞销用来连接活塞和连杆，并将活塞承受的力传给连杆。活塞销在高温条件下承受很大的周期性冲击负荷，且由于活塞销在销孔内摆动角度不大，难以形成润滑油膜，因此其润滑条件较差。为此，活塞销必须有足够的刚度、强度和耐磨性，质量尽可能小，销与销孔应该有适当的配合间隙和良好的表面质量。在一般情况下，活塞销的刚度尤为重要，如果活塞销发生弯曲变形，可能会使活塞销座损坏。

（2）活塞销材料及结构

活塞销的材料一般为低碳钢或低碳合金钢，如20、20Mn、15Cr、20Cr或20MnV等。外表面渗碳淬硬，再经精磨和抛光等精加工，这样既提高了表面硬度和耐磨性，又保证其有较高的强度和冲击韧性。

活塞销的结构形状很简单，基本上是一个厚壁空心圆柱，如图1-29所示。其内孔形状有圆柱形、两段截锥形和组合形。圆柱形孔加工容易，但活塞销的质量较大；两段截锥形孔的活塞销质量较小，且因为活塞销所受的弯矩在其中最大，所以接近于等强度梁，但锥孔加工较难。

4. 连杆组

连杆组包括连杆体、连杆盖、连杆螺栓和连杆轴承等零件，如图1-30所示。习惯上常常把连杆体、连杆盖和连杆螺栓合起来称作连杆，有时也称连杆体为连杆。

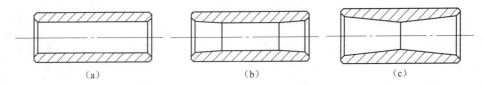

图 1-29　活塞销的内孔形状

(a) 圆柱形；(b) 组合形；(c) 两段截锥形

(1) 连杆组的功用及工作条件

连杆组的功用是将活塞承受的力传给曲轴，并将活塞的往复运动转变为曲轴的旋转运动。连杆小头与活塞销连接，同活塞一起做往复运动；连杆大头与曲柄销连接，同曲轴一起做旋转运动，因此在发动机工作时连杆做复杂的平面运动。连杆组主要受压缩、拉伸和弯曲等交变负荷。最大压缩载荷出现在做功行程上止点附近，最大拉伸载荷出现在进气行程上止点附近。在压缩载荷和连杆组做平面运动时产生的横向惯性力的共同作用下，连杆体可能发生弯曲变形。

(2) 连杆组材料

连杆体和连杆盖由优质中碳钢或中碳合金钢，如 45、40Cr、42CrMo 或 40MnB 等模锻或辊锻而成。连杆螺栓通常用优质合金钢 40Cr 或 35CrMo 制造。一般均经喷丸处理以提高连杆组零件的强度。纤维增强铝合金连杆以其质量轻、综合性能好而备受关注。在相同强度和刚度的情况下，纤维增强铝合金连杆比用传统材料制造的连杆要轻 30%。

(3) 连杆构造

连杆由小头、杆身和大头构成，如图 1-31 所示。

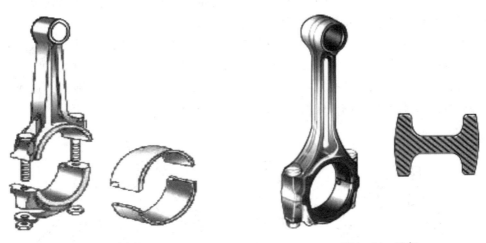

图 1-30　连杆组　　　　　　　　图 1-31　连杆

1) 连杆小头。连杆小头用以与活塞销相连。连杆小头与活塞销相连。在工作时，小头与销之间相对转动，因此小头孔中一般压入减小摩擦的青铜衬套。为了润滑活塞销与衬套，在小头和衬套上钻出集油孔或铣出集油槽，用来收集发动机运转时被激溅上来的机油，以便润滑。有的发动机连杆小头采用压力润滑，在连杆杆身内钻有纵向的压力油通道。

2) 杆身断面为工字形，刚度大、质量轻，适于模锻。有的连杆在其杆身内加工有油道，用来润滑小头衬套或冷却活塞。如果是后者，须在小头顶部加工出喷油孔，以保证其压力润滑。

3）连杆大头。连杆大头除应具有足够的刚度外，外形尺寸还应小，质量轻，拆卸发动机时能从气缸上端取出。连杆大头（见图1-32）是剖分的，连杆盖用螺栓或螺柱紧固，为使结合面在任何转速下都能紧密结合，连杆螺栓的拧紧力矩必须足够大。

连杆大头按剖分面的方向可分为平切口和斜切口两种。平切口连杆的剖分面垂直于连杆轴线。一般汽油机连杆大头尺寸都小于气缸直径，可以采用平切口。柴油机的连杆，由于受力较大，其大头的尺寸往往超过气缸直径。为使连杆大头能通过气缸，便于拆卸，一般采用斜切口连杆。斜切口连杆的大头剖分面与连杆轴线成30°~60°的夹角。

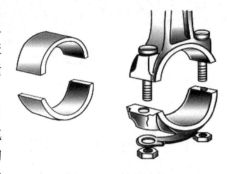

图1-32 连杆大头

5．连杆轴承

连杆螺栓是一个承受交变载荷的重要零件，一般采用韧性较高的优质合金钢或优质碳素钢锻制或冷镦成形。连杆大头在安装时必须紧固可靠。连杆螺栓必须以工厂规定的拧紧力矩，分2~3次均匀地拧紧；除此之外，还必须用防松胶或其他锁紧装置紧固，以防止其在工作时自动松动。

平切口的连杆盖与连杆的定位，是靠连杆螺栓上的精加工的圆柱凸台或光圆柱部分，与经过精加工的螺栓孔来保证的。

斜切口连杆在工作中受到惯性力的拉伸，在切口方向有一个较大的横向分力。因此在斜切口连杆上必须采用可靠的定位措施。斜切口连杆常用的定位方法如下：

1）止口定位（见图1-33（a））的优点是工艺简单，其缺点是定位不大可靠，对连杆盖止口向外变形或连杆大头止口向内变形均无法防止。

2）套筒定位（见图1-33（b））是在连杆盖的每个螺栓孔中压配一个刚度大且剪切强度高的短套筒。它与连杆大头有精度很高的配合间隙，故装拆连杆盖时都很方便。它的缺点是定位套筒的工艺要求高，若孔距不够准确，则可能因过定位（定位干涉）而造成大头孔严重失圆，此外，连杆大头的横向尺寸也必然因此而加大。

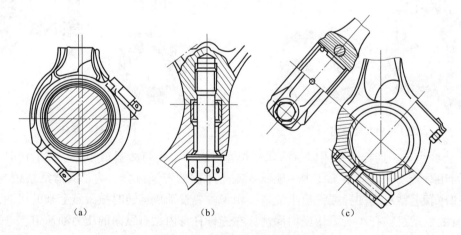

(a) (b) (c)

图1-33 斜切口连杆大头的定位方式
(a) 止口定位；(b) 套筒定位；(c) 锯齿定位

3）锯齿定位（见图 1-33（c））的优点是锯齿接触面大，贴合紧密，定位可靠，结构紧凑。其缺点是对齿距公差要求严格，否则连杆盖装在连杆大头上时，中间会有个别齿脱空，不仅会影响连杆组件的刚度，并且连杆大头孔也会失圆。如果能采用拉削工艺，保证齿距公差，那么，这种定位方式还是较好的。

安装在连杆大头孔中的连杆轴瓦是剖分成两半的滑动轴承，如图 1-33（a）所示，轴瓦是在厚 1~3 mm 的薄钢背的内圆面上浇铸 0.3~0.7 mm 厚的减摩合金层（如巴氏合金、铜铅合金、高锡铝合金等）而成。减摩合金具有保持油膜、减少摩擦阻力和加速磨合的作用。巴氏合金轴瓦的疲劳强度较低，只能用于负荷不大的汽油机；而铜铅合金轴瓦或高锡铝合金轴瓦均具有较高的承载能力与耐疲劳性。锡的质量分数在 20% 以上的高锡铝合金轴瓦，在汽油机和柴油机上均得到广泛应用，在铜铅合金和减磨层上再镀一层厚度为 0.02~0.03 mm 的铟或锡，即能用于高强化的柴油机上。

6. V 形发动机连杆的结构（见图 1-34）

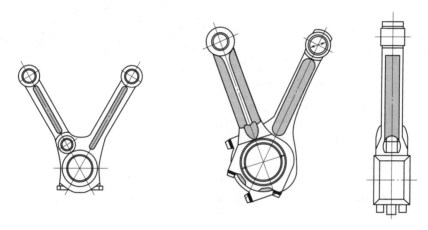

图 1-34　V 形发动机连杆的结构

(1) 并列连杆式

两个完全相同的连杆一前一后并列地安装在同一个曲柄销上。连杆结构与上述直列式发动机的连杆基本相同，只是大头宽度稍小一些。并列连杆的优点是前后连杆可以通用，左右两列气缸的活塞运动规律相同。其缺点是两列气缸沿曲轴纵向须相互错开一段距离，从而增加了曲轴和发动机的长度。

(2) 主副连杆式

一个主连杆和一个副连杆组成主副连杆，副连杆通过销轴铰接在主连杆体或主连杆盖上。一列气缸装主连杆，另一列气缸装副连杆，主连杆大头安装在曲轴的曲柄销上。主副连杆不能互换，且副连杆对主连杆作用以附加弯矩。两列气缸中活塞的运动规律和上止点位置均不相同。采用主副连杆的 V 形发动机，其两列气缸不需要相互错开，因而也就不会增加发动机的长度。

(3) 叉形连杆式

指一列气缸中的连杆大头为叉形；另一列气缸中的连杆与普通连杆类似，只是大头的宽度较小，一般称其为内连杆。叉形连杆的优点是两列气缸中活塞的运动规律相同，两列气缸无须错开。其缺点是叉形连杆大头结构复杂，制造比较困难，维修也不方便，且大头刚度较差。

学习任务1.2.3　曲轴飞轮组

发动机曲轴飞轮组总分解图如图1-35所示，包括曲轴、飞轮和飞轮扭转减震器等。

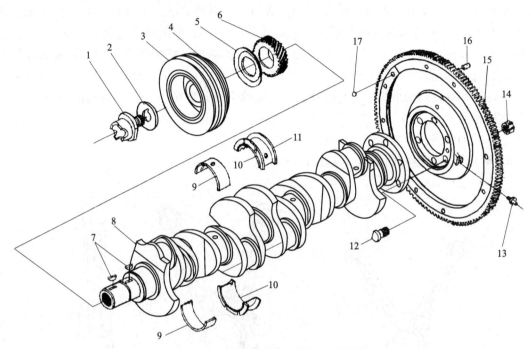

图1-35　发动机曲轴飞轮组总分解图

1—起动爪；2—起动爪锁紧垫圈；3—扭转减震器；4—带轮；5—挡油片；6—定时齿轮；7—半圆键；
8—曲轴；9—主轴承上下轴瓦；10—中间主轴承；11—止推片；12—螺柱；13—润滑脂嘴；
14—螺母；15—齿环；16—圆柱销；17——、六缸活塞处在上止点时的记号（钢球）

1. 曲轴

（1）曲轴的功用及工作条件

曲轴的功用是把活塞、连杆传来的气体力转变为转矩，用以驱动汽车的传动系统和发动机的配气机构以及其他辅助装置。曲轴在周期性变化的气体力、惯性力及其力矩的共同作用下工作，承受弯曲和扭转交变载荷。因此，曲轴应具有足够的抗弯曲、抗扭转的疲劳强度和刚度；轴颈应有足够大的承压表面和耐磨性；曲轴的质量应尽量小；对各轴颈的润滑应该充分。

（2）曲轴材料

曲轴要求用强度、冲击韧度和耐磨性都比较好的材料制造，一般采用45、40Cr、$35Mn_2$等中碳钢或中碳合金钢模锻。为了提高曲轴的耐磨性，其主轴颈和曲柄销表面上均需高频淬火或渗氮，再经过精磨，一般采用中碳钢或中碳合金钢模锻，以达到高的精度和较小的表面粗糙度值。为提高曲轴的疲劳强度，消除应力集中，轴颈表面应进行喷丸处理，圆角处要经滚压处理。

（3）曲轴构造

曲轴主要由3部分组成：

1）曲轴的前端（或称自由端）轴。

2) 若干曲柄销和它左右两端的曲柄，以及前后两个主轴颈组成的曲拐。
3) 曲轴后端（或称功率输出端）凸缘。

一个曲柄销，左右两个曲柄和左右两个主轴颈构成一个单元曲拐。单缸发动机的曲轴只有一个曲拐，多缸直列式发动机曲轴的曲拐数与气缸数相同，V形发动机曲轴的曲拐数等于气缸数的一半。将若干个单元曲拐按照一定的相位连接起来再加上曲轴前、后端便构成一根曲轴。多数发动机的曲轴，在其曲柄臂上装有平衡重，如图1-36所示。

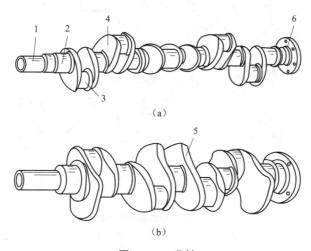

图1-36 曲轴
(a) 解放CA6102型发动机曲轴；(b) 北京BJ492型发动机曲轴
1—前端轴；2—主轴颈；3—连杆轴颈（曲柄销）；4—曲柄；5—平衡重；6—后端凸缘

按单元曲拐连接方法的不同，曲轴可以分为整体式和组合式两类。在相邻的两个曲拐之间，都设置一个主轴颈的曲轴，称为全支撑曲轴；否则称为非全支撑曲轴。因此，直列发动机的全支撑曲轴，其主轴颈的总数（包括曲轴前端和后端的主轴颈）比气缸数多一个；V形发动机的全支撑曲轴，其主轴颈总数比气缸数的一半多一个。全支撑曲轴的优点是可以提高曲轴的刚度和弯曲强度，并且可减轻主轴承的载荷。其缺点是曲轴的加工表面增多，主轴承增多，使机体加长。这两种形式的曲轴均可用于汽油机，但柴油机多采用全支撑曲轴，这是因为其载荷较大的缘故。

平衡重用来平衡发动机不平衡的离心力和离心力矩，有时还用来平衡一部分往复惯性力。对于四缸、六缸等多缸发动机，由于曲柄对称布置，往复惯性力和离心力及其产生的力矩，从整体上看都能相互平衡，但曲轴的局部却受到弯曲作用。曲轴若刚度不够就会产生弯曲变形，引起主轴颈和轴承偏磨。为了减轻主轴承负荷，改善其工作条件，一般都在曲柄的相反方向设置平衡重。有的发动机平衡重与曲柄是一体的，一般四缸发动机设置4块平衡重；六缸发动机可设置4、6、8块平衡重，甚至在所有曲柄下均设有平衡重。

曲轴前端（见图1-37）装有驱动配气凸轮轴的定时齿轮、驱动风扇和水泵的带轮以及止推片等。为了防止机油沿曲轴颈外漏，在曲轴前端上有一个甩油盘，随着曲轴旋转。当被齿轮挤出或甩出来的机油落到盘上时，由于离心力的作用，被甩到齿轮室盖的壁面上，再沿壁面流下来，回到油底壳中。即使还有少量机油落到甩油盘前面的曲轴轴段上，也会被压配在齿轮室盖上的油封6挡住，甩油盘的外斜面应向后。如果装错，效果将适得其反。

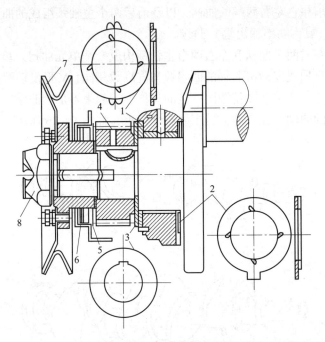

图 1-37 曲轴前端的结构
1，2—滑动推力轴承；3—止推片；4—定时齿轮；5—甩油盘；6—油封；7—带轮；8—起动爪

此外，在中、小型发动机的曲轴前端还装有起动爪（见图 1-37 中的起动爪），以便在必要时用人力转动曲轴，使发动机起动。

曲轴后端有安装飞轮用的凸缘。为防止机油从曲轴后端漏出，通常在曲轴后端车出回油螺纹或安装其他封油装置。回油螺纹可以是梯形的或矩形的，其螺旋的方向应为右旋，回油螺纹的封油原理如图 1-38 所示。当曲轴旋转时，流到回油螺纹槽中的机油也会被带动旋转。因为机油本身带有黏性，所以受到机体后盖孔壁的摩擦阻力 F_r。F_r 可分解为平行于螺纹的分力 F_{r1} 和垂直于螺纹的分力 F_{r2}，机油在 F_{r1} 的作用下，顺着螺纹槽被推送向前，流回到油底壳。

发动机在工作时，曲轴经常受到离合器施加于飞轮的轴向力作用而有轴向窜动的趋势。曲轴窜动将破坏曲柄连杆机构各零件正确的相对位置，故必须用止推轴承（一般是滑动轴承）加以限制。而曲轴受热膨胀时，又应允许它能自由伸长，所以在曲轴上只能有一处设置轴向定位装置。

(4) 曲拐布置与多缸发动机的工作顺序

各曲拐的相对位置或曲拐布置取决于气缸数、气缸排列形式和发动机的工作顺序。当气缸数和气缸排列形式确定之后，曲拐布置就只取决于发动机工作顺序。在选择发动机工作顺序时，应注意以下几点：

1) 应该使接连做功的两个气缸相距尽可能的远，以减轻主轴承载荷和避免在进气行程中发生抢气现象。

2) 各气缸点火的间隔时间应该相同。点火间隔时间若以曲轴转角计则称点火间隔角。在发动机完成一个工作循环的曲轴转角内，每个气缸都应点火做功一次。对于气缸数为 i 的四冲程发动机，其点火间隔角应为 $720°/i$，即曲轴每转 $720°/i$ 时，就有一缸点火做功，以保证发动机运转平稳。

3）V形发动机左右两列气缸应交替点火。

四冲程直列四缸发动机的点火间隔角为720°/4＝180°，4个曲拐在同一平面内，如图1-39所示。发动机工作顺序为1—3—4—2或1—2—4—3，如表1-1和表1-2所示。

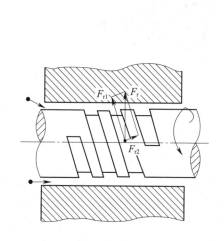

图1-38 回油螺纹的封油原理　　　　图1-39 直列四缸发动机的曲拐布置

表1-1　工作顺序1—3—4—2

曲轴转角/(°)	第一缸	第二缸	第三缸	第四缸
0～180	做功	排气	压缩	进气
180～360	排气	进气	做功	压缩
360～540	进气	压缩	排气	做功
540～720	压缩	做功	进气	排气

表1-2　工作顺序1—2—4—3

曲轴转角/(°)	第一缸	第二缸	第三缸	第四缸
0～180	做功	压缩	排气	进气
180～360	排气	做功	进气	压缩
360～540	进气	排气	压缩	做功
540～720	压缩	进气	做功	排气

四冲程直列六缸发动机点火间隔角为720°/6＝120°。6个曲拐分别布置在3个平面内，各平面夹角为120°，如图1-40所示。曲拐的具体布置有两种方案，一种点火次序是：1—5—3—6—2—4，这种方案应用比较普遍，国产汽车的六缸发动机的点火次序都用这种，其工作循环在表2-3中列出；另一种点火次序是：1—4—2—6—3—5。

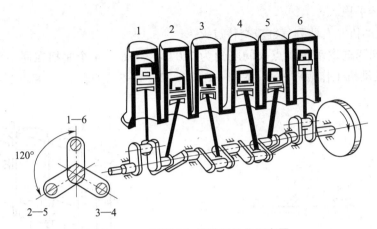

图1-40 直列六缸发动机的曲拐布置

2. 曲轴扭转减震器

发动机在工作时,经连杆传给曲柄销的作用力大小和方向都是周期性变化的,引起曲拐回转的瞬时角速度也呈周期性变化,而由于固装在曲轴上的飞轮转动惯量大,其瞬时角速度基本上可看作是均匀的。这样,曲拐便会忽而比飞轮转得快,忽而比飞轮转得慢,就形成曲拐的扭转振动。这引起使发动机的功率损失、曲轴扭转变形、甚至断裂。为了消减曲轴的扭转振动,有的发动机在曲轴前端装有扭转减震器。

扭转减震器的作用是吸收曲轴扭转振动的能量,消减扭转振动。

曲轴上常见的扭转减震器有橡胶式扭转减震器(见图1-41),此外还有干摩擦式扭转减震器和硅油式扭转减震器。

橡胶式扭转减震器工作原理是:当曲轴发生扭转振动时,力图保持等速转动的惯性盘与橡胶层发生了内摩擦,从而消耗了扭转振动的能量,消减了扭振。

橡胶减震器的主要优点是结构简单、质量小、工作可靠,所以在汽车发动机上应用广泛。其主要缺点是对曲轴扭转振动的衰减作用不够强,而且橡胶由于内摩擦生热升温而容易老化。

3. 飞轮

(1) 作用

飞轮是一个转动惯量很大的圆盘,其主要功用是将在做功行程中曲轴做功的一部分储存起来,用以在其他行程中克服阻力,带动曲柄连杆机构越过上、下止点,保证曲轴的旋转角速度和输出转矩尽可能均匀,并使发动机有可能克服短时间的超载荷;此外,在结构上,飞轮又往往用作汽车传动系中摩擦离合器的驱动件。

(2) 结构特点

为了保证有足够的转动惯量,并尽可能地减小飞轮质量,应使飞轮的大部分质量都集中在轮缘上,因而轮缘通常做得宽而厚。

飞轮多采用灰铸铁制造,当轮缘的圆周速度超过 50 m/s 时,要采用强度较高的球铁或铸钢制造。飞轮外缘上压有一个齿环,可与起动机的驱动齿轮啮合,供起动和发动机用。飞轮上通常刻有第一缸点火定时记号,以便校准点火时间。解放 CA6102 型发动机的正时记号是"上止点/1-6",当这个记号与飞轮壳上的刻线对正时,即表示1~6缸的活塞处在上止点位置,如图1-42所示。

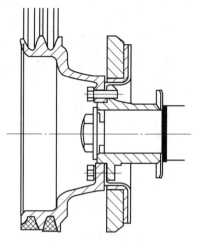

图1-41 扭转减震器

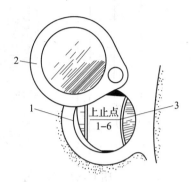

图1-42 发动机点火定时记号
1—离合器外壳的记号;2—观察孔盖板;
3—飞轮上的记号

(3) 安装注意事项

多缸发动机的飞轮应与曲轴一起进行平衡,否则在旋转时因质量不平衡而产生离心力,将引起发动机振动并加速对主轴承的磨损。为了在拆装时不破坏它们的平衡状态,飞轮与曲轴之间应有严格的相对位置,用定位销或不对称布置螺栓予以保证。

知识单元1.3 配气机构

知识目标

1. 了解机配气机构的功用、组成;
2. 熟悉气门组和气门传动组的主要部件构造;
3. 掌握配气机构的工作原理。

配气机构的功用是按照发动机每一气缸所进行的工作循环和发火次序的要求,定时开起和关闭进、排气门,使新鲜可燃混合气(汽油机)或空气(柴油机)得以及时进入气缸,废气得以及时从气缸排出。

配气机构由气门组和气门传动组组成。

学习任务1.3.1 气门组

气门组的功用是用于封闭进、排气道,气门传动组的作用是按发动机的工况要求,控制气门的开闭时刻及持续时间。

气门组包括气门、气门弹簧座、气门导管、气门锁片及气门弹簧等零件,如图1-43所示。

1. 气门

气门由气门头和杆身两部分组成,如图1-44所示。气门用来封闭气道,它分为进气门和排气门两种。杆身则在气门开闭过程中起导向作用。

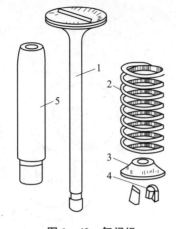 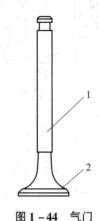

图1-43 气门组
1—气门；2—气门弹簧；3—气门弹簧座；
4—锁片；5—气门导管

图1-44 气门
1—气门杆身；2—气门头

(1) 气门的工作条件

气门的工作条件很恶劣，气门头部承受的工作温度很高（进气门可高达300℃~400℃，排气门更高，可达700℃~900℃），散热困难，润滑条件差，受燃气中的腐蚀介质的腐蚀，关闭时承受很大的落座冲击，还要承受气体压力和传动组零件惯性力的作用。

由于气门的工作环境很差，所以要求气门的材料必须有足够的强度、刚度，能耐高温和耐磨损。一般进气门采用中碳合金钢（如铬钢、镍铬钢和铬钼钢等），排气门多采用耐热合金钢（硅铬钢、硅铬钼钢等）。为了节约耐热合金钢，降低材料成本，有些发动机排气门头部采用耐热合金钢，杆身采用中碳合金钢，然后将它们焊接在一起。还有一些排气门在头部锥面喷涂一层钨钴等特种合金材料，以提高耐高温、耐腐蚀性。

(2) 气门结构

气门包括头部和杆身，两者呈圆弧连接。气门头部主要由气门顶部和密封锥面组成，而气门杆身尾端的结构主要取决于气门弹簧座的固定方式。

1) 门顶部的形状。气门顶部的形状主要分为平顶、喇叭形顶和球面顶三种结构形式，具体如图1-45所示。

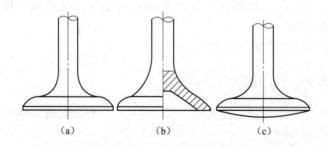

图1-45 气门头部结构形式
(a) 平顶；(b) 喇叭形顶；(c) 球面顶

平顶是大多数发动机采用的一种方式，它吸热面积小，结构简单，制造方便、质量小，进、排气门均可采用。

喇叭形顶和杆身的过渡部分具有流线形,气体流动阻力小且质量轻、惯性小。但顶部受热面积大,适合作进气门,不宜作排气门。

球面顶的强度高,排气阻力小,废气清除效果好,适合作排气门。但球面顶形状受热面积大、质量和惯性力大,加工也复杂。

2) 气门密封锥面。气门密封锥面是与杆身同心的圆锥面,气门密封锥面与定平面之间的夹角,称为气门锥角,如图 1-46 所示,一般的气门锥角为 45°。有的进气门锥角也常采用 30°。气门头的边缘应保持一定的厚度,一般为 1~3 mm,以防止工作中由于气门与气门座之间的冲击而损坏或被高温气体烧蚀。采用锥面密封可提高其密封性和导热性,使气门在落座时,有自定位作用。

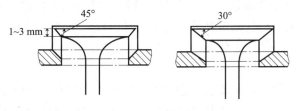

图 1-46 气门密封锥面

气门头部的热量是直接通过气门座以及通过气门杆,经气门导管而传到气缸盖的。为了提高气门头部的散热性能,气门座孔区域应加强冷却,气门头向气门杆过渡部分的几何形状应尽量做到圆滑,以增加强度并减少热流阻力。此外,还应使气门杆与气门导管之间的间隙尽可能地小。

3) 气门杆。气门杆与气门导管配合,为气门开启与关闭过程中的上下运动导向。气门杆为圆柱形,发动机在工作时,气门杆在气门导管中不断地上下往复运动,并且润滑条件极为恶劣。因此,要求气门杆与气门导管有一定的配合精度和耐磨性,气门杆表面都要经过热处理和磨光。气门杆与头部之间的过渡应尽量圆滑,这样可以减少应力集中,还可以减少气流阻力。

气门杆的尾部用以固定气门弹簧座,其尾端形状取决于气门弹簧的固定方式。常用的固定方式有锁片式和锁销式,如图 1-47 所示。

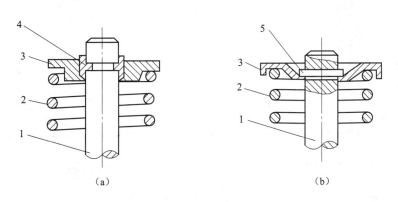

图 1-47 气门弹簧座的固定方式

(a) 锁片式;(b) 锁销式

1—气门杆;2—气门弹簧;3—气门弹簧座;4—锁片;5—锁销

锁片式的锥形锁片被剖分成两半，合在一起后形成一个完整的圆锥结构。圆锥内空有一环形凸起。弹簧座的中心孔为圆锥形，用来与锁片的外圆锥面配合。在安装时，用力将弹簧座连同气门弹簧压下，将两片锁片套于气门尾端合并在一起，锁片内孔的环形凸起正好位于气门杆尾端的环形槽内。放松弹簧座，在气门弹簧的弹力作用下，弹簧座的圆锥孔与锁片的圆锥面紧紧地贴合在一起，不会脱落。

锁销式的固定方式比较简单，将弹簧座连同弹簧一起压下后，把锁销插入气门尾部的径向孔内，当放松弹簧座后，锁销正好位于弹簧座外侧面的凹穴处，这就防止了弹簧座的脱落。

某些热负荷较重的发动机，为了加强排气门的散热，就采用了钠冷气门。如图 1-48 所示，这种气门为中空结构，可以减轻气门质量和减小气门运动惯性力。为了降低排气门的温度，在气门杆中填入一半金属钠。发动机在工作时，排气门温度超过钠熔点 97.8℃，钠融化后在空腔内上下晃动，将气门头部的热量带到气门杆，再经气门导管传给气缸盖，可有效降低气门头部温度，但是其成本较高。

2. 气门座

进、排气道口与气门密封锥面直接贴合的部位称为气门座。气门座与气门头部一起对气缸起密封作用，同时接收气门头部传来的热量，起到对气门散热的作用。

气门座可以直接在气缸盖上镗出，也可以用耐热合金钢或耐热合金铸铁单独制成气门座圈，镶嵌于气缸盖上。直接镗在气缸盖上的气门座散热效果好，在使用中不存在脱落的现象，但它不耐高温，容易磨损，也不便于修理更换。在气缸盖上镶嵌气门座圈可以延长气缸盖的使用寿命。铝合金气缸盖的发动机，由于铝合金较软，进、排气门座都采用镶嵌式结构。

气门座锥角由 3 部分组成，如图 1-49 所示。一般气门座锥角比气门锥角大 0.5°~1°，该角称为密封干涉角。密封干涉角有利于磨合期加速磨合。当磨合期结束后，干涉角会逐渐消失，恢复全锥面接触。

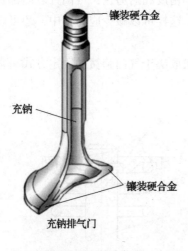

图 1-48 钠冷气门

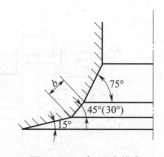

图 1-49 气门座锥角

3. 气门导管

气门导管的功用是对气门的运动导向，保证气门做直线往复运动，使气门与气门座圈能正确贴合，并将气门杆的热量传给气缸盖。其结构如图 1-50 所示。

气门导管的工作温度也较高,约为200℃。气门杆在导管中运动时,仅靠配气机构飞溅出来的机油进行润滑,因此容易磨损。所以多用具有自滑性能的球墨铸铁或粉末冶金材料制成单独零件,以一定的过盈压入气缸盖上的气门导管座孔中,防止脱落。有些发动机为了防止气门导管松脱,采用卡环对导管进行固定与定位。

气门导管的下方伸入进排气道内,为了防止对气流造成阻力,把伸入端的外圆做成圆锥形。气门导管与气门杆之间留有0.05～0.12 mm的间隙,使气门杆能在导管内自由运动。

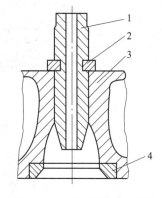

图1-50 气门导管和气门座
1—气门导杆;2—卡环;
3—气缸盖;4—气门座

4. 气门弹簧

气门弹簧位于气缸盖与气门杆尾端弹簧座之间。气门弹簧的功用是保证气门在关闭时能紧密地与气门座或气门座圈贴合,并克服在气门开启时配气机构产生的惯性力,使传动件始终受凸轮控制而不相互脱离。

气门弹簧多采用优质合金钢丝制成,并经过热处理以提高其疲劳强度。为了避免弹簧锈蚀,弹簧表面应镀锌、磷化。弹簧的两端面必须磨平并与弹簧轴线相垂直,以防止工作中弹簧产生歪斜。

气门弹簧多为圆柱形螺旋弹簧,如图1-51所示。当气门弹簧的工作频率与其固有频率相等或成整数倍时,气门弹簧就会发生共振而使折断的概率增加。为了防止共振的发生,可采用变螺距弹簧,目前大多数发动机采用同心安装的双弹簧。内、外两根弹簧的旋向相反,外弹簧刚度比内弹簧大。双弹簧不但可以防止共振,还可以缩短弹簧长度,并且在其中一根弹簧折断后,另一根弹簧还可以继续工作,不至于使气门落入气缸中。

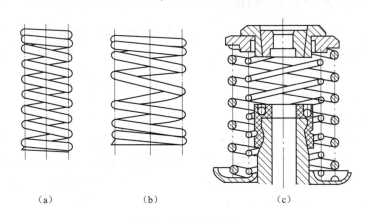

图1-51 气门弹簧
(a) 等螺距弹簧;(b) 变螺距弹簧;(c) 双螺距弹簧

5. 旋转机构

当气门在工作时,如果能相对于气门座缓慢旋转,可使气门头部周围温度比较均匀,从而减小气门头部的热变形。同时,可清除在密封面上的沉积物而具有自洁作用。其结构如图1-52所示。

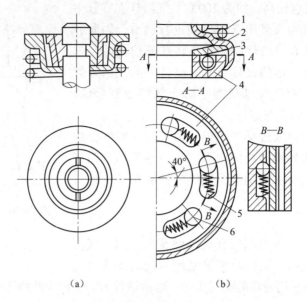

图 1-52 气门旋转机构
(a) 低摩擦型自由旋转机构；(b) 强制旋转机构
1—气门弹簧；2—支撑板；3—碟形弹簧；4—壳体；5—回位弹簧；6—钢球

强制旋转机构可使气门每开启一次都旋转一个角度。在壳体中有6个变深度的槽，槽中装有带回位弹簧的钢球，当气门关闭时，气门弹簧的力通过支撑板与碟形弹簧直接传到壳体上；当气门升起时，不断增大的弹簧力将碟形弹簧压平，迫使钢球沿着凹槽的斜面滚动，同时带着碟形弹簧、支撑板、气门弹簧、气门一起转过一个角度。在气门关闭的过程中，碟形弹簧的载荷减小而恢复到原来的形状，钢球在回位弹簧的作用下回到原来的位置。

学习任务 1.3.2　气门传动组

气门传动组主要包括凸轮轴和正时齿轮、挺柱及其导管、推杆和摇臂总成和摇臂轴组成。其主要作用是使进、排气门按配气相位的时间开启与关闭，并保证规定的开启时间和开启高度。

1. 凸轮轴

（1）凸轮轴的结构与功用

凸轮轴是一根细长轴，轴上制有各缸进、排气凸轮，用来使气门按各缸的工作次序和配气相位及时开闭，并保证气门有足够的升程，还设有对凸轮轴进行支撑的轴颈。此外，大多数汽油机下置式凸轮轴上还制有驱动分电器、机油泵的螺旋齿轮和驱动汽油泵的偏心轮，如图1-53所示。

凸轮轴一般由优质钢模锻造而成，也有用合金铸铁或球墨铸铁铸造而成的。凸轮与轴颈表面经过热处理，具有足够的硬度和耐磨性。

（2）凸轮

凸轮是凸轮轴上最重要的组成部分。凸轮的轮廓能使气门的开启与关闭的时间符合配气相位的要求，使气门有尽量大的升程。气门开启与关闭过程的运动规律取决于凸轮的轮廓曲线。凸轮的轮廓曲线如图1-54所示。

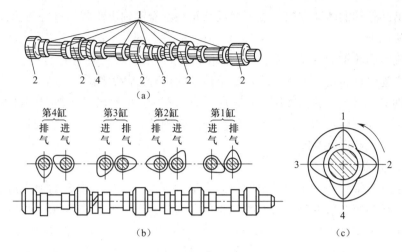

图 1-53 凸轮轴

(a) 发动机凸轮轴；(b) 各凸轮的相对角位置图；(c) 进、排气凸轮投影
1—凸轮；2—凸轮轴轴径；3—驱动汽油泵的偏心轮；4—驱动分电器的螺旋齿轮

转速较低的发动机，其凸轮轮廓由几段圆弧组成，这种凸轮称为圆弧凸轮。高转速发动机则采用函数凸轮，其轮廓由某种函数曲线构成。O 点为凸轮轴回转中心，凸轮轮廓上的 AB 段和 DE 段为缓冲段，BCD 段为工作段。挺柱在 A 点开始升起，在 E 点停止运动，当凸轮转到 AB 段内某一点处，气门间隙消除，气门开始开启。此后随着凸轮继续转动，气门逐渐打开，至 C 点气门开度达到最大。再后气门逐渐关闭，在 DE 段内某一点处气门完全关闭，接着气门间隙恢复。气门最迟在 B 点开始开启，最早在 D 点完全关闭。由于气门在开始开启和

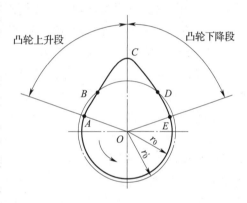

图 1-54 凸轮的轮廓曲线

关闭落座时均在凸轮升程变化缓慢的缓冲段内，其运动速度较小，从而可以防止强烈的冲击。

凸轮轴上各同名凸轮（各进气凸轮或各排气凸轮）的相对角位置与凸轮轴旋转方向、发动机工作顺序及气缸数或做功间隔角有关。如果从发动机风扇端看凸轮轴逆时针方向旋转，则工作顺序为1—3—4—2的四缸发动机其做功间隔角为720°/4 = 180°曲轴转角，相当于90°凸轮轴转角，即各同名凸轮间的夹角为90°，如图1-54所示。对于工作顺序为1—5—3—6—2—4 的六缸发动机，其同名凸轮间的夹角为60°，如图1-55所示。同一气缸的进、排气凸轮的相对角位置即异名凸轮相对角位置，决定于配气定时及凸轮轴旋转方向。

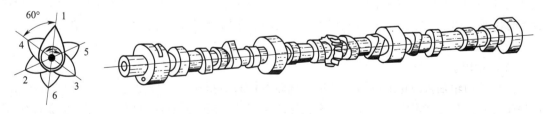

图 1-55 六缸发动机凸轮轴

如果知道凸轮轴的转动方向，便可根据凸轮轴本身辨别出哪些是进气凸轮，哪些是排气凸轮。其方法如下。

首先，确定凸轮轴的旋转方向。下置式凸轮轴采用一对正时齿轮传动，曲轴顺时针转动，凸轮轴则逆时针转动。采用同步带或链传动的顶置式凸轮轴顺时针转动。

然后辨别进、排气凸轮，如图 1-53 所示。凸轮轴逆时针转动，按照先排气后进气的规律，即可辨别出如图所示的进、排气凸轮；若凸轮轴顺时针转动，则进、排气凸轮的位置与前者刚好相反，如此逐缸判断。

（3）凸轮轴轴颈和轴承

凸轮轴是细长轴，在工作中承受的径向力很大（主要是气门弹簧的弹力造成的）。很容易产生弯曲、扭转等变形现象，影响配气相位和气门升程。为了减小凸轮轴的变形，有的发动机凸轮轴采用全支撑以减小其变形，如图 1-55 所示，发动机的凸轮轴有 5 个轴颈。但是，支撑数多加工工艺较复杂，所以一般发动机的凸轮轴是每隔两个气缸设置一个轴颈，如图 1-55 所示。为安装方便，凸轮轴的各轴颈直径都是做成从前向后依次减小的。

中置式和下置式凸轮轴的轴承一般将制成的衬套压入气缸体轴承孔中，衬套的材料多为低碳合金钢，其缸背内圈浇轴承合金钢制成，也有采用粉末冶金衬套或铜套的。上置式的凸轮轴发动机，不采用衬套，轴颈直接与气缸盖上镗出的座孔配合。

（4）凸轮轴的正时与轴向定位

下置式凸轮轴与曲轴之间采用的是一对正时齿轮传动。在曲轴前端和凸轮轴第一道轴颈前面，各装有一个正时齿轮。其传动比为 1:2，凸轮轴上的齿轮大，曲轴上的齿轮小。柴油发动机还需要驱动喷油泵，所以还多了一个中间齿轮。为了保证齿轮啮合平顺，噪声低，磨损小，定时齿轮都是圆柱螺旋齿，并采用不同的材料制成。曲轴定时齿轮多采用中碳钢，在凸轮轴定时，齿轮多采用铸铁或夹布胶木为了保证正确的配气相位和喷油定时，正时齿轮上都刻有定时记号，在装配时必须对正记号，如图 1-56 所示。

图 1-56 凸轮轴的正时标记

为防止凸轮轴在转动过程中产生轴向窜动，影响配气机构的正常工作和使配气相位改变，凸轮轴都设有轴向定位装置，如图 1-57 所示。在正时齿轮和第一道轴颈之间装有隔圈，隔圈和螺母一起将正时齿轮的轴向位置固定。止推凸缘松套于隔圈上，并用两个螺栓固定于缸体前端面。止推凸缘比隔圈薄 0.08~0.20 mm，使止推凸缘与正时齿轮后端面间形成 0.08~0.20 mm 的间隙，该间隙可以保证凸轮轴在旋转时不受干涉。当凸轮轴产生轴向窜动时，止推凸缘与正时齿轮轮毂端面或者第一道轴颈前端面接触，防止了凸轮轴前后窜动。止推凸缘固定螺栓是通过正时齿轮腹板上的孔来拧紧的，通过改变隔圈的厚度，可以调整止推凸缘与正时齿轮之间的间隙。

2. 挺柱

（1）功用

挺柱的功用是将凸轮的推力传给推杆或者气门杆。挺柱在工作时底面与凸轮直接接触，接触应力和摩擦力都很大；圆柱面与挺柱导向孔滑动摩擦，受到的摩擦力也很大。挺柱常用镍铬合金铸铁或冷激合金铸铁制造，摩擦表面经过热处理后精磨。

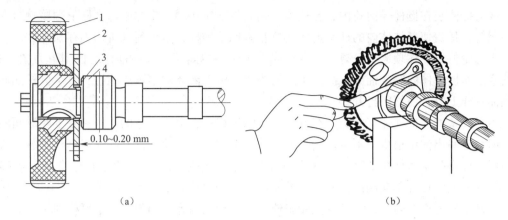

(a) (b)

图 1-57 凸轮轴轴向定位

(a) 凸轮轴轴向定位及轴向间隙；(b) 测量凸轮轴轴向间隙
1—凸轮轴正时齿轮；2—止推凸缘；3—隔圈；4—凸轮轴第一道轴颈

(2) 机械挺柱

挺柱常见的形式有筒式和滚轮式两种。大多数发动机采用筒式挺柱，某些大型柴油机采用滚轮式挺柱，可以显著减少摩擦力和侧向力，但结构复杂，质量较大。筒式挺柱的下端设有油孔，以便将漏入挺柱内的机油引到凸轮处进行润滑。挺柱装在气缸体或气缸盖上镗出的导向孔中，也有些发动机采用可拆式挺柱导向体，将挺柱装于导向体的导向孔内，导向体固定在缸体上，如图 1-58 所示。

凸轮在旋转中对挺柱的推力方向是不变的，如果挺柱不能旋转，就会造成挺柱与导向孔之间单面磨损。同时，挺柱底面也与凸轮固定不变的在一处接触，也会造成磨损不均匀。为此，常将挺柱底面做成球面，凸轮在轴向做成一定的锥度形状，如图 1-59 所示。这样使得凸轮与挺柱的接触点偏离挺柱中心，在挺柱被凸轮推起上升时，凸轮对挺柱的作用力产生绕挺柱中心轴线的力矩，使挺柱旋转起来，挺柱和凸轮磨损均匀。

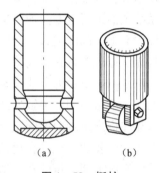

(a) (b)

图 1-58 挺柱

(a) 筒式；(b) 滚轮式

(3) 液力挺柱

为了解决气门间隙所引起的冲击和噪声，越来越多的发动机（特别是轿车发动机）采用了长度可以变化的液力挺柱，而取消了气门间隙。气门及其传动件因温度升高而膨胀，或因磨损而缩短，都会由液力作用来自行调整或补偿。

图 1-60 所示为凸轮轴下置式发动机采用的液力挺柱。柱塞装于挺柱体内，支撑座压装在柱塞上端，柱子下端的阀架内装有单向阀和碟形弹簧。柱塞经常被弹簧压向最上端，最上端位置由柱塞体上的卡环来限制。发动机内的润滑油通过挺柱体和柱塞侧面的小孔流入柱塞内腔和柱塞下面挺柱体内腔，并经常充满油液。

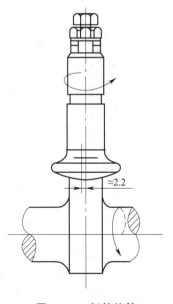

图 1-59 挺柱旋转

液力挺柱装在挺柱导向孔内，挺柱体下端面与凸轮接触，支撑座与推杆下端接触。在气门关闭时，弹簧使挺柱体内的柱塞连同支撑座紧靠着推杆，整个配气机构不存在间隙。

当凸轮将挺柱体顶起上升时，柱塞连同支撑座、单向阀一起在推杆反作用下力图上移，使柱塞下面挺柱体内腔的油压升高，单向阀关闭。由于液体的不可压缩性，整个挺杆如同一个刚体一样上升，使气门打开。

由于柱塞式与挺柱体有间隙，在挺柱上升的过程中，会有少量的油从柱塞上腔沿间隙漏出，但由于漏出油量很少，不会影响配气机构的工作。当凸轮转到基圆面与挺柱接触，气门关闭后，柱塞弹簧使柱塞上移（由于少量油的泄漏，柱塞在气门开启过程中有微量下移），柱塞腔内的油液顶开单向阀向挺柱内腔补充油量，仍保持配气机构无间隙。

当发动机温度升高导致气门受热膨胀伸长，由于气门弹簧的弹力大于挺柱弹簧弹力，迫使柱塞下移，将挺柱内腔油液从间隙中挤出。同时，每次气门关闭以后柱塞上移受限，补油量减少，挺柱自动"缩短"，保证气门关闭紧密。当温度下降，气门冷却收缩时，柱塞弹簧将柱塞上移，单向阀打开，柱塞内腔的油液进入柱塞内腔。同时，每次气门关闭后，柱塞上移量增大，补油量增加，挺柱自动"伸长"，保证配气机构间隙。液力挺柱中的油液是由润滑系统主油道通过专门油道送来的压力油。若机油压力过低时，补油压力下降。当柱塞与挺柱体因磨损而间隙增大，会因泄油过多、补油不足而出现气门间隙。发生这种情况时，液力挺柱无法修理和调整，间隙一旦过大时，只能更换。

图1-61所示为奥迪和桑塔纳轿车发动机上采用的液压挺柱。挺柱体由圆桶和上端盖焊接而成，下端封闭的油缸外圆柱面与挺柱导向孔配合，内圆柱面与柱塞配合。球阀被补偿弹簧压靠在柱塞下端面的阀座上。挺柱体内部的低压油腔通过挺柱顶背面的键形槽与柱塞上方的低压油腔相通。挺柱在运动过程中，挺柱体上的环形槽与缸盖上的斜油孔对齐时，缸盖油道内的润滑油通过量油孔、斜油孔和环形油槽进入低压油腔。柱塞下端油腔内部的空腔，称为高压油腔，当球阀打开时，高压油腔与低压油腔相通。

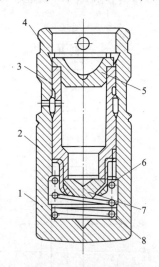

图1-60 液压挺柱

1—挺柱体；2—单向阀架；3—柱塞；
4—卡环；5—支撑座；6—单向阀碟形弹簧；
7—单向阀；8—柱塞弹簧

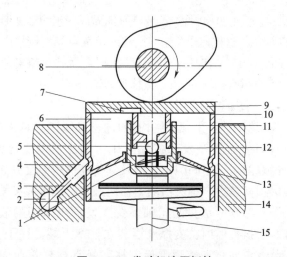

图1-61 发动机液压挺柱

1—高压油腔；2—缸盖油道；3—量油孔；4—斜油孔；5—球阀；
6—低压油腔；7—键形槽；8—凸轮轴；9—挺柱体；10—柱塞焊缝；
11—柱塞；12—油腔；13—补偿弹簧；14—缸盖；15—气门杆

无论是高压油腔还是低压油腔，它们都充满了油液。补偿弹簧还可以使油缸与柱塞相对运动，保持挺柱顶面与凸轮紧密接触。油缸下端面与气门杆下端面紧密接触，整个配气机构无间隙。在气门打开的过程中，凸轮推动挺柱和柱塞下移，油缸受到气门弹簧的阻力而不能立即下移，导致油压升高，球阀将阀门关闭。由于油液的不可压缩性，使得整个挺柱如同一个刚体下移，最后将气门打开。在此期间，挺柱和油缸之间的间隙会存在一些油液泄漏，但这不影响气门的正常打开。在此期间，挺柱和油缸之间的间隙会存在一些油液泄漏，但不影响气门的正常打开。

在气门关闭过程中，挺柱上移，由于仍处于关闭状态，液力挺柱仍是一个刚性体，直至气门完全关闭为止。当气门关闭以后，补偿弹簧将柱塞和挺柱体继续向上推动一个微小的行程（补偿由于油液泄漏而造成的柱塞与挺柱体的下降），同时高压油腔油压下降，此时球阀打开，低压油腔的油液进入高压油腔内补充泄漏掉的油液。当气门关闭时，挺柱体上的环形油槽与缸盖上的斜油孔对齐，润滑系统的油液进入挺柱低压油腔内。当气门受热膨胀伸长时，通过柱塞与油缸之间的间隙，高压油腔内的油向低压油腔泄漏一部分，柱塞与油缸产生相对运动，从而使挺柱自动"缩短"，保证气门关闭紧密。同时，通过减少气门关闭后的补油量，也保证了气门的紧密关闭。当气门冷却收缩时，补偿弹簧将柱塞与挺柱体向上推动，球阀打开，低压油腔内的油液进入高压油腔，挺柱自动"伸长"保证无气门间隙。

3. 推杆

推杆处于挺柱和摇臂之间，其功用是将挺柱传来的运动和作用力传给摇臂。在凸轮轴下置式的配气机构中，推杆是一个细长杆件，加上传递的力很大，所以极易弯曲。因此，要求推杆有较好的纵向稳定性和较大的刚度。推杆一般用冷拔无缝钢管制造，两端焊上球头和球座。也可以用中碳钢制成实心推杆，这时，两端的球头或球座与推杆锻成一个整体。

图1-62（a）所示为钢制实心推杆，一般同球形支座锻成一个整体，然后进行热处理。图1-62（b）所示为硬铝棒制成的推杆，推杆两端配以钢制的支撑。图1-62（c）和图1-62（d）

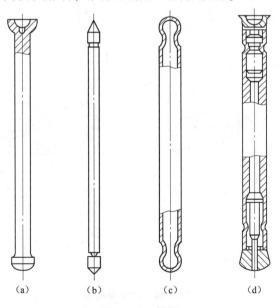

图1-62 推杆

（a）钢制实心推杆；（b）硬铝棒制成的推杆；（c）钢制推杆（锻）；（d）钢制推杆（压配）

都是钢管制成的推杆。前者的球头直接锻成,然后经过精磨加工的;后者的球支撑则是压配的,并经淬火和磨光,以提高其耐磨性。

4. 摇臂

摇臂是中间带有圆孔的不等长双臂杠杆(见图1-63),其作用是将推杆和凸轮传来的运动和作用力改变方向传给气门使其开启。摇臂可以分为普通摇臂和无噪声摇臂。

(1) 普通摇臂

普通摇臂(见图1-63)的长臂端部以圆弧形的工作面与气门尾端接触用以推动气门。短臂的端部有螺孔用来安装调整螺钉及锁紧螺母,以调整气门间隙。螺钉的球头与推杆顶端的凹球座相连接。由于依靠气门一端的臂长,所以在一定气门升程下,可减小推杆、挺柱等运动件的运动距离和加速度,从而减小了工作中的惯性力。

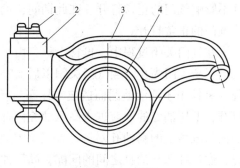

图1-63 摇臂

(2) 无噪声摇臂

为了消除气门间隙,减小由此产生的冲击噪声,一般常采用无噪声摇臂。其工作原理如图1-64所示。凸环以摇臂的一端为支点,并靠在气门杆部的端面上,当气门处在关闭位置时,在弹簧的作用下,柱塞推动凸环向外摆动,消除了气门间隙;当气门开启时,推杆便向

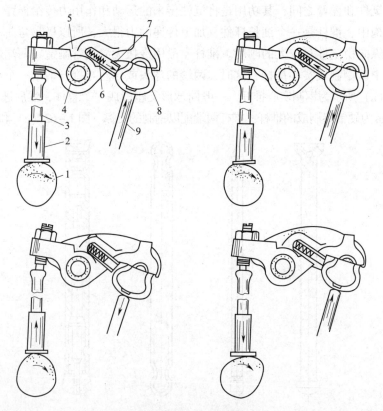

图1-64 无噪声摇臂

(a) 气门关闭;(b) 气门正在开启;(c) 气门开启;(d) 气门正在关闭

1—凸轮轴;2—挺柱;3—推杆;4—摇臂轴;5—摇臂;6—弹簧;7—柱塞;8—凸环;9—气门

上运动推动摇臂,由于摇臂已经通过凸环和气门杆部的端面处在接触状态,从而消除了气门间隙。其中凸环的作用是消除气门和摇臂之间的间隙,从而消除因此产生的冲击噪声。

如图1-65所示,摇臂是通过摇臂轴来支撑的。摇臂、摇臂轴和摇臂轴支座等组成了摇臂组(摇臂支架)。摇臂通过摇臂衬套的空套在两端带碗形塞的空心摇臂轴上,而摇臂轴又通过摇臂轴支座和固定在气缸盖上。摇臂上钻有油孔,通常润滑油从缸体上的主油道经缸体或缸体外油管、缸盖和摇臂轴支座中的油道进入中空的摇臂轴,然后通过轴上的径向孔进入摇臂及轴之间润滑。为了防止摇臂轴向窜动,在摇臂轴上每两摇臂之间都装有限位弹簧。

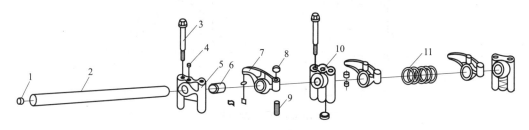

图1-65 摇臂组

1—碗形塞;2—摇臂轴;3—螺栓;4—摇臂轴紧定螺钉;5—摇臂轴前支座;6—摇臂衬套;7—摇臂;
8—锁紧螺母;9—调整螺钉;10—摇臂轴中间支座;11—限位弹簧

摇臂的材料一般为中碳钢,也可以采用铸铁或铸钢精铸而成。为提高耐磨性,支座的摇臂轴孔内镶有青铜衬套或装有滚针轴承。

5. 气缸数自动变化机构

发动机在工作时,为了减少燃料消耗,可根据发动机功率的需要,使工作的气缸数自动地改变。例如,一个V8缸的发动机,可自动地变化为8个缸、6个缸和4个缸进行工作,该发动机被称为"V8—6—4"型发动机。该发动机由一个计算机控制的电子机械结构,使选定气缸的气门停止工作,达到工作的气缸数自动变化的目的。

(1) 结构

气缸数自动变化机构由气门配气机构(见图1-66)和气门选择器(见图1-67)组成。在气门配气机构中,计算机接收各种传感器传来的信号,经处理后由电磁阀转变为机械控制,使选定气缸的气门停止工作。

气门选择器安装在配气机构的摇臂中央(见图1-67),其内部装有内簧,选择器上端有阻挡板并与电磁阀连在一起。每一缸安装一个选择器,操纵该缸的进、排气门,并控制摇臂的支枢点,使气门开启或关闭。

(2) 工作原理

8个气缸在正常工作时,摇臂支枢点接近中心,也成为选择器的中心,凸轮转到其顶点推开进气门时,可燃混合气进入各气缸。计算机若无信号发出,电磁阀无电流通过时,选择器由于其上方的凸块和阻挡板相互接触使其不能向上移动。摇臂支枢点接近中心,气门即正常开启并使气缸投入工作。若计算机发出信号,电磁阀有电流通过时,产生电磁力,使阻挡板旋转,选择器凸块与阻挡板监视窗口对齐,摇臂由推杆推动后,选择器不受阻挡板限制,摇臂与选择器使螺栓向上移动,摇臂此时以气门杆头作为支枢,气门关闭使气缸停止工作。

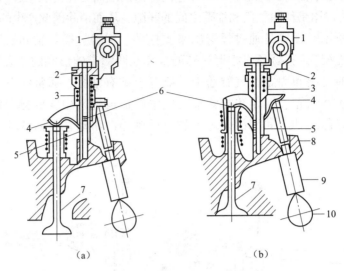

图 1-66 气门配气机构

(a) 气门工作；(b) 气门停止工作

1—电磁阀；2—阻挡板；3—气门选择器；4—摇臂；5—支枢；6—支点；
7—气门；8—推杆；9—挺柱；10—凸轮

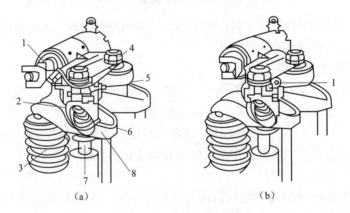

图 1-67 气门选择器

(a) 气门工作；(b) 气门停止工作

1—阻挡板；2—选择器；3—支点；4—监视窗口；5—凸块；6—内簧；7—支枢点；8—摇臂

若装用4个气门选择器，可对8个、6个和4个气缸的工作进行任意选择。4个气门选择器分别安装在1、4、6和7缸上。工作情况如图1-68所示，若以6个缸工作，可停止1、4缸；若以4个缸工作，即可停止1、4、6和7缸。

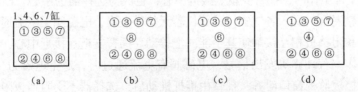

图 1-68 使用选择器使各缸工作情况

(a) 选择器装在1、4、6、7缸；(b) 8个缸工作；(c) 6个缸工作；(d) 4个缸工作

6. 可变进气系统

发动机的多气门化虽提高了发动机的高速动力性，但又使中、小负荷经济性变差和低速扭矩降低，为了解决这一矛盾，一些高性能轿车发动机广泛采用了可变技术，其中包括可变配气系统（可变进气系统、可变排气系统），可变增压系统，可变喷油系统等技术，从而使发动机在整个转速范围内的性能都得到了提高。在可变技术中，由于可变进气系统效果显著、结构简单，故被广泛应用于轿车汽油机中。可变进气系统主要有以下几种形式：

(1) 多气门分段参加工作的可变进气系统

该系统的工作原理如图1-69所示。凸轮轴顶置驱动3个气门（2个进气门、1个排气门），其中这两个进气门有主、副之分，并且在主进气门处设置了螺旋进气道。

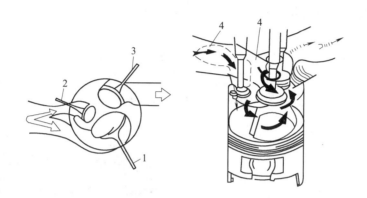

图1-69 多气门分段参加工作的工作原理
1—主进气门；2—副进气门；3—进气门；4—螺旋进气道

当发动机在低速、中小负荷工作时，仅主气门打开。此时，由于在主进气门处配有螺旋进气道，因此在进气系统中产生强烈的旋转涡流，非常有利于燃料的雾化并提高了与空气混合的质量，改善了可燃混合气的燃烧状况，获得了较好的经济性。当发动机在高速大负荷下工作时，主、副气门同时被打开，进气通过面积大大增加，同时进气涡流消失，进气阻力很小，充气量增大，从而获得了良好的动力性。

丰田公司分别于1984年和1987年生产的2E型1.3L汽油机和4气门5A-F汽油机，马自达公司于1987年生产的JF（V-6）型发动机都采用了多气门分段参加工作的可变进气系统。

(2) 双进气管分段参加工作的可变进气系统

该系统的工作原理如图1-70所示。进气门分段参加工作的可变进气系统，它是利用螺旋进气道和进气门通道面积的改变使气门处空气流速改变，并形成旋流来改善混合及燃烧。双进气道是利用进气管通道面积的变化形成可变系统来改善可燃混合气的混合和燃烧状况。

当发动机在低速中小负荷工作时，由真空控制的主要进气管关闭，仅打开一个进气管（副进气管）。由于进气通道面积小，空气流速增加，促进了燃料在进气管中的雾化、蒸发和混合，改善了燃烧。

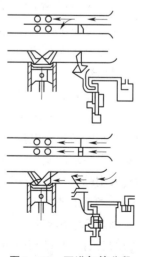

图1-70 双进气管分段

当发动机在高速、大负荷工况下工作时,主、副进气管均打开,增加了进气道面积,减小了进气阻力,使充气效率增加,大大提高了发动机高速时的动力性。

丰田公司在 4A – GEU 型汽油机上便采用了双进气管分段参加工作的可变进气系统。

(3) 进气管长度及面积可变进气系统

该系统的工作原理如图 1 – 71 所示。当发动机低速小负荷运转时,采用长而细的进气管以保证经济性和低速稳定性;当发动机高速大负荷运转时,采用短而粗的进气管以保证获得高动力性。

日产 CA18DE、RB20DET 以及意大利开发的 2 L 汽油机都采用了这种进气管长度及面积可变进气系统。

(4) 配气定时(配气相位)可变进气系统

进气定时(配气定时)可变控制系统(Valve Timing Control System,VTCS),如图 1 – 72 所示,VTCS 的原理:使连接进气凸轮轴正时带轮与凸轮轴的螺旋形花键,随着发动机的转速、负荷的变化,利用油压使之沿轴向移动,由于受螺旋形花键的导向作用,凸轮轴在沿轴向移动的同时会旋转一定的角度,从而改变了其配气相位。

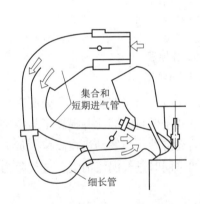
图 1 – 71 进气管长度及面积可变系统

图 1 – 72 VTCS 系统原理图

在发动机中、低速运行时,整个系统处于开启状态,进气滞后角小,获得了低、中速大转矩;发动机在高速大负荷工况时,其控制系统处于关闭状态,此时凸轮轴的位置是较大的进气滞后角,可充分利用进气流的惯性多进气,从而提高发动机的动力性。

控制系统的油压是由气缸体主油道提供的,通过主轴颈供给凸轮轴,再通过带轮螺栓内的油道,供给凸轮轴带轮内的活塞。用控制阀和电磁阀来控制凸轮轴内油压的变化。控制阀和电磁阀的信号由电控单元发出并加以控制。而发动机的转速、进气量、冷却水温度及节气门开度等参数的变化,则通过相应的传感器送入电控单元。日产公司生产的 VG30DE 型发动机采用的就是这种配气定时可变控制系统。

7. 气门定时和升程可变进气系统

该系统采用的是一种在一根凸轮轴上设计两种不同定时和升程的凸轮,且利用油压进行切换的装置。其结构如图 1 – 73 所示,主要由中间摇臂、主摇臂、副摇臂、同步活塞及凸轮轴等部分组成。其中中间摇臂是在发动机高速时使用,主、副摇臂在低速时使用。

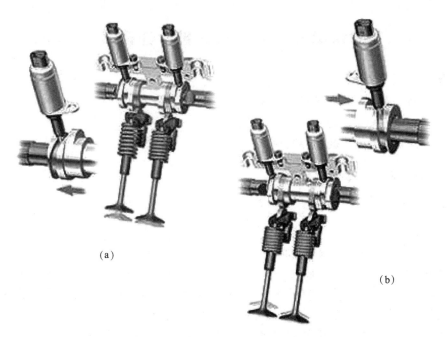

图1-73 气门定时和升程可变进气系统

(a) 当低负载、低转速时,切换至普通凸轮;(b) 当高负载、高转速时,切换至高角度凸轮

该系统的工作原理如图1-74所示。在发动机低速工作时,主、副摇臂与中间摇臂分离,利用两边的低速凸轮驱动主、副摇臂,再压下气门使其开启。中间摇臂利用空气弹簧与中间凸轮一起作用。但此时,由于没有油压作用于同步活塞上,故与气门开闭无关;在发动机高速工作时,利用摇臂内的油压活塞的油压使活塞移动,这时主、副及中间摇臂利用同步活塞使3个摇臂连成一体,由高速凸轮驱动,从而获得较大功率的配气相位和气门升程。

广州本田2.0LZC型发动机采用的就是可变气门升程技术。

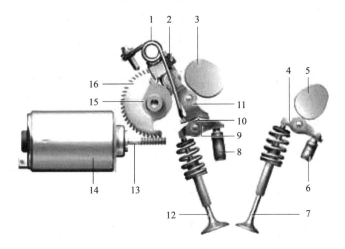

图1-74 气门定时和升程可变进气系统的工作原理图

1—扭转弹簧;2—支架;3—进气凸轮轴,4,10—下摇臂;5—排气凸轮轴;
6,8—液压挺柱;7—排气门;12—进气门;14—伺服电动机;
13—蜗杆轴;16—蜗轮;15—偏心轮;10—上摇臂

知识单元 1.4 发动机冷却系统

知识目标

1. 了解发动机冷却系统的功用、组成;
2. 熟悉发动机冷却系统的主要部件构造;
3. 掌握发动机冷却系统的工作原理。

学习任务 1.4.1 冷却系统概述

1. 冷却系统功用

发动机在工作过程中,气缸与燃烧室内的气体温度为 2 500℃。直接与这些气体接触的缸体、活塞、缸盖与气门等,在如此高温的条件下因热膨胀而破坏正常的工作间隙,导致运动件运动受阻甚至卡死,各机件因此必须在发动机上设置冷却系统,在发动机工作中对高温机件进行冷却,使发动机在所有的工况下都保持在适当的温度范围内。冷却系统虽不参与发动机的功能转换,但却是发动机正常工作必不可少的保证。

冷却系统冷却强度的调节是否合适,对发动机的工作影响很大。冷却不足,会造成发动机过热,导致发动机充气量下降而影响发动机功率输出。对于汽油机来说,还可能会造成早燃、爆燃和表面点火等不正常燃烧;同时,过高的温度还会使润滑油黏度降低,导致机件磨损加剧。冷却过度,会使发动机过冷,导致燃料蒸发困难,可燃混合气形成条件变差。燃烧不完全不但会造成发动机功率下降、油耗量增大,同时还会引起废气排放污染物增加。

2. 冷却方式

一般地,对汽车发动机采用的冷却方式有水冷和风冷两种形式。

水冷方式是将热能通过热传导方式从高温零件传给温度较低的冷却液,再将吸收了热量的冷却液送至散热器,通过散热器将热量散发到大气中。这种冷却方式很可靠,冷却强度调节方便,在发动机正常工作时,水冷系统能使发动机的工作温度维持在正常范围内。

风冷方式是以空气为冷却介质,直接对气缸体和气缸盖的表面进行冷却。为了加强冷却效果,并使各缸冷却均匀,有些发动机的风冷系统设有轴流式风扇、导流罩和分流板,以加大流经机体表面的空气流量。与水冷却相比,风冷却的冷却强度不容易控制和调节。因此,这种冷却方式只在某些大型柴油机或者小型汽油机上使用。

3. 水冷系统组成

汽车发动机的水冷系统均为强制循环水冷系统,即利用水泵提高冷却液的压力,强制冷却液在发动机中循环流动。汽车发动机水冷系统的组成如图 1-75 所示。

4. 冷却液

冷却液是水和防冻剂的混合物,冷却液用水最好是软水,否则将在发动机水套中产生水垢,使传热受阻,从而造成发动机过热的现象。

纯净水在 0℃ 时结冰。如果发动机冷却系统中的水结冰,将使冷却水终止循环而引起发动机过热。尤其严重的是,水结冰时体积膨胀,可能将机体、气缸盖和散热器胀裂。为了适应冬季行车的需要,在水中加入防冻剂制成冷却液,以防止循环冷却水冻结。最常用的防冻

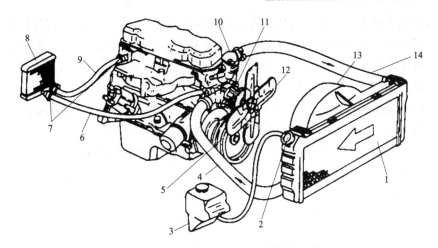

图1-75 汽车发动机水冷系统的组成

1—散热器;2—散热器盖;3—补偿水桶;4—散热器出水软管;5—风扇传送带;6—暖风机出水软管;7—管箍;
8—暖风机芯;9—暖风机进水软管;10—节温器;11—水泵;12—冷却风扇;13—护风圈;14—散热器进水软管

剂是乙二醇。冷却液中水与乙二醇的比例不同,其冰点也不同(见表1-3)。50%的水与50%的乙二醇混合而成的冷却液,其冰点约为-35.5℃。

表1-3 冷却液的冰点与乙二醇质量分数的关系

冷却液冰点/℃	乙二醇的质量分数/%	水的质量分数/%	密度/(kg·m^{-3})
-10	26.4	73.6	1.034 0
-20	36.4	63.8	1.050 6
-30	45.6	54.4	1.062 7
-40	52.6	47.7	1.071 3
-50	58.0	42	1.078 0
-60	63.1	36.9	1.083 3

在水中加入防冻剂还同时提高了冷却液的沸点。例如,含50%乙二醇的冷却液在大气压力下的沸点是103℃。因此,防冻剂还有防止冷却液过早沸腾的作用。

防冻剂中通常含有防锈剂和泡沫抑制剂。防锈剂可延缓或阻止发动机水套壁及散热器的锈蚀或腐蚀。冷却液中的空气在水泵叶轮的搅动下会产生很多泡沫,这些泡沫将妨碍水套壁的散热。泡沫抑制剂能有效地抑制泡沫的产生。在使用过程中,防锈剂和泡沫剂会逐渐消耗殆尽,因此,定期更换冷却液是十分必要的。

在防冻剂中,一般还要加入着色剂,使冷却液呈蓝绿色或黄色,以便识别。

5. 冷却液的循环路线

发动机在运转时,会带动水泵转动,水泵将散热器内的冷却液抽出经分水管送入缸体水套,流动的冷却液吸收高温机件的热量再回流至散热器,通过散热器将热量散发到大气中。

水冷系统冷却液的循环方式及路线是随着发动机工作温度的变化而改变的。

进入发动机气缸体的冷却液对气缸上部进行强制冷却,气缸下部主要通过气流的对流进行冷却。吸收了热量的冷却液通过缸体与缸盖的水道进入缸盖水套,对燃烧室、气门座进行冷却,然后经缸盖出水管流回散热器。

节温器安装于缸盖出水管出口处,受冷却液温度的控制决定冷却液的循环路线。

当发动机的冷却液温度低于70℃时,节温器关闭通往散热器的通路,从缸盖水套流出的冷却液通过小循环连接水管直接进入水泵,并经水泵送入缸体水套。由于冷却液不经散热器散热,可使发动机温度迅速提高,这种循环方式称为小循环。

当发动机冷却液温度高于80℃时,节温器将直接通往水泵的小循环通路关闭,从缸盖水套流出的冷却液全部进入散热器进行散热。散热后的冷却液在水泵的抽吸下,又回到了缸体水套进行循环。由于经过散热器散热,可使发动机冷却液的温度迅速下降,避免发动机过热,这种循环方式称为大循环,如图1-76所示。

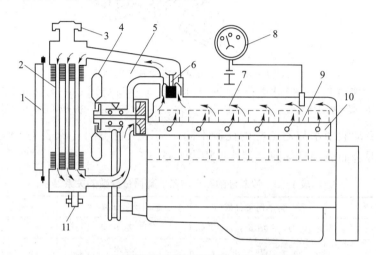

图1-76 冷却液在强制循环水冷却中的流动
1—百叶窗;2—散热器;3—散热器盖;4—风扇;5—水泵;6—节温器;
7—气缸盖水套;8—水温表;9—机体水套;10—分水管;11—放水阀

学习任务1.4.2 冷却系统的主要部件

1. 散热器

发动机水冷系统中的散热器由进水室、出水室及散热器芯三部分构成。冷却液在散热器芯内流动,空气在散热器芯外通过。热的冷却液由于向空气散热而变冷,冷空气则因为吸收冷却液散出的热量而升温,所以散热器是一个热交换器。

按照散热器中冷却液流动的方向可将散热器分为纵流式和横流式两种,如图1-77所示。纵流式散热器芯竖直布置,上接进水室,下连出水室,冷却液由进水室自上而下地流过散热器芯进入出水室。横流式散热器芯横向布置,左右两端分别为进、出水室,冷却液自进水室经散热器芯到出水室横向流过散热器。大多数新型轿车均采用横流式散热器,这可以使发动机罩的外廓较低,有利于改善车身前端的空气动力性。

散热器芯有多种结构形式,如图1-78所示。管片式散热器芯由散热管和散热片组成。散热管是焊在进、出水室之间的直管,作为冷却液的通道。散热管有扁管也有圆管,扁管与圆管相比,在容积相同的情况下有较大的散热表面。铝散热器芯多为圆管。在散热管的外表面焊有散热片以增加散热面积,增强散热能力,同时还增大了散热器的刚度和强度。管片式散热器的优点是散热面积大、气流阻力小、结构刚度好及承压能力强等。

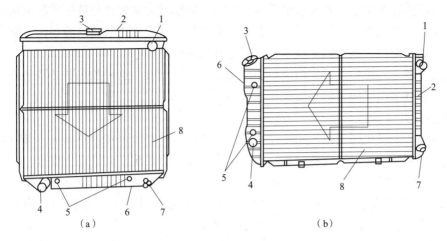

图1-77 散热器的结构

(a) 纵流式散热器；(b) 横流式散热器

1—进水口；2—进水室；3—散热器盖；4—出水口；
5—变速器油冷却器进、出口；6—出水室；7—放水阀；8—散热器芯

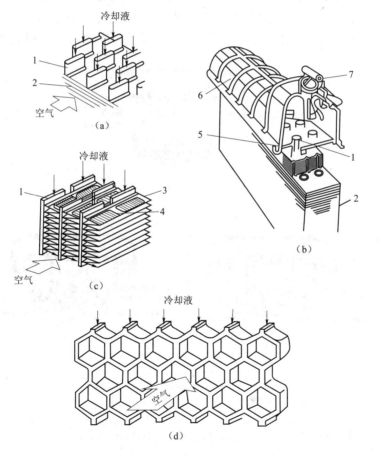

图1-78 散热器芯的结构

(a) 管片式（扁管）；(b) 管片式（圆管）；(c) 管带式；(d) 板式

1—散热管；2—散热片；3—散热带；4—罐片；5—环氧树脂密封；6—进水室；7—放水阀

管带式散热器芯由散热管及波形散热带组成。散热管为扁管并与波形散热带相间地焊在一起。为增强散热能力,在波形散热带上加工有鳍片。与管片式散热器芯相比,管带式的散热能力强,制造简单,质量轻,成本低,但它结构刚度差。

板式散热器芯的冷却液通道由成对的金属薄板焊合而成。这种散热器芯散热效果好,制造简单,但焊缝多不坚固,容易沉积水垢且不易维修。

2. 散热器盖

现代的汽车发动机强制循环水冷系统都用散热器盖严密地盖在散热器加冷却液口上,使水冷系统成为封闭系统,通常称这种水冷系统为闭式水冷系统。其优点主要有:

① 闭式水冷系统可使系统内的压力提高 98～196 kPa,冷却液的沸点相应地提高到 120℃左右,从而扩大了散热器与周围空气的温差,这就大大提高了散热器的换热效率。由于散热器的散热能力增强,可以相应地减小散热器尺寸。

② 闭式水冷系统可减少冷却液外溢及蒸发损失。散热器盖的作用是密封水冷系统并调节系统的工作压力。当发动机工作时,冷却液的温度逐渐升高。由于冷却液容积膨胀使冷却系统内的压力增高。当压力超过预定值时,压力阀开启,一部分冷却液经溢流管流入补偿水桶,以防止冷却液胀裂散热器。当发动机停机后,冷却液的温度下降,冷却系统内的压力也随之降低。当压力降到大气压力以下出现真空时,真空阀开启,补偿水桶内的冷却液部分流回散热器,可以避免散热器被大气压力压坏。散热器盖的结构及工作原理如图 1-79 所示。

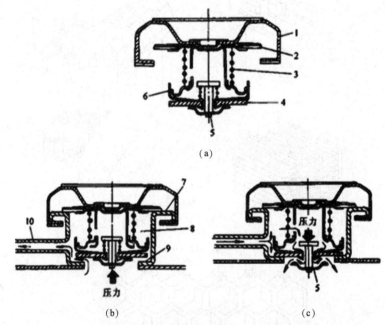

图 1-79 散热器盖的结构及工作原理
(a) 散热器结构;(b) 压力阀开启;(c) 真空阀开启
1—散热器盖;2—上密封衬垫;3—压力阀弹簧;4—下密封衬垫;5—真空阀;6—压力阀;
7—加冷却液口上密封圈;8—加冷却液口;9—加冷却液口下密封圈;10—溢流管

3. 补偿水桶

补偿水桶由塑料制造并用软管与散热器加冷却液口上的溢流管连接。其作用已如上述,即当冷却液受热膨胀时,部分冷却液流入补偿水桶;而当冷却液降温时,部分冷却液又被吸回散热器,所以冷却液不会溢失。补偿水桶内的液面有时升高,有时降低,而散热器却总是被冷却液所充满。在补偿水桶的外表面上刻有两条标记线:低线和高线,而补偿水桶内的液面应位于两条标记线之间。若液面低于低线时,应向桶内补充冷却液。在向桶内添加冷却液时,液面不应超过高线。补偿水桶还可消除水冷系统中的所有气泡。

4. 散热器百叶窗

有些货车和大客车发动机在散热器前面装有百叶窗,其作用是通过改变吹过散热器的空气流量来调节发动机的冷却强度,以保证发动机经常在适当的温度范围内工作。在发动机冷起动或暖车期间,冷却液的温度较低,这时将百叶窗部分或完全关闭,以减少吹过散热器的空气流量,使冷却液的温度迅速升高。百叶窗可由驾驶员通过驾驶室内的手柄来操纵其开闭,也可以用感温器自动控制,如图1-80所示。

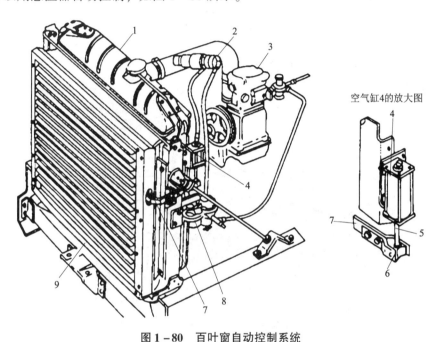

图 1-80 百叶窗自动控制系统
1—散热器;2—感温器;3—制动空气压缩机;4—空气缸;5—调整杆;
6—调整螺母;7—杠杆;8—空气滤清器;9—百叶窗

5. 水泵

(1) 水泵的功用

水泵的功用是对冷却液加压,保证其在冷却系统中循环流动。

(2) 水泵的基本结构及工作原理

图1-81所示为离心式水泵的工作原理。

汽车发动机广泛采用离心式水泵。当水泵叶轮旋转时,水泵中的冷却液被叶轮带动一起旋转,并在离心力的作用下被甩向水泵壳体的边缘,同时产生一定的压力,然后从出水管流出。在叶轮的中心处由于冷却液被甩出而压力下降,散热器中的冷却液在水泵进口与叶轮中心的压差作用下经进水管流入叶轮中心。叶轮由铸铁或塑料制造,叶轮上通常有6~8个径向直叶片或后弯叶片。水泵壳体由铸铁或铝铸制,进、出水管与水泵壳体铸成一体。

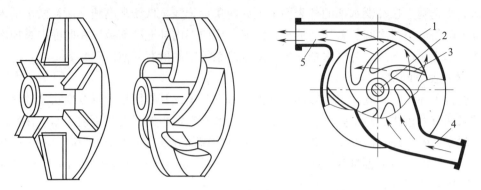

图 1-81 离心式水泵的工作原理
1—水泵壳体；2—水泵轴；3—叶轮；4—进水管；5—出水管

(3) 水泵的典型构造（见图 1-82）

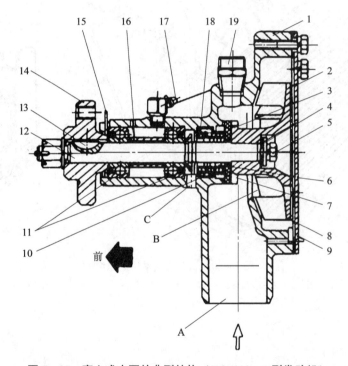

图 1-82 离心式水泵的典型结构（EQ6100-1 型发动机）
1—水泵壳体；2—叶轮；3—夹布胶木密封垫圈；4, 8—衬垫；5—螺栓；6—水封皮碗；
7—弹簧；9—水泵盖；10—水封座圈；11—球轴承；12—水泵轴；13—半圆键；14—凸缘盘；
15—轴承卡环；16—隔离室；17—润滑脂嘴；18—水封环；19—水管接头；
A—进水口；B—水泵内腔；C—泄水孔

(4) 水泵的驱动

水泵一般由曲轴通过 V 带驱动。传动带环绕在曲轴带轮和水泵带轮之间，因此水泵转速与发动机转速成比例。奥迪 100 型轿车发动机的水泵即由曲轴通过 V 带驱动，水泵转速为曲轴转速的 1.6 倍。有些发动机的水泵由凸轮轴直接驱动。

6. 风扇

冷却风扇置于散热器后面，如图 1-83 所示。当发动机在车架上纵向布置时，风扇一般安装在水泵轴上，并由驱动水泵和发电机的同一根 V 带传动。风扇的功用是当风扇旋转时，吸进空气使其通过散热器，以增强散热器的散热能力，加快冷却液的冷却速度。汽车发动机水冷系统多采用低压头、大风量、高效率的轴流式风扇，即风扇在旋转时，空气沿着风扇旋转轴的轴线方向流动。

风扇的扇风量主要与风扇直径、转速、叶片形状、叶片安装角及叶片数有关。叶片的断面形状有圆弧形和翼形两种，前者由薄钢板冲压而成，后者用塑料或铝合金铸制。翼形风扇效率高、消耗功率少，在轿车和轻型汽车上得到了广泛的应用。一般叶片与风扇旋转平面成 30°~45°角（叶片安装角）。叶片数为 4、5、6 或 7 片。叶片之间的间隔角或相等，或不相等。间隔角不等的叶片可以减小叶片在旋转时的振动和噪声。

7. 风扇离合器

（1）硅油风扇离合器

汽车在行驶过程中，由于环境条件和运行工况的变化，发动机的热状况也在改变。因此，必须随时调节发动机的冷却强度。例如，在炎热的夏季，发动机在低速大负荷下工作冷却液的温度很高时，风扇应该高速旋转以增加冷却风量，增强散热器的散热能力。而在寒冷的冬天，冷却液的温度较低或在汽车高速行驶有强劲的迎面风吹过散热器时，风扇继续工作就变得毫无意义了，不仅白白消耗发动机功率，还产生很大的噪声。试验证明，水冷系统只有 25% 的时间需要风扇工作，而在冬季需要风扇工作的时间就更短了。因此，根据发动机的热状况随时对其冷却强度加以调节就显得十分有必要了。在风扇带轮与冷却风扇之间装置硅油风扇离合器是实现这种调节的方法之一，其具体结构如图 1-84 所示。

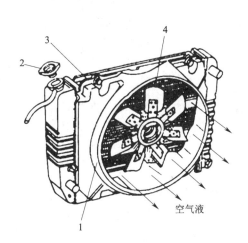

图 1-83 冷却风扇

1—导风罩；2—散热器盖；
3—散热器；4—风扇

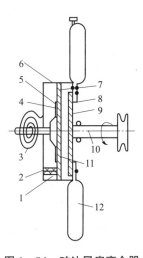

图 1-84 硅油风扇离合器

1—回油孔；2—钢球弹簧阀；3—双金属感温器；
4—进油孔；5—阀片；6—离合器壳体；
7—从动板；8—主动板；9—工作腔；
10—主动轴；11—储油腔；12—风扇

(2) 电动风扇

很多轿车发动机的水冷系统采用电动风扇,尤其是横置发动机前轮驱动的汽车更是如此。电动风扇由风扇电动机驱动并由蓄电池供电,所以,风扇转速与发动机转速无关。在有些电控系统中,电动风扇由电脑控制。冷却液温度传感器向电脑传输与冷却液温度相关的信号。当冷却液温度达到规定值时,电脑使风扇继电器搭铁,继电器触点闭合并向风扇电动机供电,风扇开始进入工作。电动风扇的优点是结构简单、布置方便、不消耗发动机功率,使燃油经济性得到改善。此外,采用电动风扇不需要检查、调整或更换风扇传动带,因而大大减少了维修的工作量。

8. 节温器

(1) 节温器的功用

节温器是控制冷却液流动路径的阀门。当发动机冷起动时,冷却液的温度较低,这时节温器将冷却液流向散热器的通道关闭,使冷却液经水泵入口直接流入机体或气缸盖水套,以便使冷却液能够迅速升温。如果不装节温器,让温度较低的冷却液经过散热器冷却后返回发动机,则冷却液的温度将会长时间不能升高,发动机也将长时间在低温下运转。同时,车厢内的暖风系统以及用冷却液加热的进气管、化油器预热系统都在长时间内不能发挥作用。

(2) 节温器结构及工作原理(见图 1-85 和图 1-86)

当冷却液温度低于规定值时,节温器感温体内的石蜡呈固态,节温器阀在弹簧的作用下关闭发动机与散热器间的通道,冷却液经水泵返回发动机,进行小循环。当冷却液温度达到规定值后,石蜡开始熔化,逐渐变成液体,体积随之增大并压迫橡胶管使其收缩。在橡胶管收缩的同时对推杆作用以向上的推力。由于推杆上端固定,因此,推杆对胶管和感温体产生向下的反推力使阀门开启。这时,冷却液经由散热器和节温器阀,再经水泵流回发动机,进行大循环。

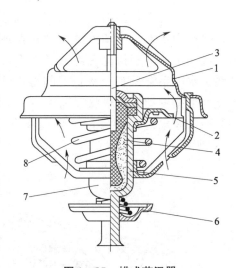

图 1-85 蜡式节温器

1—支架;2—主阀门;3—推杆;
4—石蜡;5—胶管;6—主阀门;
7—节温器外壳;8—弹簧

(3) 节温器的布置

一般来说,水冷系统的冷却液都是由发动机的机体流进,从气缸盖流出。因此,大多数节温器布置在气缸盖出水管路中。这种布置方式的优点是结构简单,容易排除冷却系统中的气泡。其缺点是节温器在工作时会产生振荡现象。例如,在冬季起动冷发动机时,由于冷却液温度低,节温器阀关闭。冷却液在进行小循环时,温度很快升高,节温器开启。与此同时,散热器内的低温冷却液流入机体,使冷却液又冷了下来,节温器阀重新关闭。等到冷却液温度再度升高,节温器阀又再次打开。直到全部冷却液的温度稳定之后,节温器阀才趋于稳定不再反复开闭。节温器在短时间内反复开闭的现象称为节温器振荡。当出现这种现象时,将增加汽车的燃油消耗量。节温器也可以布置在散热器的出水管路中,这种布置方式可以减轻或消除节温器振荡现象,并能精确地控制冷却液温度,但其结构复杂,成本较高。多用于高性能的汽车及在冬季经常高速行驶的汽车上。奥迪 100 型轿车发动机的节温器即布置在散热器出口的管路中。

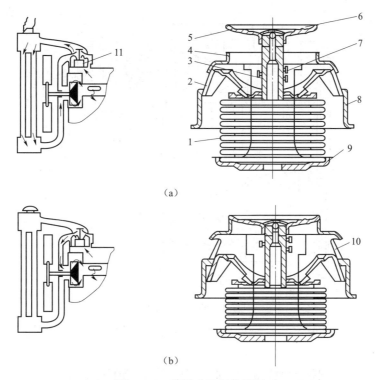

图1-86 折叠式双阀节温器

（a）大循环；（b）小循环

1—折叠式圆筒；2—侧阀门；3—杆；4—阀座；5—上阀门；6—通气孔；
7—导向支架；8—外壳；9—支架；10—旁通孔；11—节温器

9. 变速器机油冷却器

装有自动变速器的汽车必须装备变速器机油冷却器，这是因为自动变速器中的机油有可能过热。机油过热会降低变速器性能甚至造成变速器损坏。变速器机油冷却器通常就是一根冷却管，一般置于散热器的出水室内，由冷却液对流过冷却管的变速器机油进行冷却。在变速器和冷却器之间用金属管或橡胶软管连接。当汽车牵引挂车时，需要对变速器机油进行附加冷却。在这种情况下，可在变速器机油冷却器的管路中串接一个外部变速器机油附加冷却器，并置于散热器的前面。

10. 风冷系统

（1）风冷系统的结构

风冷系统的主要零件包括风扇、气缸盖倒流罩、散热片、气缸导流罩和分流板等，风冷系统如图1-87所示。

（2）风冷系统的特点

风冷系统具有结构简单、质量轻、故障少和无须特殊保养等优点，但由于其材料质量要求高、冷却不够均匀和可靠、消耗功率及工作噪声大，因此，目前只在某些大型柴油机或者小型汽油机上采用。

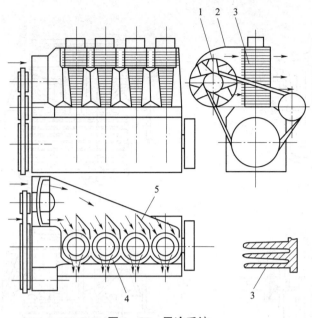

图 1-87 风冷系统

1—风扇；2—气缸盖倒流罩；3—散热片；4—气缸导流罩；5—分流板

知识单元 1.5　发动机润滑系统

学习任务 1.5.1　润滑系统概述

和冷却系统一样，润滑系统虽然不参加发动机的功能转换，但对发动机的正常工作且具有较长使用寿命是必不可少的保证。

发动机在工作时，有许多相互配合零件产生相对运动，如曲轴与轴承、活塞、活塞环与缸壁、气门与导管、挺柱或摇臂与凸轮等。在这些相对运动零件表面之间，必然会产生摩擦，对运动也会造成阻力，即摩擦阻力。摩擦阻力要消耗发动机功率，使零件表面磨损；摩擦还会生热，使零件温度升高，从而导致机械性能下降，甚至烧坏或热膨胀卡滞，致使发动机无法运转。因此，为了保证发动机正常工作，应尽量减少摩擦阻力。

1. 润滑系统的功用

润滑系统的功用就是在发动机工作时连续不断地把数量足够、温度适当的洁净机油输送到全部传动件的摩擦表面，并在摩擦表面之间形成油膜，实现液体摩擦，从而减小摩擦阻力、降低功率消耗、减轻机件的磨损，以达到提高发动机工作可靠性和耐久性的目的。

润滑系统的作用除润滑之外，还具有散热、清洗、保护和密封等作用。

2. 润滑方式

发动机各零件的润滑强度及润滑方式取决于该零件的工作条件、相对运动速度和承受机械负荷、热负荷的大小。现代汽车发动机多采用压力润滑和飞溅润滑的综合润滑方式。

（1）压力润滑

压力润滑是以一定的压力把机油供入摩擦表面的润滑方式。这种方式主要是用于主轴承、连杆轴承及凸轮轴承等负荷较大摩擦表面的润滑。

（2）飞溅润滑

利用发动机工作时运动件溅泼起来的油滴或油雾润滑摩擦表面的润滑方式，称为飞溅润滑。该方式主要用来润滑负荷较轻的气缸壁面和配气机构的凸轮、挺柱、气门杆以及摇臂等零件的工作表面。

（3）润滑脂润滑

通过润滑脂嘴定期加注润滑脂来润滑零件的工作表面，如水泵及发电机轴承等。

3. 润滑系统的组成

汽车发动机润滑系统的组成部分如图 1-88 所示，为了保证发动机能够得到正常的润滑，该系统主要包括以下一些装置。

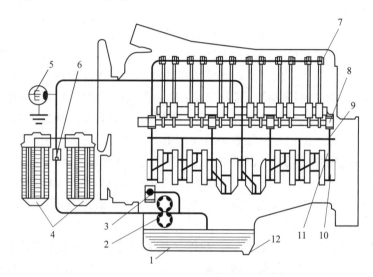

图 1-88 发动机润滑系统的组成部分

1—油底壳；2—机油泵；3—溢流阀；4—机油滤清器；5—润滑油压力开关；6—旁通阀；
7—摇臂轴；8—凸轮轴；9—主油道；10—主轴颈；11—分油道；12—磁性放油螺塞

（1）油底壳

油底壳主要用来储存润滑油，在大多数发动机上，油底壳还起到为润滑油散热的作用。

（2）机油泵

机油泵将润滑油从油底壳中抽出加压后，源源不断地送至各零件表面进行润滑，维持润滑油在润滑系统中的循环。机油泵大多装于曲轴箱内，也有些柴油机将机油泵装于曲轴箱外面，机油泵都采用齿轮驱动方式，通过凸轮轴、曲轴或正时齿轮来驱动。

（3）机油滤清器

机油滤清器主要用来过滤掉润滑油中的杂质、磨屑、油泥和水分等杂物，使送到各润滑部位的都是清洁的润滑油。由于过滤能力与流动阻力成正比，润滑系统的滤清器按过滤能力分为机油集滤器、机油粗滤器和机油细滤器 3 种，设于润滑系统的不同部位。

（4）阀类

限压阀用来限制机油泵输出的润滑油压力。旁通阀在粗滤器发生堵塞时打开，机油泵输出的润滑油可直接进入主油道。机油细滤器进油限压阀用来限制进入细滤器的油量,防止因进入细滤器的油量过多,导致主油道压力降低而影响润滑。

机油压力表、油温表是便于驾驶员可以随时掌握润滑系统工作状况的装置。

润滑系统还包括部分油管和在发动机机体上直接加工出用来向各润滑部位输送润滑油的主油道。某些热负荷较大的发动机,如在柴油发动机上还设有机油散热器,以起到对机油散热冷却的作用。

4. 润滑系统油路

现代汽车发动机润滑系统的组成及油路布置方案大致相同。只是由于润滑系统的工作条件和具体结构的不同而稍有差别。图1-88所示为某六缸发动机润滑系统示意图。发动机曲轴的主轴颈、连杆轴颈、凸轮轴轴颈和摇臂轴等采用压力润滑;活塞、活塞环、活塞销、气缸壁、气门、挺柱和推杆等采用飞溅润滑。

发动机在工作时,机油泵将油底壳中的润滑油经集滤器过滤后吸入,并形成一定压力后向机油滤清器供油。如果所供机油油压太高或流量过大,则润滑油经机油泵上的溢流阀返回机油泵入口。压力和流量正常的润滑油经滤清器滤清之后进入发动机主油道。机油滤清器盖上设有旁通阀,若机油滤清器堵塞,油压升高,则润滑油不经过滤清器,而由旁通阀直接进入主油道。主油道的润滑油通过7条分油道,分别润滑7个曲轴主轴颈。然后,润滑油经曲轴上的斜油道,从主轴颈流向连杆轴颈润滑曲柄销。主油道的另外4条分油道直通凸轮轴轴承,润滑4个凸轮轴轴颈。同时,润滑油从凸轮轴的第一轴颈处,经上油道通入气门摇臂轴的空腔内,然后从摇臂上的油道流出,滴落在配气机构其他零件的工作表面上。另外,在机油滤清器上还装有润滑油压力开关。润滑油压力若低于规定值,则润滑油开关触点闭合,报警灯闪亮,同时蜂鸣器鸣响报警。

有的发动机润滑系统中设置有机油散热器。机油散热器一般安装在冷却液散热器的前面。只有当发动机长时间在大负荷、高转速下工作,以及周围气温比较高的情况下才使用。在寒冷季节或在气温低于20℃的情况下,汽车行驶于好的路面上时,须将阀门关闭。为保证主油道油压不至于过低,通往散热器的通路是否开通也受到进油限压阀的控制。

发动机在工作时,机油泵将油底壳内的机油经固定式集滤器初步过滤掉较大的机油杂质后分成两路:大部分机油,经机油粗滤器(全流纸质滤清器)进一步过滤掉较大的机械杂质,流入纵向主油道,执行压力润滑任务;另有一小部分机油(10%~15%),经机油细滤器进油限压阀流入机油细滤器(离心式机油滤清器)内,滤去较细的杂质和胶质后流回油底壳。

学习任务1.5.2 润滑系统主要部件

1. 机油泵

机油泵的功用是保证机油在润滑系统内循环流动,并在发动机任何转速下都能以足够高的压力向润滑部位输送足够量的机油。

机油泵结构形式可分为齿轮式和转子式两类。齿轮式机油泵又可分为内接齿轮式和外接齿轮式,一般把后者称为齿轮式机油泵。

(1)齿轮式机油泵

齿轮式机油泵主要由主动轴、主动齿轮、从动轴、从动齿轮和轮壳等组成。两齿轮外啮合，装在壳体内，齿轮与壳体的径向和端面间隙都很小。当齿轮按图 1-89 所示示方向旋转时，进油腔处由于啮合着的齿轮逐渐脱开，密封工作腔容积逐渐增大，使腔内形成一定的真空，油底壳中的润滑油便被吸入到进油腔来。随后又被轮齿带到出油腔。出油腔的容积由于轮齿逐渐进入啮合而减小，使润滑油压力升高，润滑油便经出油口被压入发动机机体上的润滑油道。发动机在工作时，机油泵齿轮不停地旋转，润滑油便连续不断地流入润滑油道，经过滤清之后被送到各润滑部位。当轮齿进入啮合时，封闭在轮齿径向间隙内的润滑油，由于容积减小，压力急剧升高，使齿轮受到很大的推力，并使机油泵轴衬套的磨损加剧和功率消耗增大。为此，在泵盖上加工一道卸压槽，使轮齿径向间隙内被挤压的润滑油通过卸压槽流入出油腔。

齿轮式机油泵的工作原理如图 1-89 所示。

图 1-90 所示为东风 EQ6100-1 型发动机的齿轮式机油泵。进油口 A 通过进油管与固定式机油集滤器相连，出油口 B 与曲轴箱上的油道及机油粗滤器的进油口相连，管接头用油管与机油细滤器连接。泵体上装有主动齿轮轴和从动齿轮。主动齿轮轴上端通过连轴套与分电器传动轴连接，下端则用半圆键与主动齿轮装配在一起。从动齿轮松套在从动齿轮轴上，从动齿轮轴压装在泵体内。

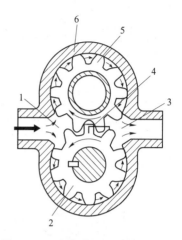

图 1-89 齿轮式机油泵的工作原理
1—进油腔；2—机油泵主动齿轮；
3—出油腔；4—卸压槽；5—机油泵从动齿轮；6—机油泵体

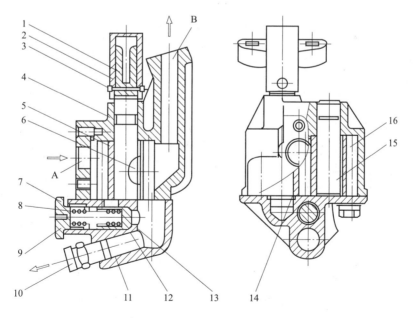

图 1-90 东风 EQ6100-1 型发动机的齿轮式机油泵
1—主动轴；2—连轴套；3—半圆头铆钉；4—油泵壳体；5—主动齿轮；6—半圆键；
7—调整垫片；8—限压阀弹簧；9—螺塞；10—管接头；11—油泵盖；
12—径向环槽；13—柱塞阀；14—钢丝挡圈；
15—从动齿轮轴；16—从动齿轮

机油泵的使用性能主要取决于机油泵齿轮与泵体的配合间隙（端面间隙和径向间隙）。齿轮与泵体的径向间隙一般不得大于 0.20 mm，端面间隙不大于 0.05 ~ 0.20 mm。当间隙过大时，润滑油泄漏严重，润滑油压力降低，泵油量就会减少，甚至机油泵不能泵油；当间隙过小时，泵体与齿轮易发生碰撞，产生磨损。泵体与泵盖之间的衬垫比较薄，它既可以防止漏油，又可以用来调整齿轮的端面间隙。

齿轮式机油泵的优点是效率高，功率损失小，工作可靠；其缺点是需要中间传动机构，制造成本相应较高。国产桑塔纳、捷达和奥迪等轿车采用的都是齿轮泵。

（2）转子式机油泵

转子式机油泵主要由内、外转子，机油泵体及机油泵盖等零件组成，如图 1-91 所示。其工作原理如图 1-92 所示。内转子有 4 个外齿，通过键固定在机油泵主动轴上。外转子有 5 个内齿，自由地安装在泵体内，并与内转子啮合转动。内、外转子之间有一定的偏心距，壳体上设有进油口和出油口。

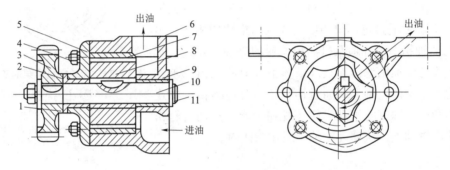

图 1-91 转子式机油泵
1—止推轴承；2—轴套；3—传动齿轮；4—盖板；5,6—调整垫片；
7—外转子；8—内转子；9—外壳；10—主动轴；11—轴套

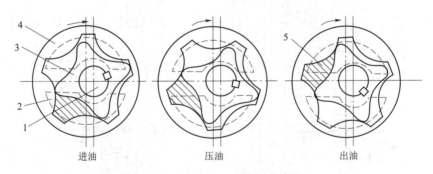

图 1-92 转子式机油泵的工作原理
1—机油泵传动轴；2—进油口；3—内转子 4—外转子；5—出油口

在内外转子的转动过程中，转子每个齿的齿形齿廓线上总能互相成点接触。因此，在内外转子之间形成了 4 个互相封闭的工作腔。由于外转子总是慢于内转子，这 4 个工作腔在旋转过程中不但位置改变，容积大小也在改变。每个工作腔总是在最小时与壳体上的进油孔接通，容积随后逐渐变大，形成真空，把机油吸进工作腔。当该容积旋转到与泵体上的出油孔接通且与进油孔断开时，容积逐渐变小，工作腔内压力升高，将腔内机油从出油孔压出。直至容积变为最小，重又与进油孔接通开始进油为止。与此同时，其他工作腔也在进行着同样的工作过程。

转子式机油泵的优点是结构紧凑、供油量大、供油均匀、噪声小、吸油真空度较高。安装在曲轴箱外位置较高处时,也能很好地供油。

2. 安全阀

机油泵必须在发动机各种转速下都能供给足量的机油,以维持足够的机油压力,保证发动机的润滑。机油泵的供油量与其转速有关,而机油泵的转速又与发动机转速成正比。因此,在设计机油泵时,都是使其在低速时有足够大的供油量。但是,在高速时机油泵的供油量明显偏大,机油压力也显著偏高。另外,在发动机冷起动时,机油黏度大,流动性差,机油压力也会大幅升高。为了防止其油压过高,在润滑油路中设置安全阀或限压阀。一般地,安全阀装在机油泵或机体的主油道上。当安全阀安装在机油泵上时,如果油压达到规定值时,安全阀开启,多余的机油返回机油泵进口。如果安全阀安装在主油道上,则当油压达到规定值时,多余的机油经过安全阀流回油底壳。

3. 机油滤清器

机油滤清器的功用是滤除机油中的金属磨屑、机械杂质和机油氧化物。如果这些杂质随同机油进入润滑系统,将会加剧发动机零件的磨损,还可能堵塞油管或油道。

机油滤清的方式有两种:全流式和分流式。全流式机油滤清器串联于机油泵和主油道之间,因此全部机油都要经过它滤清。目前在轿车上普遍采用的是全流式机油滤清器。

(1) 全流式机油滤清器

现代汽车发动机所采用的全流式滤清器多为过滤式,如图1-93所示。机油从纸滤芯的外围进入滤清器中心,然后经出油口流进机体主油道。当机油流过滤芯时,杂质被截留在滤芯上。如果滤清器使用时间达到了更换周期,就把整个滤清器拆下扔掉换上新滤清器。纸滤芯由经过酚醛树脂处理的微孔滤纸制造,这种滤纸具有较高的强度,较好的抗腐蚀性和抗湿

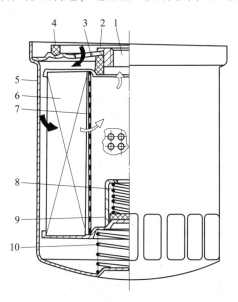

图1-93 全流式机油滤清器

1—出油口;2~4—密封圈;3—进油口;5—滤清器外壳;6—纸滤芯;
7—滤芯衬网;8—旁通阀弹簧;9—旁通阀片;10—弹簧

性。纸滤芯具有质量轻、体积小、结构简单、滤清效果好、阻力小和成本低等优点,因而得到了广泛的应用。机油滤清器的滤芯还可以采用其他纤维滤清材料制作。

(2) 分流式机油细滤器

分流式机油细滤器有过滤式和离心式两种类型。过滤式存在着滤清能力与通过能力的矛盾,而离心式则有滤清能力高,通过能力大,且不受沉淀物影响等优点。因此,目前的车用发动机多以离心式机油滤清器作为其分流式机油细滤器。

离心式细滤器主要由3部分组成:壳体与滤清器盖、转子轴、转子体与转子盖。EQ6100-1型发动机的离心式细滤器如图1-94所示。

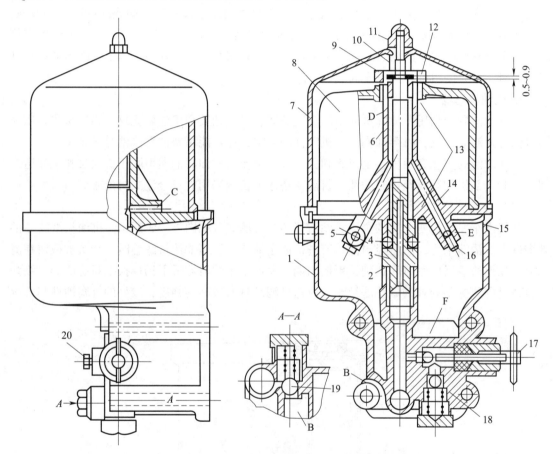

图1-94 EQ6100-1型发动机的离心式机油细滤器

1—壳体;2—锁片;3—转子轴;4—止推轴承;5—喷嘴;6—转子体端套;7—滤清器盖;8—转子盖;
9—支撑垫;10—弹簧;11—调整螺母;12—压紧螺母;13—衬套;14—转子体;15—挡板;16—螺塞;
17—调整螺钉;18—旁通阀;19—进油限压;20—管接头;B—滤清器进油孔;C—出油孔;
D—进油孔;E—通喷油嘴油道;F—滤清器出油口

转子轴固定于滤清器外壳上,转子体上压有3个衬套,并与转子体端套连成一体,套在转子轴上可以自由转动。压紧螺套将转子盖与转子体紧固在一起后,须经动平衡检验。转子下面装有止推轴承,转子上面装有支撑垫,并用弹簧压紧以限制转子轴向窜动。转子下端有两个水平安装的互成反向的喷嘴。滤清器盖用压紧螺母装在滤清器壳体上,使转子密封。滤清器盖与壳体具有高度的对中性,使转子达一定转速,以保证润滑油的滤清质量。

发动机在工作时，从机油泵来的机油进入细滤器进油孔。当机油压力低于 0.1 MPa 时，进油限压阀不打开，机油不进入细滤器而全部流向主油道，以保证发动机可靠润滑。当机油压力超过 0.1 MPa 时，进油限压阀被顶开，机油沿外壳和转子轴的中心孔经出油孔进入转子内腔，然后经进油孔、油道从两喷嘴喷出。在机油喷射的反作用力推动下，转子及转子内腔的机油做高速旋转。在离心力作用下，机油中的杂质被甩向转子盖内壁并沉淀，清洁的机油由出油孔流向油底壳。

管接头与机油散热器相连，当机油温度过高时，可旋松机油散热器开关，使部分机油流向散热器进行冷却。滤清器还设有机油散热器安全阀，当油压高于 0.4 MPa 时，安全阀被顶开，部分机油便流回油底壳，以防油压过高而损坏机油散热器。

离心式滤清器滤清能力强，并且它不需要滤芯，但它对胶质的滤清效果差。转子上的喷嘴又是机油的限量孔，它保证了通过细滤器的油量为油泵出油量的 10%～15%。

机油滤清器应按原厂的规定定期清洗、调整或更换滤芯，以保证润滑油的清洁，减少发动机的磨损。

4. 机油散热器与机油冷却器

在高性能大功率的强化发动机上，由于热负荷大，必须装设机油冷却器。机油冷却器布置在润滑油路中，其工作原理与散热器相同。

发动机机油冷却器分为风冷式和水冷式两类。风冷式机油冷却器很像一个小型散热器，利用汽车行驶时的迎面风对机油进行冷却。这种机油冷却器散热能力大，多用于赛车及热负荷大的增压汽车上。但是风冷式机油冷却器在发动机起动后需要很长的暖机时间才能使机油达到正常的工作温度，所以在普通轿车上很少采用。

水冷式机油冷却器外形尺寸小，布置方便且不会使机油冷却过度，机油温度稳定，因而在轿车上应用较广。

知识单元 1.6　发动机供给系统

知识目标

1. 了解发动机供给系统的功用、要求和类型；
2. 熟悉发动机供给系统的基本组成；
3. 掌握发动机供给系统的工作原理。

汽车技术发展到今天，车用动力仍然是以往复活塞式四冲程内燃机为主，即四冲程汽油机和柴油机，两者的根本区别在于所用燃料不同，从而使两种发动机燃料的供给方式和燃烧机理不同，由此带来部分结构的差异，最大的区别是燃料供给系统的结构、组成和工作原理。燃料供给系统是往复活塞四冲程内燃机的核心，本单元主要介绍汽油机两种燃料供给系统的基本构造和工作原理。

汽油机燃料供给系统发展到现在，主要存在有两种形式：20 世纪 80 年代以前主要是化油器供给系统；20 世纪 80 年代以后逐步改为电控燃油喷射系统，目前该技术基本趋于完善。近期在这方面所做的工作，主要是配合稀燃技术和缸内喷射用喷油器的可靠性研究。

学习任务1.6.1　燃油供给系统

1. 汽油的使用性能

汽油的使用性能影响汽油机燃料供给系统应具备的基本功能，进而影响汽油机的动力性、经济性、有害物排放以及汽油机的使用寿命。对车用汽油的基本要求如下：

（1）良好的蒸发性

汽油较柴油具有良好的蒸发性，能在极短的时间内完全蒸发汽化，所以它不需要高压喷射，甚至不需要压力喷射（化油器供给系统）。良好的蒸发性是保证完全燃烧、快速起动、好的加速性、好的经济性、动力性和排放性的前提，但蒸发性太好，在系统中容易出现"气阻"，使运转稳定性、动力性下降，甚至造成供油中断，发动机熄火；蒸发性太差，未蒸发的汽油会冲刷掉缸壁上的润滑油膜，加速活塞环和缸套的磨损程度。

（2）高抗爆性

汽油机在正常燃烧情况下，火焰以火花塞为中心向四周传播，直到远离火花塞的燃烧室壁，但如果火焰传播末端混合气由于某种原因造成高温，在中心火焰尚未到达就已自行燃烧，会造成缸内压力骤然升高，发生强烈振荡，缸内传出清脆的金属敲击声，此种现象称为爆燃。爆燃促使发动机过热、功率下降、磨损加剧，严重时甚至损坏零件。而且过热又加剧爆燃，形成恶性循环。所以发动机用汽油要有一定的抗爆性能，汽油的抗爆性用辛烷值表示，辛烷值越高，抗爆性就越好。高的辛烷值可提高压缩比，从而使发动机的热效率得以提高。

2. 燃料供给系统的概述

（1）基本概念

人们希望供入机内的燃料在规定的时间内完全燃烧，这样既充分利用能量又使排放干净。通过化学反应理论计算，汽油在完全燃烧时，空气质量与汽油质量的比例是14.7:1，这称为理论空燃比，既理论空燃比 $\alpha = 14.7$，此种情况下的混合气称为理论混合气。若 $\alpha > 14.7$ 称为稀混合气，若 $\alpha < 14.7$ 称为浓混合气。实际进入缸内的空气质量与理论空气质量之比称为过量空气系数（用 Φa 表示），即理论混合气的过量空气系数 $\Phi a = 1$，稀混合气 $\Phi a > 1$，浓混合气 $\Phi a < 1$。发动机不同的转速和负荷，即不同的工作情况（简称工况），需要供给不同浓度的混合气，才能有理想的经济性、动力性和排放指标。

（2）可燃混合气的成分对发动机性能的影响

1）当 $\alpha = 1.11$（经济混合气）时，燃油消耗率最低，经济性最好。

2）当 $\alpha = 0.88$（功率混合气）时，发动机输出功率最大。

3）当 $\alpha < 0.88$（混合气过浓）、$\alpha > 1.05 \sim 1.15$（混合气过稀）时，动力性、经济性均不理想。

4）当 $\alpha = 0.88 \sim 1.11$ 时，兼顾发动机的动力性、经济性较好。

5）当 $\alpha = 1.3 \sim 1.4$（火焰传播下限）时，发动机不能稳定运转，甚至缺火停转。

6）当 $\alpha = 0.4 \sim 0.5$（火焰传播上限）时，燃烧严重缺氧，使火焰不能传播。

(3) 各种工况的理想混合气浓度

1) 冷起动工况。在冷起动工况下,发动机温度低、转速低(小于 100 r/min),空气流速慢,汽油雾化蒸发极其困难,为保证着火起动,应供给 $\Phi a = 0.2 \sim 0.6$ 的极浓混合气。

2) 暖机工况。冷起动后,发动机温度要逐渐升高到正常工作温度(85℃左右),才能进行正常工作运转,在这个暖机过程中,所供混合气浓度,要随温度的升高逐渐减小到怠速运转所需浓度。

3) 怠速工况。在怠速工况下,发动机不向外输出动力,膨胀行程所做的功,只用来满足发动机运转时本身运动件之间的摩擦阻力及附件运转所需的动力。汽油机最低稳定转速(怠速)一般为700~900 r/min。在此种工况下,发动机转速偏低,空气流速偏小,汽油雾化蒸发不良,进气少,缸内残余废气多,所以混合气不均匀,为保证燃烧正常,应供给 $\Phi a = 0.6 \sim 0.8$ 的浓混合气。

4) 小负荷工况。当负荷小于额定负荷的25%时,称小负荷工况,此时缸内残余废气稍有减少,进气量和空气流速也稍有增加,燃烧条件较怠速工况有所改善,混合气浓度可稍小于怠速工况,一般 $\Phi a = 0.75 \sim 0.9$。

5) 中等负荷工况。负荷在额定负荷的25%~85%时,称为中负荷工况,在中等负荷工况下,进气量和空气流速较大,缸内残余废气较少,混合气质量最好,而且汽车发动机经常在此工况下工作,为获得良好经济性,通常供给较稀浓度混合气,称为经济混合气,$\Phi a = 1.05 \sim 1.15$。

6) 大负荷和全负荷工况。负荷在85%~100%称为大负荷,100%负荷称全负荷。汽车发动机很少在该工况下工作,只有在外部阻力增加很大时,为了输出尽可能大的功率,充分利用有限的气缸容积,应供给较浓混合气,称功率混合气,$\Phi a = 0.85 \sim 0.95$。

7) 加速工况。该工况要求发动机瞬间迅速增加功率输出。为此,将节气门突然开大,使空气量和油量都增加。但对于化油器式汽油供给系统,由于油的惯性大,不能在瞬间与进气量保持等比例增加,相对油量增加较慢,而且由于进气量增加,使进气管内压力升高,油的蒸发能力也有所减小。以上两个因素共同造成瞬间混合气变稀,使发动机输出动力反而下降,甚至熄火。所以加速工况要采用额外增加油量的措施。快速加浓混合气,满足该工况的要求,通常 $\Phi a = 0.4 \sim 0.6$。

当混合气过浓 $\Phi a < 0.4$ 或者过稀 $\Phi a > 1.4$ 时,火焰不能传播,前者称为火焰传播上限,后者称为火焰传播下限。对于以上所说的怠速和加速工况下的混合气浓度,只是从总的油量、气量比例来定义的,实际的混合气浓度并为超越火焰上限。

综上所述,发动机要求的混合气浓度是随其工况变化的,变化速度越快,变化量控制越准确,发动机所发挥的各项性能指标就越好,这正是电控汽油供给系统代替化油器供油系统的根本原因。

燃油供给系统组成:燃油泵、燃油滤清器、燃油压力调节器、喷油器、冷起动喷油器和油压脉冲衰减器等,如图 1-95 所示。

燃油供给系统功用:燃油供给系统能供给喷油器一定压力的汽油,喷油器根据 ECU 指令喷油。

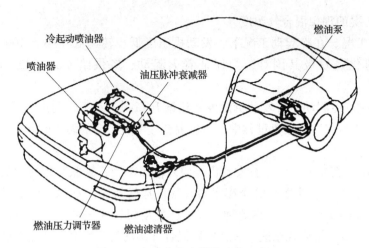

图1-95 汽车燃油供给系统组成图

学习任务1.6.2 汽油供给系统的主要部件

1. 汽油箱的功用、结构及工作原理

汽油箱用于储存汽油，储油能力保证汽车续行里程为300~600 km。货车和客车的油箱体积较大，它们的外形成规则的长方体几何形状，用钢板冲压焊接而成，安置在车架一侧，大吨位车和越野车安置两个油箱。轿车油箱安置在车的后部，由钢板或塑料制成。

货车和客车油箱的结构如图1-96所示，整个油箱是密封的，以防止汽油溅出，用固定箍带固定在车架一侧，加油口与箱体焊接，其上安装带有滤网的加油延伸管，加油口用油箱盖封闭。油量传感器安装在油箱顶部，与传感器浮子相连，为仪表盘上的汽油表提供油量信号。出油开关与油箱出油管串联，它通常是打开的。在油箱底部装有放油塞，以便排出箱内积存的水分和杂质。箱内设有隔板，主要用来减弱汽油的振荡。

油箱盖上设有空气阀和蒸汽阀，如图1-97所示。发动机在工作中，随着箱内油量的逐渐消耗，箱内真空度会逐渐增大，汽油泵泵油困难，真空度在达到一定值时，空气阀开启，

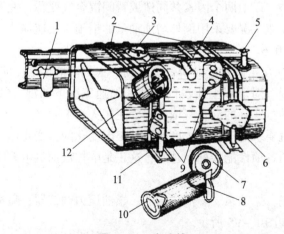

图1-96 汽油箱

1—汽油滤清器；2—固定箍带；3—油面指示表传感器；4—油面指示表传感器浮子；5—出油开关；
6—放油螺塞；7—油箱盖；8—加油延伸管；9—隔板；10—滤网；11—汽油箱支架；12—加油管

使箱内外相通，消除箱内真空度。当气温过高，箱内汽油蒸发太快，使箱内压力过大时，蒸汽阀打开，逸出部分油蒸气（由碳罐吸收），使箱内压力稳定。

图1-98所示为奥迪100型轿车用油箱，其外形与总体设计相配合，工作原理与货车用油箱相同。

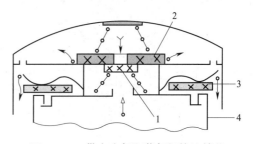

图1-97 带有空气和蒸气阀的油箱盖
1—空气阀；2—蒸气阀；3—密封垫和弹片；4—管口

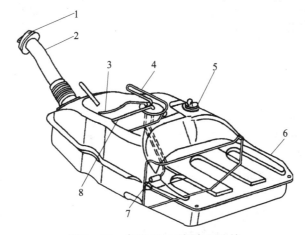

图1-98 奥迪100型轿车用油箱
1—油箱盖；2—加油管；3—燃油管；4—输油管；5—油量传感器；
6—油箱体；7—浮子；8—回油管

2. 汽油滤清器的功用、结构及工作原理

（1）汽油滤清器的功用

汽油滤清器安装在油箱和汽油泵之间，它的作用是过滤汽油中的水分和杂质，保证供油系统的正常工作，提高零部件的使用寿命。

（2）汽油滤清器的基本构造和工作原理

可拆洗式汽油滤清器多用于货车和客车上，滤清器盖上有进油管接头和出油管接头，汽油在泵的吸力作用下进入沉淀杯，水和比重大的杂质沉于杯底，比重小的杂质悬浮在油中，在通过滤芯时被阻隔，清洁的汽油通过滤芯微孔进入滤芯内部，从出油管接头流出。在使用中，要定期清洗或更换滤芯，从放油螺塞处放出水分和杂质，如图1-99所示。

图1-100所示为不可拆洗式汽油滤清器。现代轿车多用一次性、不可拆洗式的纸质滤芯汽油滤清器，通常每行驶3 000 km须整体更换一次。

汽油滤芯的材料由纸质滤芯、多孔陶瓷滤芯和金属片缝隙式滤芯，广泛使用的是纸质滤芯。陶瓷滤芯结构简单，滤清效率高，但清洗起来困难，寿命也短。金属滤芯滤清器效率低，结构复杂，清洗不便且寿命短。

3. 汽油泵的功用、结构及工作原理

汽油泵的功用：将汽油从油箱中吸出，经滤清器送入化油器浮子室，它能根据发动机工况调节供油量。化油器式供油系统中的汽油泵有机械驱动式汽油泵和电动式汽油泵两种。

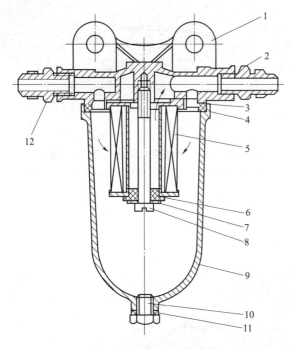
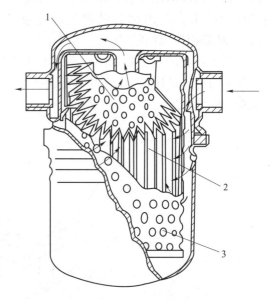

图1-99 汽油滤清器

1—盖；2—出油管接头；3，6—密封圈；4—密封垫；
5—纸滤芯；7—平垫圈；8—螺栓；9—沉淀杯；
10—放油螺塞；11—密封垫圈；12—进油管接头

图1-100 纸质汽油滤清器

1—中央多孔筒；2—折叠纸滤芯；
3—多孔滤纸外筒

（1）机械驱动式汽油泵的结构及工作原理

图1-101所示为机械膜片式汽油泵，它安装在曲轴箱的一侧，由凸轮轴上的一个偏心凸轮驱动。当凸轮轴上的偏心凸轮转动时，摇臂绕摇臂轴摆动，摇臂左端向上运动时，其右端压下泵膜拉杆，将泵膜弹簧压缩并拉动泵膜向下拱曲，泵膜上腔容积增加，产生真空度，将进油阀打开、出油阀关闭，油从进油管接头流入油腔内。

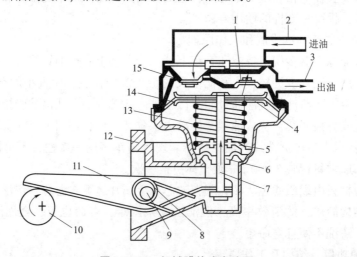

图1-101 机械膜片式汽油泵

1—出油阀；2—进油管接头；3—出油管接头；4—泵膜夹片；5—泵膜弹簧座；6—泵膜弹簧油封；7—泵膜拉杆；
8—泵膜回位弹簧；9—摇臂轴；10—偏心轮；11—摇臂；12—泵体；13—泵膜弹簧；14—泵膜；15—进油阀

当偏心轮升程减小时,摇臂右端在泵膜弹簧和泵膜回位弹簧的共同作用下,由泵膜拉杆带动向上运动,并同时推动泵膜向上拱曲,油腔容积减小,油压增加,进油阀关闭,出油阀打开,汽油从出油管接头流出化油器的浮子室。

汽油泵输出油量的调节是由发动机的工况决定的。当负荷减小时,浮子室针阀关闭时间长,油腔中的压力升高,弹簧的回位量减小,泵膜行程减小,泵油量减小。反之,泵油量增加。由此可知,汽油泵的输出油压由泵膜弹簧的刚度决定。

机械驱动式汽油泵由发动机驱动,在发动机起动前,如果化油器浮子室中储油量不足,可用手动摇臂泵油,若遇到操纵手动摇臂不能泵油时,是因为偏心凸轮将摇臂顶到了最高位置,泵膜片处于最下位置,应转动曲轴大约1/4转,改变偏心凸轮的位置再用手动泵油。

(2)电动式汽油泵的结构及工作原理

电动汽油泵的优点是可远离发动机安装,降低油管中汽油的温度,减少汽油受热蒸发所产生的气阻,而且可在发动机起动前工作,使浮子室和管路中充满汽油,保证顺利起动。在汽车下坡时,可切断油泵电源,停止向化油器供油,有利于节油,现已被广泛使用。

电动燃油泵的结构形式有滚柱泵、齿轮泵、涡轮泵和双级泵等,其工作原理都是相同的。电动汽油泵的结构如图1-102所示,它主要有电磁驱动机构和泵油机构两部分组成。

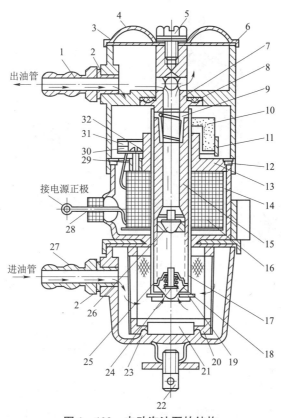

图1-102 电动汽油泵的结构

1—出油管接头;2,3—垫片;4—泵盖;5—螺栓;6—上体;7—出油接头;8,18—密封圈;9—缓冲弹簧;10—永久磁铁;11—触点支架;12—密封垫片;13—下极板;14—中体;15—柱塞;16—电磁线圈;17—泵筒;19—进油阀座;20—滤芯;21—磁钢块;22—螺杆;23—沉淀杯;24—进油阀;25—回位弹簧

在接通电源之前，汽油泵不工作，柱塞在回位弹簧的作用下停在最高位置，永久磁铁和活动触点固定在触点支架上，触点支架可绕下极板上的一个销轴摆动，柱塞在最高位置时与永久磁铁相吸，使永久磁铁逆时针摆动，带动触点支架，使活动触点与固定触点闭合，此种状态下若接通电源，电磁线圈产生磁场，吸引柱塞克服柱塞回位弹簧的弹力向下移动，使泵筒内的油压升高，在油压的作用下，进油阀关闭，出油阀打开，汽油进入柱塞的中心孔。由于柱塞的下移，它与永久磁铁的吸力逐渐减弱而消失，在下极板与永久磁铁的吸引下，使永久磁铁顺时针转动，从而带动触点支架摆动，使两触点分开，电磁线圈的磁场消失，柱塞在复位弹簧的作用下向上移动，将进入中心孔的汽油经出油结合座压出，与此同时，出油阀关闭，进油阀打开，汽油从进油管接头进入沉淀杯经滤芯过滤后进入泵筒，如此循环往复。泵盖封存的空气和缓冲弹簧的作用是使输出油压保持稳定。

1）叶片式电动汽油泵。叶片式电动汽油泵的结构如图1-103所示，单向止回阀的作用是维持停机后油路中的油压，以便发动机下次容易起动。限压阀的作用是防止管路在堵塞时油压过高，造成油管破裂或燃油泵损坏。叶轮在旋转时，小槽内的汽油随同叶轮一同高速旋转。由于受到离心力的作用，使出口处油压增高，而在进口处产生真空，从而使汽油从进口吸入，从出口排出这种汽油泵运转噪声小、泵油压力高、叶片磨损小、使用寿命长。

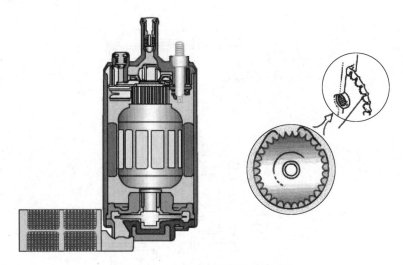

图1-103 叶片式电动汽油泵的结构
1—橡胶缓冲垫；2—滤网；3—叶轮及叶片；4,8—轴承；5—永久磁铁；6—电枢；
7—碳刷；9—限压阀；10—单向止回阀；11—泵体

2）滚柱式电动汽油泵。转子安装在泵体内，滚柱装在转子的凹槽中。当转子旋转时，滚柱在离心力的作用下紧压在泵体的内表面上；同时在惯性力的作用下，滚柱总是与转子凹槽的一个侧面贴紧，从而形成若干个工作腔，如图1-104所示。

在汽油泵工作过程中，进油口一侧的工作腔容积增大，成为低压吸油腔，汽油经过进油口被吸入工作腔内。在出油口一侧的工作腔容积减小，成为高压油腔，高压汽油从压油腔经出油口流出。

限压阀（溢流阀）的作用是当油压超过0.45 MPa时开启，使汽油回流到进油口，以防止油压过高而损坏汽油泵。

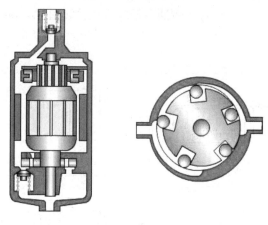

图 1-104 滚柱式电动汽油泵

在出油口处装设单向止回阀（出油阀），当发动机停机时，止回阀关闭，防止管路中的汽油倒流回汽油泵，借以保持管路中有一定的油压，目的是再起动发动机时比较容易。但是这种汽油泵运转噪声大、油压脉动大、泵内表面和转子易磨损。

（3）电动燃油泵的控制

1）燃油泵继电器控制电路。点火开关 STA：起动机继电器闭合，同时 ECU 有 STA 信号，起动机起动。STA 信号和 NE 信号输入 ECU：Tr1 接通，开路继电器闭合，燃油泵运转，如图 1-105 所示。

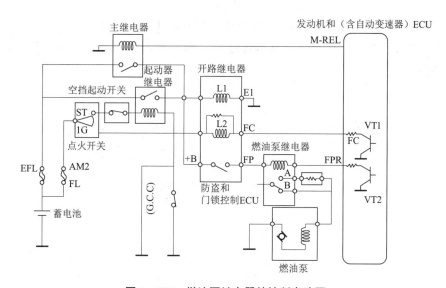

图 1-105 燃油泵继电器的控制电路图

- 当起动或重负荷时：ECU 中的 Tr2 断开，燃油泵继电器闭合，燃油泵高速运转。
- 当怠速或轻负荷时：ECU 中的 Tr2 接通，燃油泵继电器断开，电流流过燃油泵电阻器，燃油泵低速运转。

2）燃油泵 ECU 控制电路。当起动或重负荷时：发动机 ECU 通过 FPC 端子向燃油泵 ECU 发出高电平信号，燃油泵 ECU 向燃油泵输出高电压（约 12 V），燃油泵高速运转。

当怠速或轻负荷时：发动机 ECU 通过 FPC 端子向燃油泵 ECU 发出低电平信号，燃油泵 ECU 向燃油泵输出低电压（约 9 V），燃油泵低速运转，如图 1-106 所示。

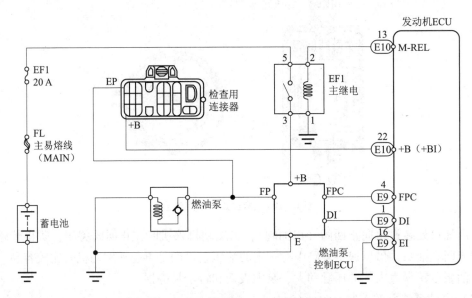

图 1-106 燃油泵 ECU 控制电路图

3）燃油泵开关控制电路。

- 在起动时：起动机继电器闭合，开路继电器线圈 L1 通电，开路继电器触点闭合，燃油泵运转。
- 起动后正常运转：翼片式空气流量计中的翼片因进气气流转动，使燃油泵开关闭合，开路继电器线圈 L2 通电，开路继电器触点闭合，燃油泵运转，燃油泵开关控制电路图如图 1-107 所示。

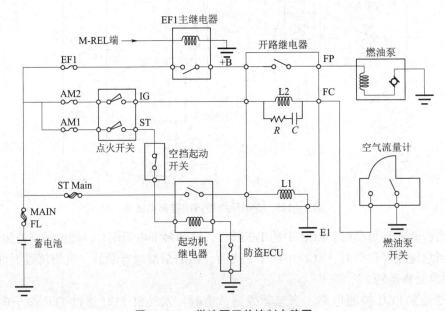

图 1-107 燃油泵开关控制电路图

4. 电控汽油喷射系统的优点

1) 可对混合气的空燃比进行精确控制，尤其对过渡工况实行动态控制，使发动机在任何工况下都处于最佳工作状态。这对于机械控制方式的化油器是无法实现的。

2) 由于进气系统取消了喉管，减少了进气阻力，而且采用喷油器促进雾化，不再对进气进行加热，使充气效率提高。

3) 进气温度有所降低，可以有效控制爆燃，有利于压缩比的提高，从而使发动机的热效率得到明显改善。

4) 多点喷射和缸内喷射保证了各缸混合气数量和空燃比相同，使发动机的热效率和有害物的排放进一步改善。

5) 工况过渡平稳圆滑，冷起动和加速性能更好。

6) 环境适应能力更好。

5. 电控汽油喷射系统的类型

（1）按喷射位置分

按喷射位置可分为有进气管喷射和缸内喷射。

（2）按喷油器数量分

按喷油器数量可分为有单点喷射（SPI）和多点喷射（MPI），如图 1－108 和图 1－109 所示。单点喷射是在原化油器所在的节气门段安装一个或两个喷油器。多点喷射是在每缸进气管口处安装一只喷油器。

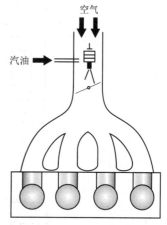

图 1－108　进气管喷射（节气门体喷射，单点喷射）

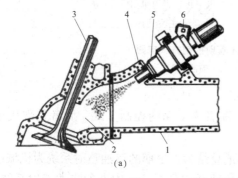

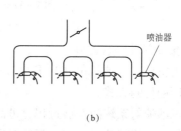

图 1－109　进气道喷射（多点喷射）

1—进气歧管；2—进气道；3—进气门；4—密封圈；5—喷油器；6—接线柱

（3）按喷射方式分

按喷射方式可分为连续喷射和间歇喷射。连续喷射在发动机整个工作过程中连续喷油，属于进气管喷射，汽油在管内蒸发，由于不考虑发动机的工作顺序，故控制系统简单，早期的机械式和机电结合式汽油喷射系统属于此种方式。间歇喷射又称为脉冲喷射，喷油量的多少取决于喷油器开启时间的长短。根据控制系统的复杂程度和控制精度，它又可以分为同时喷射、分组喷射和顺序喷射，如图 1－110 ~ 图 1－112 所示。

（4）按空气的测量方法分

按空气的测量方法可分为速度密度控制式和质量流量控制式。前者是根据进气管空气绝对压力和发动机转速计算进气质量，并计算出所需油量。后者直接测量出吸入的空气质量，并算出所需油量。

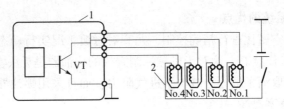

图 1-110　同时喷射控制方式电路

1—ECU；2—喷油器

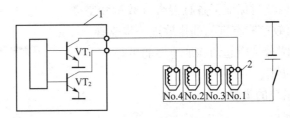

图 1-111　分组喷射控制方式电路

1—ECU；2—喷油器

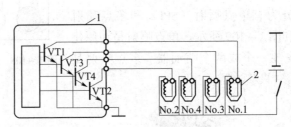

图 1-112　顺序喷射控制方式电路

1—ECU；2—喷油器

（5）按喷射控制装置分

可分为机械式（或机电式）和电控式。前者为早期的控制方式，后者是现代车用汽油机广泛采用的控制方式。

按照汽油喷射系统的发展过程，可简单地总结为：早期的汽油喷射系统为机械或机电控制、进气管单点连续喷射、进气管绝对压力传感器测量系统。中期的汽油喷射系统为电控、进气管多点连续或间歇喷射、进气管绝对压力传感器或空气质量流量传感器系统。现代轿车汽油机燃油喷射系统为电控、进气管多点间歇喷射（顺序喷射）或缸内喷射、进气管空气质量流量传感器系统。

因机械控制式汽油喷射系统已经基本不用，因此本章只介绍电控汽油喷射系统。

6. 电控汽油喷射系统的基本组成

电控汽油喷射系统主要由空气供给系统、汽油供给系统和电子控制系统 3 部分组成。这 3 个系统又由不同的执行器、控制器和信号传感器 3 种基本元件构成。

（1）怠速控制系统

电控发动机的怠速控制系统作用是根据发动机的运转工况（转速、负荷），自动调控发动机的最低稳定转速，保证在各怠速工况下，具有最佳的燃油耗和排放指标。电控汽油发动机的怠速控制方式通常有节气门直动式怠速控制、旁通空气式怠速控制。

1) 节气门直动式怠速控制系统。如图1-113所示，它是桑塔纳2000GSi轿车AJR型发动机的怠速控制方式，采用节气门直动式。其原理是：节气门位置传感器将节气门的开度信号传给发动机的ECU，ECU根据这个信号，确定目标转速，并与发动机的实际转速比较，根据两者的差值确定调控量，对控制电动机输入信号，控制电动机通过齿轮传动来操纵节气门开度，使发动机维持在理想怠速状态。应急弹簧可在电控怠速系统失效时，保证节气门处于预先设定的应急怠速位置。

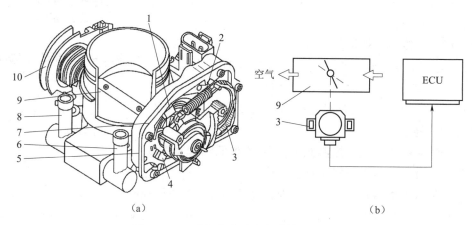

图1-113　节气门直动式怠速控制系统

（a）结构（2000Gsi轿车　AJR型发动机）；（b）工作原理

1—怠速节气门位置传感器；2—应急弹簧；3—怠速控制电动机；4—节气门位置传感器；
5—整体式怠速调节装置；6—热水进口；7—怠速开关；8—热水出口；9—节气门；10—节气门调节机构

2) 旁通空气式怠速控制系统。旁通空气式怠速控制装置的种类很多，有双金属片式、步进电动机控制式、电磁阀式和石蜡式等。如图1-114所示双金属片式旁通空气式怠速控制系统。它在低温起动和暖机过程中将旁通空气通道打开，增加空气量，属快怠速机构。当发动机的温度较低时，双金属片下弯，空气通道遮门下移，打开旁通空气通道，使进入气缸的空气量额外增加，发动机处于快怠速状态。当发动机怠速稳定后，将电阻丝通电，双金属片受热上翻，遮门缓慢关闭旁通气道，发动机处于正常怠速进气状态。

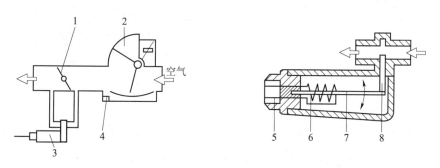

图1-114　双金属片式旁通空气式怠速控制系统

1—节气门；2—翼片式空气流量计；3—怠速空气控制阀；4—怠速调节螺钉；
5—插头；6—电热丝；7—双金属片；8—空气通道遮门

如图 1-115 所示，是一种步进电动机控制的旁通空气式怠速控制装置。步进电动机可以做正、反转，进给丝杠把转子的旋转运动转换成直线运动，使阀芯和阀座之间的流通面积改变，从而可调控进气量。步进电动机的步级越多，控制精度越高。

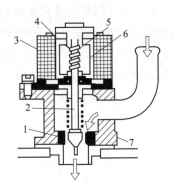

图 1-115 步进电动机式
怠速控制器

1—阀座；2—阀轴；3—定子绕组；
4—轴承；5—进给丝杠；
6—转子；7—阀芯

怠速开关（仅某些车型）用以采集怠速信号。数控方式的 ECU 可根据怠速开关，在电位计有误差时，作为 CEU 校正节气门开度信号值的基准点。

节气门位置传感器发生故障，ECU 可检，并存储于 ECU。

3) 怠速旁通空气道及调整螺钉。在怠速时，节气门全闭，经流量计量空气，由怠速旁通道绕过节气门进入进气歧管，如图 1-116 所示。调整怠速螺钉即改变旁通道，调节怠速转速使之稳定。

4) 怠速控制阀。怠速控制阀的作用是在低温起动时，快速升温；怠速负荷增大，提高怠速转速。

怠速控制阀的类型是按结构、原理分为利用发动机温度控制的双金属片、蜡式怠速空气阀；利用传感器收集的怠速状态、水温、空调使用、用电器负荷等信号，经 ECU 综合比较、分析后发出指令，由执行机构控制的怠速控制阀。ECU 控制怠速阀，又可分为节气门直动式与旁通气道式；步进电动机与电磁式；直控式与间控式。

① 双金属片式怠速控制阀，早期单点 EFI 发动机采用，现已淘汰。

② 蜡式怠速控制阀（见图 1-117），其工作原理类似于冷却系统的蜡式节温器。发动机在低温起动时，蜡质凝固收缩，弹簧作用阀芯打开旁通道，高于正常怠速运转，发动机快速升温。水温升高，蜡质受热熔化膨胀，通过推杆关闭旁通道。

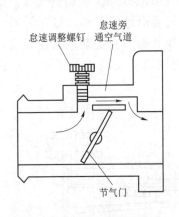

图 1-116 怠速旁通空气道

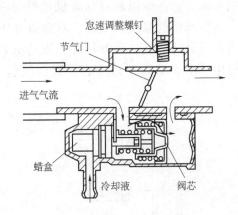

图 1-117 蜡式怠速控制阀

特点：结构简单，水温直接控制，工作可靠，应用广。

③ 步进电动机式怠速控制阀。步进电动机式怠速控制阀由永磁电动机（多组励磁线圈）、丝杠机构和空气阀组成，如图 1-118 所示。

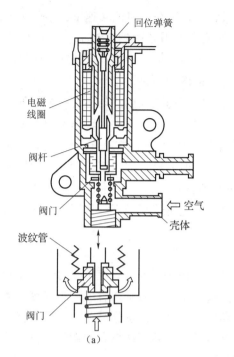
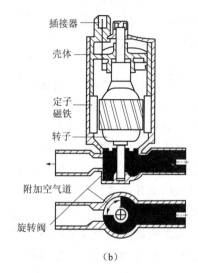

图 1-118 步进电动机式怠速控制阀
(a) 直动式电磁阀；(b) 转动式电磁阀

在怠速信号的控制下，步进电动机运转，丝杠直线运动，带动空气阀上、下移动，空气阀开启或关闭。

改变励磁线圈的通电顺序，即可改变电动机的旋转方向。通电一次，转子转过一角度（几度至十几度，100多种不同位置，足以满足不同怠速工况要求），即可改变阀芯与阀座的间隙，调节流旁通气道空气量。

④ 电磁式怠速控制阀。电磁式怠速控制阀按其作用原理分有直动、转动式电磁阀，如图 1-119 所示。

怠速控制信号作用：电磁阀通电，电磁吸力使阀杆轴向移动（或转子旋转），控制阀门开度，调节旁通气道空气量。

波纹管的作用是消除阀门上下压差对阀门位置的影响。

7. 怠速不稳的表现形式

如果汽车发动机怠速值低于或超过规定的范围，就会出现阶段熄火、转速不稳等现象。

怠速不稳表现为：当怠速运转时，发动机发抖、转速不均匀。其产生的原因有怠速空气量孔堵塞，怠速装置工作不良，个别缸火花塞火花过弱，个别气门密封不严，进气歧管漏气，点火时间过早或过迟，怠速调整不当等。当发动机怠速不稳时，首先应调整怠速，如怠速调整后，故障仍不能消除，则应检查怠速量孔与怠速空气量孔是否堵塞，如量孔堵塞，可用汽油或丙酮清洗并

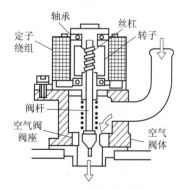

图 1-119 电磁式怠速控制阀

用压缩空气吹通；如量孔未堵塞，应将发动机转速稳定在一定的转速下，察听进气歧管或化油器中、下部衬垫处是否漏气，如出现漏气现象，可用紧固螺钉或加、减垫片的方法来排除。如怠速不稳的同时伴有发动机功率下降现象，则应进一步检查火花塞工作情况、气门的密封性能及点火时间是否正确，在必要时应进行检修、调整。

工作正常的发动机，应能在 300~500 r/min 的转速范围内均匀运转。如果发动机最低稳定转速超过这个转速范围，或在此转速范围内发动机会出现熄火、转速不稳现象，即为无怠速或怠速不良。当怠速不良时，可根据其故障特点将其分为怠速熄火、怠速不稳和怠速过高。如发动机起动后，从低速到高速时运转良好，但一松开加速踏板后就立即熄火，或是先运转不稳继而熄火，则为怠速熄火故障。如发动机怠速运转不平稳，排气管发出"突突"的响声，则一般是怠速不稳故障。如发动机最低稳定转速高于规定范围，且又无法使此转速降低，则为怠速过高或无怠速故障。

调整怠速工作，必须在发动机温度正常、气门间隙适当、点火系统情况正常、各管道密封良好、阻风门全开、节气门能够关闭严密等正常状况下进行。在调整时，首先旋出节气门开度调整螺钉，使发动机达到最低稳定转速。接着用螺丝刀旋入怠速调整螺钉，当发动机快要熄火时，再缓慢旋出怠速调整螺钉，使发动机稳定运转并达到高速。然后再将节气门开度调整螺钉旋出，使发动机的转速尽可能地降到最低。然后再调整怠速调整螺钉，使发动机转速提高。如此反复进行，直到节气门开度最小（接近关闭），发动机在最低稳定转速下运转。最后再提高转速并突然关闭节气门，以发动机不熄火仍然转动为宜。

发动机怠速熄火时，要先根据实际情况对怠速进行调整（如果明确故障的原因，也可直接进行维修）。在调整后，如故障消失，即为怠速螺钉调整不当。在调整后，如故障不能消失，可将节气门开大些，使发动机保持运转，用棉纱或纸条等检查化油器、进气歧管衬垫处是否漏气，如不漏气，可拆下怠速量孔进行检查，并同时吹通怠速油道，然后再装复试验，这时，如故障消失，则说明怠速量孔及怠速油道堵塞。对于装有怠速截止阀的化油器，还应检查怠速截止阀电磁线圈电路是否正常，如果是因电磁线圈电路不正常而造成怠速节油量孔堵死，则应对怠速截止阀进行修理。

发动机怠速过高时，应先起动发动机，然后用手控制节气门臂，使节气门关闭。如此时怠速正常，则为节气门拉簧过软，应更换拉簧。如用手控制关闭节气门无效，则应检查节气门轴是否松旷或节气门关闭是否严密，如节气门关闭不严或节气门轴松旷，则应修整；如节气门正常，则应检查节气门下方是否有轻微漏气，如有则应消除漏气现象，如无则应对怠速做进一步调整，直到怠速合适为止。

知识领域 2　汽车传动系统（ATS）

知识单元 2.1　离　合　器

知识目标

1. 了解离合器的功用、要求和类型；
2. 熟悉离合器的基本组成；
3. 掌握离合器的工作原理。

学习任务 2.1.1　离合器概述

1. 离合器的功用

1）使发动机与传动系统逐渐接合，保证汽车平稳起步。汽车在起步前处于静止状态，如果发动机与变速箱是刚性连接的，那么，一旦挂上挡，汽车将由于突然接上动力突然前冲，不但会造成机件的损伤，而且驱动力也不足以克服汽车前冲产生的巨大惯性力，使发动机转速急剧下降而熄火。如果在起步时利用离合器暂时将发动机和变速箱分离，然后离合器逐渐接合，由于离合器的主动部分与从动部分之间存在着滑磨的现象，可以使离合器传出的扭矩由零逐渐增大，而汽车的驱动力也逐渐增大，从而让汽车平稳地起步。

2）暂时切断发动机的动力传递，保证变速器换挡时能够保持平顺。汽车在行驶过程中，经常换用不同的变速箱挡位，以适应不断变化的行驶条件。如果没有离合器将发动机与变速箱暂时分离，那么变速箱中啮合的传力齿轮会因载荷没有卸除，其啮合齿面间的压力很大而难以分开。另一对待啮合齿轮会因两者圆周速度不等而难以啮合。即使强行进入啮合也会产生很大的齿端冲击，容易损坏机件。利用离合器使发动机和变速箱暂时分离后进行换挡，则原来啮合的一对齿轮因载荷卸除，啮合面间的压力大大减小，就容易分开。而待啮合的另一对齿轮，由于主动齿轮与发动机在分开后转动惯量很小，采用合适的换挡动作就能使待啮合的齿轮圆周速度相等或接近相等，从而避免或减轻齿轮间的冲击。

3）防止传动系统过载。汽车在紧急制动时，车轮突然急剧降速，而与发动机相连的传动系统由于旋转的惯性，仍保持原有的转速，这往往会在传动系统中产生远大于发动机转矩的惯性矩，使传动系统的零件容易损坏。由于离合器是靠摩擦力来传递转矩的，所以，当传动系内载荷超过摩擦力所能传递的转矩时，离合器的主、从动部分就会自动打滑，因而起到了防止传动系统过载的作用。

2. 对离合器的要求

离合器的主动部分和从动部分借接触面间的摩擦作用，或用液体作为传动介质（液力偶合器），或用磁力传动（电磁离合器）来传递转矩，使两者之间可以暂时分离，又可逐渐接合，在传动过程中又允许两部分相互转动。

目前在汽车上广泛采用的是用弹簧压紧的摩擦离合器。

发动机发出的转矩，通过飞轮及压盘与从动盘接触面的摩擦作用，传给从动盘。当驾驶员踩下离合器踏板时，通过机件的传递，使膜片弹簧大端带动压盘后移，此时，从动部分与主动部分分离。

摩擦离合器须满足以下基本要求：

1）保证能传递发动机发出的最大转矩，并且还有一定的传递转矩余力。

2）能做到在分离时，彻底分离，在接合时柔和，并具有良好的散热能力。

3）从动部分的转动惯量尽量小一些。这样，在分离离合器换挡时，与变速器输入轴相连部分的转速就比较容易变化，从而减轻齿轮间冲击。

4）具有缓和转动方向冲击，衰减该方向振动的能力，且噪声小。

5）压盘压力和摩擦片的摩擦系数变化小，工作稳定。

6）操纵省力，维修保养方便。

3. 离合器的类型

离合器的分类参照国家标准 GB/T 10043—2003。汽车离合器有摩擦式离合器、液力偶合器和电磁离合器等几种。摩擦式离合器又分为湿式和干式两种。

液力偶合器靠工作液（油液）传递转矩，外壳与泵轮连为一体，是主动件；涡轮与泵轮相对，是从动件。当泵轮转速较低时，涡轮不能被带动，主动件与从动件之间处于分离状态；随着泵轮转速的提高，涡轮被带动，主动件与从动件之间处于接合状态。液力变矩器如图 2-1 所示。

电磁离合器靠线圈的通、断电来控制离合器的接合与分离，如图 2-2 所示。如在主动件与从动件之间放置磁粉，则可以加强两者之间的接合力，这样的离合器称为磁粉式电磁离合器。

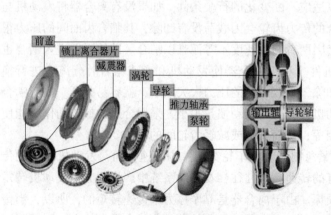

图 2-1 液力变矩器

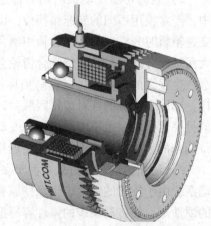

图 2-2 电磁离合器

目前，与手动变速器相配合的绝大多数离合器为干式摩擦式离合器，其结构如图 2-3 所示。

湿式摩擦式离合器一般为多盘式的，浸在油中以利于散热，如图 2-4 所示。

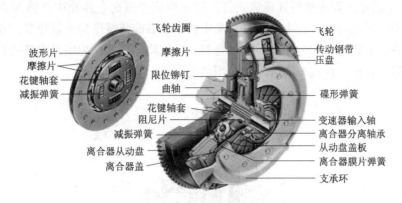

图 2-3　干式摩擦式离合器

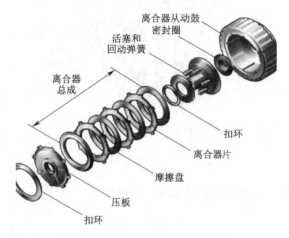

图 2-4　湿式多片摩擦式离合器

按其从动盘数目的不同，分为单片式、双片式和多片式 3 种。轿车、客车和部分中、小型货车多采用单片离合器，因为发动机的最大转矩一般不是很大，单片从动盘就可以满足动力转动的要求；双片离合器由于增加了一片从动盘，使得在其他条件不变的情况下，将比单片离合器所能转动的转矩增大了一倍（由于一个从动盘是两个摩擦面传递动力，而二个从动盘则是 4 个摩擦面传递动力），多用于重型车辆上。

按其压紧弹簧的形式及布置形式不同，分为周布螺旋弹簧式（见图 2-5）、中央弹簧式

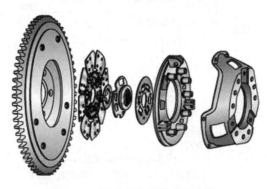

图 2-5　周布螺旋弹簧式离合器

(见图 2-6)、膜片弹簧式和斜置弹簧式等。周布螺旋弹簧离合器和中央弹簧离合器采用螺旋弹簧，分别沿压盘的圆周和中央布置，采用若干个螺旋弹簧作为压紧弹簧，并将这些弹簧沿压盘圆周分布的离合器称为周布弹簧离合器；采用膜片弹簧作为压紧弹簧的离合器称为膜片弹簧离合器，目前，在汽车离合器上应用最为广泛。

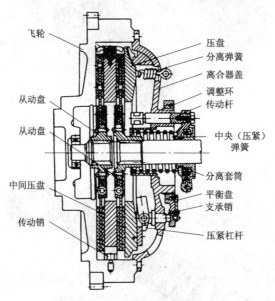

图 2-6 中央弹簧式离合器

按操纵机构的不同，可分为机械式和液压式两种。

4. 离合器的组成

（1）主动部分

离合器的主动部分由飞轮、离合器盖和压盘等组成，如图 2-7 所示。

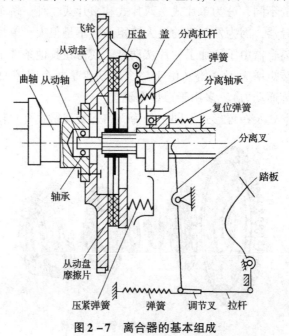

图 2-7 离合器的基本组成

飞轮安装在曲轴后端,与离合器盖连接在一起,主要功用是存储做功行程的能量,以克服各辅助行程的阻力,使曲轴能均匀旋转,并使发动机能克服短时间内的超负荷。

离合器盖是用低碳钢冲压制而成的,其特点是质轻、维修拆装方便。

压盘承受很大的机械负荷,为了防止其变形,常用强度和刚度都较大且耐热性较好的高强度铸铁制成。

(2) 从动部分

从动部分包括从动盘和从动轴,如图 2-7 所示。从动盘组成件主要包括从动盘毂、从动盘本体及摩擦衬片。从动盘可以分为不带扭转减震器和带扭转减震器两种类型。

1) 不带扭转减震器的从动盘。不带扭转减震器的从动盘由两片摩擦衬片、从动盘钢片、弹簧钢片和从动盘毂等组成,不带扭转减震器的离合器从动盘的构成如图 2-8 所示。

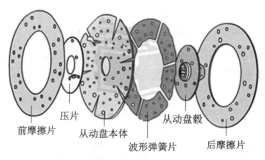

图 2-8　不带扭转减震器的离合器从动盘的构成

2) 带扭转减震器的从动盘。为了消除扭转振动和避免共振,防止传动系统过载,多数离合器从动盘中装有扭转减震器,如图 2-9 所示。带扭转减震器的离合器从动盘的构成如图 2-10 所示。

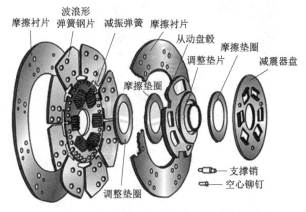

图 2-9　带扭转减震器的离合器从动盘的构成

(3) 压紧机构

离合器的压紧机构分为周布螺旋弹簧式和弹簧膜片式两种。

(4) 操纵机构

操纵机构包括离合器踏板、分离拉杆、分离拉杆调节叉、分离叉、分离套筒、分离轴承、分离杠杆和回位弹簧等。分离杠杆中部支承在离合器盖的支架上,外端与压盘铰接,内端处于自由状态。操纵机构是使离合器分离的装置。

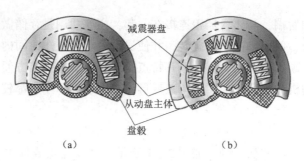

图 2-10 扭转减震器

(a) 不工作时；(b) 工作时

5. 离合器的工作原理

(1) 接合状态

离合器在接合状态下，操纵机构各部件在回位弹簧的作用下回到各自位置，分离杠杆内端与分离轴承之间保持一定的间隙，压紧弹簧将飞轮、从动盘和压盘三者压紧在一起，发动机的转矩经过飞轮及压盘通过从动盘两个摩擦面的摩擦作用传给从动盘，再由从动轴输入变速器，如图 2-11 所示。

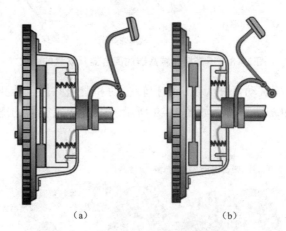

图 2-11 离合器的接合状态与分离状态

(a) 接合状态；(b) 分离状态

(2) 分离过程

在离合器分离时，驾驶员踩下离合器踏板，分离套筒和分离轴承在分离叉的推动下，消除分离轴承与分离杠杆内端之间的间隙，然后推动分离杠杆内端前移，使分离杠杆外端带动压盘克服压紧弹簧作用力后移，摩擦作用消失，离合器的主、从动部分分离，中断动力传递。

(3) 接合过程

在接合离合器时，驾驶员缓慢抬起离合器踏板，在压紧弹簧的作用下，压盘向前移动并逐渐压紧从动盘，使接触面间的压力逐渐增加，摩擦力矩也逐渐增加。当飞轮、压盘和从动盘之间接合还不紧密时，所能传动的摩擦力矩较小，离合器的主动、从动部分有转速差，离合器处于打滑状态。随着离合器踏板的逐渐抬起，飞轮、压盘和从动盘之间的压紧程度逐渐紧密，主动、从动部分的转速也逐渐趋于相等，直到离合器完全接合而停止打滑，接合过程才算结束。

6. 离合器自由间隙和离合器踏板自由行程

离合器在正常接合状态下，分离杠杆内端与分离轴承之间应留有一个间隙，一般情况下是几毫米，这个间隙称为离合器自由间隙。

因为存在离合器自由间隙，所以在踩下离合器踏板时，先消除这一间隙，然后才能使离合器分离。为了消除离合器的自由间隙和操纵机构零件的弹性变形所需要的离合器踏板行程称为离合器踏板自由行程，如图 2-12 所示。

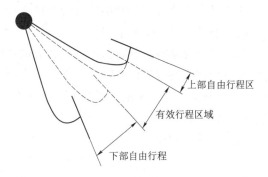

图 2-12 离合器踏板行程

学习任务 2.1.2 摩擦式离合器

摩擦式离合器由于其结构简单、动力传递损失小而被广泛应用在轿车、客车、货车以及工程用车上，因此我们主要讲解膜片式离合器。

1. 膜片弹簧离合器的结构

1）膜片弹簧离合器既起压紧弹簧作用，又起分离杠杆作用，使离合器结构大为简化，质量减小，这有利于提高离合器传递转矩能力的情况下减小离合器的轴向尺寸，且零件数目较少。

2）膜片弹簧中心位于旋转轴线上，压紧力几乎不受离心力影响，对压盘的压力均匀、磨损均匀、工作稳定性好。在高速旋转时，不会因离心作用而产生弯曲变形，如图 2-13 所示。

图 2-13 膜片弹簧

3）由于膜片弹簧轴向尺寸小，所以可以适当地增加压盘的厚度，提高热容量，还可以在压盘上增加散热筋及在离合器盖上开设较大的通风孔来改善散热条件。

4）膜片弹簧具有非线性的弹性曲线，当摩擦片磨损后，压紧力几乎保持不变且压盘不易变形，离合器操纵轻便、接合柔和，传动可靠。

5）膜片弹簧离合器的主要部件形状简单，可以采用冲压加工，在大批量生产时可以降低产品成本。

2. 膜片式摩擦离合器的基本类型

现代汽车膜片式离合器结构可分为推式和拉式两种。

(1) 推式膜片弹簧离合器

当分离离合器时，分离指内端受力方向指向压盘，其结构特点是其压紧弹簧部分用的是薄弹簧钢板制成的带有锥度的膜片弹簧，它靠中心部分开有18条径向切口，末端接近外缘处加工成圆孔，形成18根弹性杠杆。支承铆钉穿过膜片弹簧末端圆孔铆接在离合器盖上。膜片弹簧外缘抵靠在压盘的环形凸起上。膜片弹簧两侧有钢丝支承环作为膜片弹簧的支点。转矩通过传动片和离合器盖传至压盘，推式膜片弹簧离合器工作原理如图2-14所示。

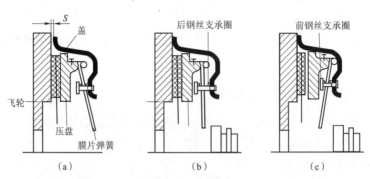

图2-14 推式膜片弹簧离合器工作原理

(2) 拉式膜片弹簧离合器

当分离离合器时，分离指内端受力方向离开压盘。拉式膜片弹簧离合器中拉式膜片弹簧的安装方向与推式相反，在接合位置时，膜片弹簧的大端支撑在离合器盖上，其中部压在压盘上。

离合器盖用螺栓固定在发动机曲轴的法兰盘上，离合器压盘通过传力钢片与离合器盖相连，离合器盖和压盘的中间，安装的是膜片弹簧，膜片弹簧的大端与离合器盖相接触，膜片弹簧碟簧部分的小端压在离合器压盘上，发动机飞轮通过螺栓固联到离合器盖上，离合器压盘和飞轮工作端面之间是离合器从动盘，离合器分离盘通过卡环固定在膜片弹簧分离指上，离合器分离推杆安装在变速器输入轴（第一轴）的中心，一端作用在分离盘中部的凹坑内；另一端作用于安装在变速器内的分离轴承端面上。

如图2-15所示，离合器分离盘通过卡环卡在膜片弹簧的3个定位爪上。从动盘的花键毂与变速器输入轴配合，输入轴是空心的，离合器分离推杆从中穿过。分离推杆的左端与离合器分离轴承接触，右端顶在分离盘的中央凹坑中，飞轮用螺栓反装在离合器盖上。

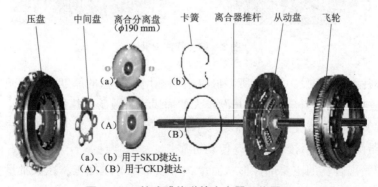

图2-15 拉式膜片弹簧离合器工作原理

当踩下离合器踏板时，通过操纵机构，使离合器分离臂转动，推压分离轴承移动，并使分离推杆推动分离盘移动，则分离盘推压膜片弹簧，迫使压盘与从动盘分开，从而完成离合器分离。

拉式膜片弹簧离合器优点：

1）在离合器盖总成中取消了膜片弹簧中间支撑的零件，使其结构变得更加简单。

2）由于拉式膜片弹簧在离合器盖总成中以中部而不是以大端与压盘相压，所以同样尺寸的压盘可以采用直径较大的膜片弹簧，从而提高了压紧力，也就是提高了其传递转矩。

3）由于拉式膜片弹簧的支点从中部外移到大端，相当于分离杠杆的力臂增大，尽管采用直径较大一点的膜片弹簧，而并不增大操纵力。

4）由于拉式膜片弹簧的支点的外移，使膜片弹簧的最大应力有所降低，有利于提高膜片弹簧的寿命。

学习任务 2.1.3　离合器操纵机构

离合器异响，一般多属于经过长期使用后，由于零件严重磨损或损坏而造成的金属零件之间不正常摩擦或撞击的响声，其中出现故障频率较高的一般为操纵机构。

1. 离合器操纵机构组成

离合器操纵机构是为驾驶员控制离合器分离与接合的一套专设机构，它是由位于离合器壳内的分离杠杆（在膜片弹簧离合器中，膜片弹簧兼起分离杠杆的作用），分离轴承，分离套筒，分离叉和回位弹簧等机件组成的分离机构和位于离合器壳外的离合器踏板及传动机构、助力机构等组成的。

2. 离合器操纵机构分类

离合器操纵机构分为人力式和助力式两类。人力式是以驾驶员作用在踏板上的力作为唯一的操作能源。助力式则是以发动机动力或其他形式能量作为其主要操纵能源，而驾驶员的力只作为辅助或后备操纵能源。

（1）人力式操纵机构（绳索式）

绳索式操纵机构离合器拉索是金属钢丝构成的，如图 2-16 所示，上端连接到离合器踏板臂顶部，下端固定在离合器分离叉臂上，它带有柔性外套，外套固定在驾驶室前壁和离合器壳上。

自动调节的绳索式操纵机构是用于监视踏板行程的。在需要时自动对其自动调整。图 2-17 所示为棘轮式离合器自动调整机构。从图 2-17 中可以看出，棘轮带有棘爪和齿扇，棘爪在弹簧的作用下，压在棘轮上，棘爪只允许齿扇相对于棘爪单方向转动。离合器拉索绕在齿扇上，张力弹簧拉着齿扇与拉索保持平衡状态。

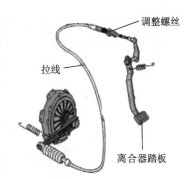

图 2-16　绳索式操纵

（2）助力式

液压式操纵机构以油液作为传力介质。离合器液压操纵系统由离合器踏板、储液室、进油软管、离合器主缸、离合器工作缸、油管总成、分离板和分离轴承等组成，其结构如图 2-18 所示。

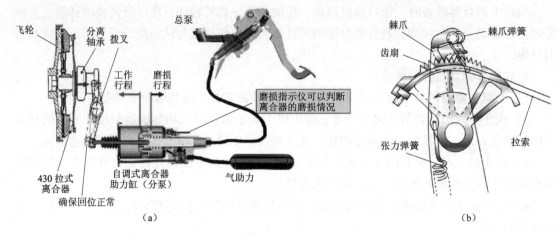

图 2-17 棘轮式离合器自动调整机构

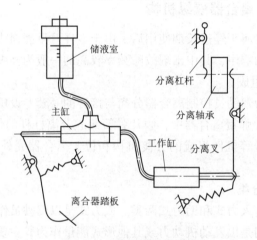

图 2-18 液压式操纵机构

液压操纵系统具有摩擦阻力小，布置方便、接合柔和，并能传递发动机最大转矩，在长期工作中不会引起离合器踏板力明显增加，减轻驾驶员的劳动强度等优点。

离合器主缸结构如图 2-19 所示，主缸体借补偿孔、进油孔通过进油软管与储液罐相

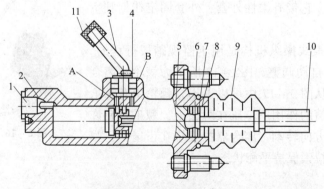

图 2-19 离合器主缸
1—保护塞；2—壳体；3—管接头；4—皮碗；5—阀芯；6—固定螺栓；
7—卡簧；8—挡圈；9—护套；10—推杆；11—保护套
A—补偿孔；B—进油孔

通。主缸内装有活塞，活塞中部较细且为"十"字形断面，使活塞右方的主缸内腔形成油室。活塞两端装有皮碗。活塞左端中部装有单向阀，经小孔与活塞右方主缸内腔的油室相通。当离合器踏板处于初始位置时，活塞左端皮碗位于补偿孔 A 与进油孔 B 之间，两孔均为开放状态。

离合器工作缸的结构如图 2-20 所示，工作缸内装有活塞、皮碗、推杆等，缸体上还设有放气螺塞。当管路内有空气存在而影响操纵时，可拧出放气螺塞进行放气。

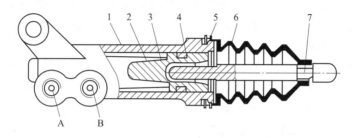

图 2-20　离合器工作缸的结构

1—壳体；2—活塞；3—管接头；4—皮碗；5—挡圈；6—保护套；7—推杆
A—放气孔；B—进油孔

学习任务 2.1.4　汽车自动离合器

随着电子技术在汽车上应用，一种自动离合器系统也进入了汽车领域。这种由电子控制单元控制的离合器已经应用在一些轿车上，是手动变速器换挡的一个重要步骤——离合器的断开与接合能够自动地适时完成，大大地简化了驾驶员的操纵动作。离合器自动控制装置示意图如图 2-21 所示。

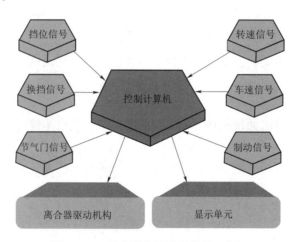

图 2-21　离合器自动控制装置示意图

传统离合器分有拉线和液压式两种，自动离合器也分为两种：机械电机式自动离合器和液压式自动离合器。机械电机式自动离合器的控制单元汇集油门踏板、发动机转速传感器、车速传感器等信号，经处理后发送指令驱动伺服电动机，通过拉杆等机械形式驱使离合器动作；液压式自动离合器则是由控制单元发送信号驱动电动液压系统，通过液压操纵离合器动作。

液压式自动离合器在目前通用的膜片离合器的基础上增加了控制单元和液压执行系统，将踏板操纵离合器油缸活塞改为由开关装置控制电动油泵去操纵离合器油缸活塞。变速器控制单元与发动机控制单元（它是集成在一起的），根据油门踏板、变速器挡位、变速器输入/输出轴转速、发动机转速和节气门开度等传感器反馈信息，计算出离合器最佳的接合时间与速度。

自动离合器的执行机构由电动油泵、电磁阀和离合器油缸组成，当控制单元发出指令驱动电动油泵，电动油泵产生的高压油液通过电磁阀输送到离合器油缸。通过 ECU 控制电磁阀的电流量来控制油液流量和油液的通道变换，实现离合器油缸活塞的移动，从而完成汽车起动、换挡时的离合器动作。

装有自动离合器装置的汽车与自动变速器和无级变速器汽车相比，它在运行经济性方面有优势，因为它的变速器还是手动变速器，因此耗油比较低，制造成本也低于自动变速器和无级变速器汽车。当然，汽车操纵的便利性也会逊色于自动变速器和无级变速器汽车，毕竟它是装配手动变速器，仍然要手动换挡。

知识单元 2.2　变速器与分动器

知识目标

1. 了解变速器的功用、要求和类型；
2. 熟悉变速器的基本组成；
3. 掌握变速器的工作原理。

学习任务 2.2.1　普通齿轮变速器的变速传动机构

1. 变速器的功用

（1）变速变矩

变速变矩是指改变传动比，扩大汽车牵引力和速度的变化范围，以适应汽车不同条件的需要。

（2）实现倒车

实现倒车是指在发动机曲轴旋转方向不变的条件下，使汽车能够倒向行驶。

（3）中断动力传递

中断动力传递是指利用空挡中断发动机向驱动轮的动力传递，以使发动机能够起动和怠速运转，并满足汽车暂时停车和滑行的需要。

2. 变速器类型

（1）按传动比方式

1）有级式变速器应用最为广泛。采用齿轮传动，具有有限几个定值的传动比的变速器。按所用轮系形式的不同，有轴线固定式（普通齿轮变速器）和轴线旋转式（行星齿轮变速器）两种。

2）无级式变速器是传动比在一定的范围内可按连续的无级变化。常见的有电力式和液力式两种，电力式的传动部件为直流串磁电动机，液力式的传动部件为液力变矩器。

3）综合式变速器是有液力变矩器和齿轮式有级变速器组成的液力机械变速器，传动比可在最大值和最小值之间几个间断的范围内做无级变化，目前应用较多。

（2）按操纵方式不同

1）手动操纵式靠驾驶员直接操纵变速杆来改变齿轮副的啮合，以获得不同的传动比，目前为大多数汽车所采用。

2）自动变速器是根据发动机的负荷和车速的信号系统来改变换挡系统中各控制阀不同的工作状态将控制变速齿轮机构中离合器的分离与接合和制动器的制动与释放，并改变变速齿轮机构的动力传递路线，实现变速器挡位的变换。

3）半自动操纵式有两种形式。一种是常用的几个挡位自动操纵，其余挡位有驾驶员操纵；另一种是预选式，驾驶员预先用按钮选定挡位，在踩下离合器踏板、松开加速踏板时，自动接通电磁装置或液压装置换挡。

3. 普通齿轮变速器的变速原理

传动比为

$$i_{12} = n_1/n_2 = z_2/z_1 \tag{2-1}$$

式中，n_1 是主动轮的转速；n_2 是从动轮的转速；z_1 是主动轮的齿数；z_2 是从动轮的齿数；i_{12} 是传动比。

当 $i_{12} > 1$ 时，为减速传动；当 $i_{12} < 1$ 时，为增速传动，如图 2-22 所示。

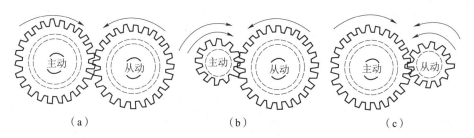

图 2-22 齿轮变速器的工作原理

当多级齿轮传动时，传动比为

$$i = \frac{\text{所有从动齿轮的乘积}}{\text{所有主动齿轮的连乘积}} = \text{各级齿轮传动比的乘积} \tag{2-2}$$

4. 二轴变速器

（1）结构

所有前进挡齿轮和倒挡齿轮上完全采用同步器和常啮合斜齿轮，二轴变速器结构如图 2-23 所示。

（2）各挡传递路线

1）1 挡动力传递路线。1、2 挡同步器右移使一挡从动齿轮与输出齿轮轴接合。动力从离合器传到 1 挡主动齿轮，经 1 挡从动齿轮，再通过主减速器主动齿轮，主减速器从动齿轮至驱动轮输出，如图 2-24 所示。

2）2 挡动力传递路线。1、2 挡同步器左移接合 2 挡从动齿轮。动力从离合器传到 2 挡主动齿轮，经 2 挡从动齿轮，再通过主减速器主动齿轮，主减速器从动齿轮至驱动轮输出，如图 2-25 所示。

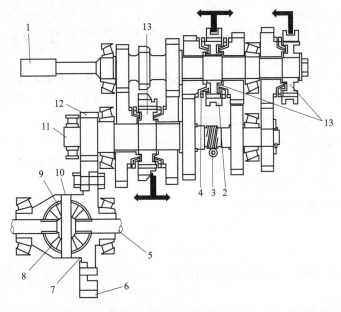

图 2-23 二轴变速器结构

1—输入轴；2—接合套；3—里程表齿轮；4—同步环；5—半轴；6—主减速器被动齿轮；
7—差速器壳；8—半轴齿轮；9—行星齿轮；10，11—输出轴；
12—主减速器主动齿轮；13—花键毂

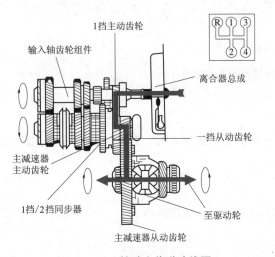

图 2-24 1 挡动力传递路线图

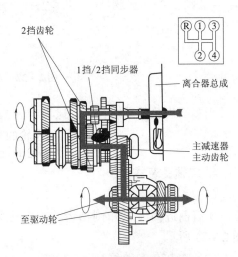

图 2-25 2 挡动力传递路线图

3）3 挡动力传递路线。3、4 挡同步器右移锁到输出齿轮轴上的 3 挡从动齿轮上。动力从离合器传到 3 挡主动齿轮，经 3 挡从动齿轮，再通过主减速器主动齿轮，主减速器从动齿轮至驱动轮输出，如图 2-26 所示。

4）4 挡动力传递路线。3、4 挡同步器左移锁到输出齿轮轴上的 4 挡从动齿轮上。动力从离合器传到 4 挡主动齿轮，经 4 挡从动齿轮，再通过主减速器主动齿轮，主减速器从动齿轮至驱动轮输出，如图 2-27 所示。

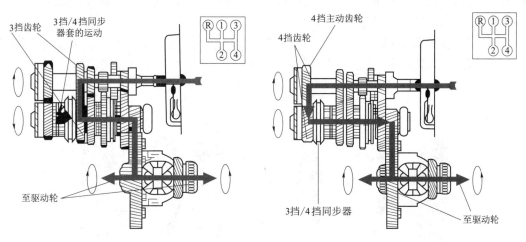

图2-26 3挡动力传递路线图　　　图2-27 4挡动力传递路线图

5) 倒挡动力传递路线。当换挡杆位于倒挡位置时，倒挡惰轮换到与输入齿轮轴上，倒挡主动齿轮和倒挡从动齿轮（即1、2挡同步器套，同步器套带有沿其外缘加工的直齿）相啮合。动力从离合器传到倒挡主动齿轮，经倒挡惰轮，再倒挡从动齿轮，通过主减速器主动齿轮，主减速器从动齿轮至驱动轮输出，如图2-28所示。

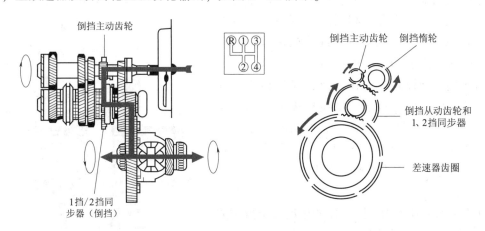

图2-28 倒挡动力传递路线图

5. 同步器

（1）同步器的功用

使接合套与待啮合的齿圈迅速同步，缩短换挡时间，且防止在同步前啮合而产生接合齿的冲击。

（2）同步器的构造与工作原理

同步器的作用是在换挡时使接合套与待啮合的齿圈先迅速达到同步之后，再进入啮合，实现无冲击、无噪声换挡。目前，所采用的摩擦式惯性同步器，主要是由同步装置（包括推动件、摩擦件），锁止装置和接合装置3部分组成。由于锁止装置的不同，有锁环式和锁销式两种。

1) 环式惯性同步器结构。在简单的变速器中换挡时，靠变速器齿轮的啮合和拖开来实现的，但是这种简单的变速器有一个缺点容易引起变速齿轮打齿现象，因为各变速齿轮的转速不同，还存在换挡噪声问题。

现代轿车变速器中都安装了同步器来实现齿轮的转速同步换挡。同步器的图成如图 2-29 所示。现代汽车中采用了不同形式的同步器，但其工作原理是相同的。

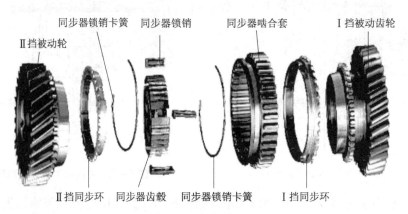

图 2-29 同步器的组成

2）同步器的工作原理。同步器由输入齿轮、各自的锥面、齿圈式接合套、齿毂、同步器卡簧和同步器锁销组成。被接合齿轮的锥面齿与同步器齿毂是目的。换挡拨叉向左移动，它把齿圈式接合套和齿毂移到左边。齿毂和接合套是一起旋转的，同时继续往左移动，同步环与待接合齿轮的锥面摩擦到一起，这一动作使两齿轮达到同样转速。在该点，齿毂相对于输入轴是静止的，但未啮合。由换挡拨叉继续往左移动，而齿毂保持锥面接触。而齿圈的继续往左移动，由于两个齿轮转速相同，齿圈和输入齿轮就很容易啮合了，同步器工作原理如图 2-30 所示。

在大多数变速器中，同步器的运动多于齿轮的运动，这种变速器叫常啮合式。开始齿轮是啮合的，但它们都在输出轴上轴承空转。当 1 挡同步器移向左边时，输出轴就会和一挡齿轮同一转速；当 2 挡齿同步器向右移动时，输出轴就会和 2 挡齿轮同一转速；当 3 挡同步器往左移动时，输出轴的转速就和输入一样。

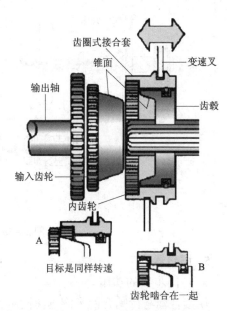

图 2-30 同步器工作原理

学习任务 2.2.2 手动变速器的操纵机构

1. 操纵机构的类型

（1）直接操纵式

如图 2-31 所示，直接操纵式变速器的变速杆及其换挡操纵装置都设置在变速器盖上，驾驶员可直接操纵变速杆来拨动变速器盖内的换挡操纵装置进行换挡。它具有换挡位置容易确定、换挡快、换挡平稳等优点。

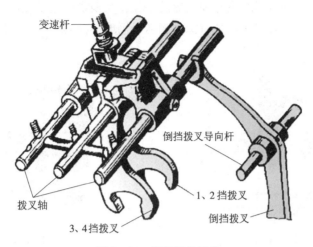

图 2-31　直接操纵机构

(2) 远距离操纵式

如图 2-32 所示，变速杆在驾驶员座位近旁穿过驾驶室底板安装在车架上，中间通过一系列的传动杆与变速器相连。变速杆具有占据驾驶室空间小、乘坐方便等优点，多用于平头汽车以及发动机后置的汽车。

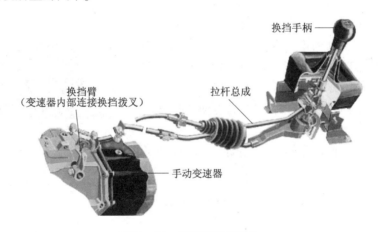

图 2-32　远距离操纵机构

2. 对操纵机构的要求

(1) 要有自锁装置，防止自动脱挡或挂挡

如图 2-33 所示，变速器的自锁装置由自锁钢球和自锁弹簧组成，每根拨叉轴的上表面沿轴向分布有三个凹槽，当任何一根拨叉轴连同拨叉轴向移动到空挡或某一工作挡位的位置时，必有一个凹槽正好对准自锁钢球。于是自锁钢球在自锁弹簧压力作用下嵌入该凹槽内，拨叉轴轴向位置被固定，从而拨叉连同滑动齿轮（或接合套）也被固定在空挡或某一工作挡位上，不能自行脱出。换挡时，驾驶员对拨叉轴施加一定轴向力，克服自锁弹簧的压力，将钢球由拨叉轴的凹槽中挤出推回孔中，拨叉轴和拨叉轴向移动。

（2）要有互锁装置，防止同时挂上两个挡位

如图 2-34 所示，互锁装置主要由互锁钢球及互锁销组成。互锁销装在中间拨叉轴的孔中，其长度相当于拨叉轴直径减去互锁钢球的半径，互锁钢球装于变速器盖的横向孔中。在空挡位置时，左右拨叉轴对着钢球处有深度相当于钢球半径的凹槽，中间拨叉轴则左右均开有凹槽，凹槽中开有装锁销的孔。

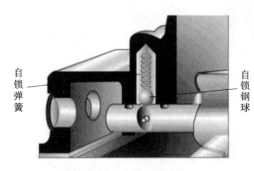

图 2-33 自锁装置

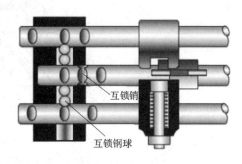

图 2-34 互锁装置

这种互锁装置可以保证变速器只有在空挡位置时，驾驶员才可以移动任一个拨叉轴挂挡。若某一拨叉轴被移动而挂挡时，另两个拨叉轴便被互锁装置固定在空挡位置而不可能再轴向移动。

（3）要有倒挡锁装置，防止误挂倒挡

如图 2-35 所示，倒挡锁的作用是驾驶员挂倒挡时，必须对变速杆施加较大的力才可换上倒挡，起提醒作用，以防误挂倒挡。变速器上多采用弹簧锁销式倒挡锁。倒挡锁一般由倒挡锁销和倒挡锁弹簧组成。倒挡锁销的杆部装有倒挡锁弹簧，其右端的螺母可调整弹簧的预紧力和倒挡锁销的长度。

驾驶员要挂倒挡时，必须用较大的力使变速杆的下端压缩倒挡弹簧，将倒挡锁销推向右方后，才能使变速杆下端进入倒挡拨块的凹槽内，以拨动一、倒挡拨叉轴而推入倒挡。

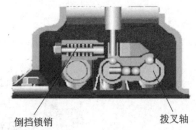

图 2-35 倒挡锁止装置

学习任务 2.2.3　液力变矩器与自动变速器

自动变速器是指在汽车行驶过程中，变速器的操纵和换挡全部或者部分实现自动化控制的变速器。自动变速器能在行驶过程中根据发动机的转速、汽车的负荷情况、路况以及驾驶员的意愿实现自动换挡。

1. 自动变速器的组成

自动变速器的厂牌型号很多，外部形状和内部结构也有所不同，但它们的组成基本相同，都是由液力变矩器和齿轮式变速器组合起来的。按照这些部件的功能，可将它们分成液力变矩器、变速齿轮机构、供油系统、自动换挡控制系统和换挡操纵机构五大部分。

（1）液力变矩器

液力变矩器位于自动变速器的最前端，安装在发动机的飞轮上，其作用与采用手动变速

器的汽车中的离合器相似。它利用油液循环流动过程中动能的变化将发动机的动力传递给自动变速器的输入轴，并能根据汽车行驶阻力的变化，在一定范围内自动地、无级地改变传动比和扭矩比，具有一定的减速增扭功能。

（2）变速齿轮机构

自动变速器中的变速齿轮机构所采用的形式有普通齿轮式和行星齿轮式两种。采用普通齿轮式的变速器，由于尺寸较大，最大传动比较小，只有少数车型采用。目前绝大多数轿车自动变速器中的齿轮变速器采用的是行星齿轮式。变速齿轮机构主要包括行星齿轮机构和换挡执行机构两部分。

1）行星齿轮机构。它是自动变速器的重要组成部分之一，主要由太阳轮（也称中心轮）、内齿圈、行星架和行星齿轮等元件组成。行星齿轮机构是实现变速的机构，速比的改变是通过以不同的元件作主动件和限制不同元件的运动而实现的。在速比改变的过程中，整个行星齿轮组还存在运动，动力传递没有中断，因而实现了动力换挡。

2）换挡执行机构。它主要是用来改变行星齿轮中的主动元件或限制某个元件的运动，改变动力传递的方向和速比，主要由多片离合器、制动器和单向离合器等组成。离合器的作用是把动力传给行星齿轮机构的某个元件，使之成为主动件。制动器的作用是将行星齿轮机构中的某个元件固定，使之不动。单向离合器也是行星齿轮变速器的换挡元件之一，其作用和多片式离合器及制动器基本相同，也是用于固定或连接几个行星排中的某些太阳轮、行星架、齿圈等基本元件，让行星齿轮变速器组成不同传动比的挡位。

（3）供油系统

自动变速器的供油系统主要由油泵、油箱、滤清器、调压阀及管道组成。油泵是自动变速器最重要的总成之一，它通常安装在变矩器的后方，由变矩器壳后端的轴套驱动。在发动机运转时，不论汽车是否行驶，油泵都在运转，为自动变速器中的变矩器、换挡执行机构、自动换挡控制系统等部分提供一定油压的液压油。油压的调节由调压阀来实现。

（4）自动换挡控制系统

自动换挡控制系统能根据发动机的负荷（节气门开度）和汽车的行驶速度，按照设定的换挡规律，自动地接通或切断某些换挡离合器和制动器的供油油路，使离合器接合或分开、制动器制动或释放，以改变齿轮变速器的传动比，从而实现自动换挡。

自动变速器的自动换挡控制系统有液压控制和电液压（电子）控制两种。液压控制系统是由阀体和各种控制阀及油路所组成的，阀门和油路设置在一个板块内，称为阀体总成。不同型号的自动变速器阀体总成的安装位置有所不同，有的装置于上部，有的装置于侧面，纵置的自动变速器一般装置于下部。

在液压控制系统中，增设控制某些液压油路的电磁阀，就成了电气控制的换挡控制系统，若这些电磁阀是由电子计算机控制的，则成为电子控制的换挡系统。

（5）换挡操纵机构

自动变速器的换挡操纵机构包括手动选择阀的操纵机构和节气门阀的操纵机构等。驾驶员通过自动变速器的操纵手柄改变阀板内的手动阀位置，控制系统根据手动阀的位置及节气门开度、车速、控制开关的状态等因素，利用液压自动控制原理或电子自动控制原理，按照一定的规律控制齿轮变速器中的换挡执行机构的工作，实现自动换挡。

2. 自动变速器分类

不同车型所装用的自动变速器在形式结构上往往有很大的差异，下面从不同的角度对自动变速器进行分类。

（1）按齿轮变速器的类型分类

自动变速器按齿轮变速器的类型不同，可分为定轴齿轮式和行星齿轮式两种。定轴齿轮式自动变速器体积较大，最大传动比较小，使用较少。行星齿轮式自动变速器结构紧凑，能获得较大的传动比，被绝大多数轿车采用。

（2）按齿轮变速系统的控制方式分类

1）液控自动变速器。液控自动变速器是通过机械的手段，将汽车行驶时的车速及节气门开度两个参数转变为液压控制信号；阀板中的各个控制阀根据这些液压控制信号的大小，按照设定的换挡规律，通过控制换挡执行机构动作，实现自动换挡，目前使用较少。

2）电控液力自动变速器。电控液力自动变速器是通过各种传感器，将发动机转速、节气门开度、车速、发动机水温、自动变速器液压油温度等参数转变为电信号，并输入电脑；电脑根据这些电信号，按照设定的换挡规律，向换挡电磁阀、油压电磁阀等发出电控制信号；换挡电磁阀和油压电磁阀再将电脑的电控信号转变为液压控制信号，阀板中的各个控制阀根据这些液压控制信号控制换挡执行机构的动作，从而实现自动换挡。

（3）电控自动变速器

电控自动变速器是通过控制电动机来实现换挡的，由于它使用电动机控制，所以不用液压油、没有滑阀箱，在结构上也变得更加紧凑和简单，造价更低，目前使用较少。

3. 液力变矩器

变矩器主要由泵轮、涡轮、导轮组成，如图2-36所示。上述三元件安装在完全充满变速器液（Automatic Transmission Fluid，ATF）的密封变矩器壳体内，壳体通过驱动盘与曲轴相连。当发动机运转时，变矩器将带动泵轮一同旋转，泵轮内的ATF依靠离心力向外喷出，其喷射速度随发动机转速的提高而升高，高速喷出的ATF冲击静止的涡轮使其转动。导轮叶片截住离开涡轮的变速器液，

图2-36 液力变矩器组成

改变其方向，使其冲击泵轮的叶片背部，给泵轮一个额外的"助推力"，使得液力变矩器能有效地增大涡轮的输出转矩。在液力变矩器工作时，油液具有两种运动，即环流与涡流。

1）环流。当发动机带动泵轮运转时，液体随泵轮叶片做圆周运动，在离心力作用下，液体运动到泵轮外边缘时同时具有动能和压力能。具有能量的液体作用于相对的涡轮叶片上，产生作用力推动涡轮转动，这种油液运动也称为环流。

2）涡流。由于液体被甩向边缘，中间形成低压区，进入涡轮的液体冲出叶片后又流到低压区回到泵轮，这种油液运动称为涡流，如图 2-37 所示。只有当泵轮比涡轮转速快时，导轮才能起增矩作用。

图 2-37　液力变矩器工作原理

3）耦合点。当涡轮转速逐渐加快与泵轮转速接近时，涡流运动几乎停止，从涡轮流出的油液方向发生改变，冲击导轮的反面。在单向离合器的作用下，导轮在其轴上空转，导轮空转点称为耦合点。

4. 单向离合器

导轮增设单向离合器用以提高传动效率，导轮单向离合器的作用是使其所连接的两个元件间只能相对地向一个方向转动，而无法朝相反方向转动，即它按受力关系不同，自动地实现锁定不动或分离自由旋转两种状态。它常见的结构形式有楔块式和滚柱式两种。

图 2-38 所示为滚柱形单向离合器，滚子咬入外轮与内轮间的楔形面后传递动力。外轮沿顺时针方向为驱动方向（接合），反之空转（分离）。

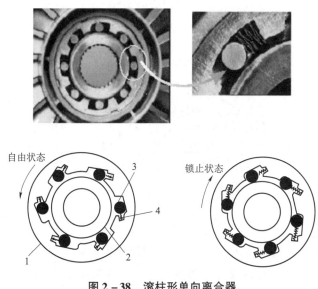

图 2-38　滚柱形单向离合器

图 2-39 所示为楔块形单向离合器,楔块借助保持架和片状弹簧等布置于内、外轮之间,如外轮沿顺时针转动,借助弹簧力和摩擦力使楔块长对角圆弧立起,从而产生斜楔作用,驱动内轮传递力矩;如外轮逆时针转动,楔块倾倒,斜楔作用消除,外轮空转。

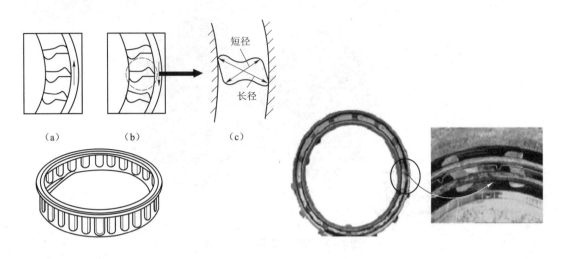

图 2-39 楔块形单向离合器
(a)锁止状态;(b)自由状态;(c)楔块

5. 锁止离合器

在变矩器中安装锁止离合器的作用是:当汽车达到规定车速时,将泵轮与涡轮刚性连接,以减少液力损失,可提高汽车燃料经济性。

液力变矩器的锁止离合器位于涡轮的前端,装在涡轮轮毂上(见图 2-40),由锁止活塞、减振盘和涡轮传动板等组成。锁止活塞和减振盘用键连接,可前后移动;减振盘和涡轮传动板通过减振弹簧固定,能衰减在离合器接合时的扭转振动;在变矩器壳体或变矩器锁止活塞上粘有一种摩擦材料,用以防止离合器接合时打滑。

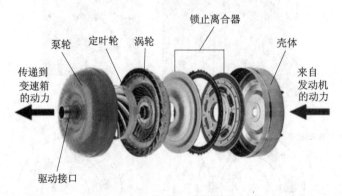

图 2-40 锁止离合器

锁止离合器盘相当于液压活塞,在液压系统压力的控制下,推动锁止离合器毂在变速器输入轴上沿轴向左右移动,使得离合器摩擦片与变矩器壳接合或分离,从而实现离合器的功能,使发动机的输出转矩不经变矩器可直接传至变速器,如图 2-41 所示。

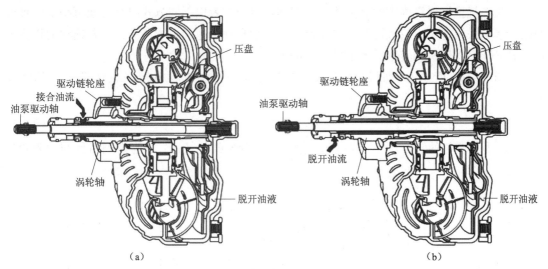

图 2-41 锁止离合器工作过程

(a) 接合状态；(b) 分离状态

学习任务 2.2.4　自动变速器齿轮传动机构

1. 单排行星齿轮机构

液力变矩器虽能在一定范围内自动地、无级地改变传动比，但由于液力变矩器存在变矩能力和效率之间的矛盾，其传动比在范围 1~3 内，难以满足汽车使用要求，故在汽车上广泛采用的是液力变矩器与齿轮式变速器组成的液力机械变速器。发动机动力经液力变矩器传至机械变速器，经机械变速器输出至传动轴。液力变矩器在自动变速器中的主要作用是使汽车起步平稳，并在换挡时减缓传动系统的冲击载荷。汽车在使用过程中主要是靠齿轮变速器部分实现变速的，可使转矩再增大 2~4 倍。与液力变矩器配合使用的齿轮变速器多数是行星齿轮变速器，也可以是固定轴线式变速器。行星齿轮变速器具有体积小、结构简单、操作容易、变速大等优点，应用广泛。

(1) 组成及基本原理

行星齿轮机构是由太阳轮及均匀分布在太阳轮周围的几个行星轮以及与行星轮相啮合的齿圈组成的，而几个行星轮又同时装在一个公用的行星架上。图 2-42 所示为单级行星排结构示意图。在一个自动变速器内，行星排的多少取决于自动变速器挡位的多少。自动变速器靠这些行星排中元件的不同组合来实现不同挡位的输出。

太阳轮与行星轮属于外啮合，两轮的旋转方向永远是相反的；行星轮与齿圈的啮合属于内啮合，行星轮与齿圈的旋转方向是相同的。通过离合器、制动器和单向离合器将各元件进行不同的连接、锁止的组合，可得到自动变速器不同的传动比。

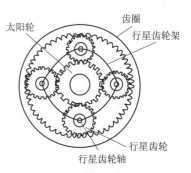

图 2-42　单级行星排结构示意图

（2）传动比的计算

只要将行星齿轮机构中的太阳轮、齿圈和行星架三者以不同方式组合，便可得到各种传动比，这是采用行星齿轮机构的自动变速器能实现自动变速的根本所在，这种速比的计算公式是根据行星齿轮机构转矩关系推导出来的。

如图 2-43 所示，下面是根据该图推导出来的行星齿轮机构一般运动规律的特性方程：

$$n_1 + \alpha n_2 - (1+\alpha)n_3 = 0 \qquad (2-3)$$

式中，n_1 为太阳轮的转速；n_2 为齿圈的转速；n_3 为行星架的转速；α 为齿圈齿数与太阳轮齿数之比。

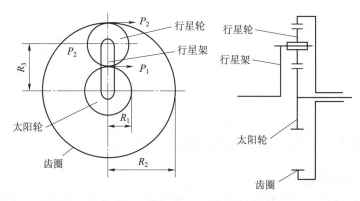

图 2-43　单级行星排受力分析示意图

太阳轮、齿圈和行星架三者具有同一旋转轴线。由式（2-3）可以看出，将三者中的任一构件与主动轴相连（作为输入主动件），第二构件与被动轴相连（作为输出从动件），再加上第三个条件——第三构件被强制固定（称为制动，即该构件转速为零），或使其运动受一定的约束（即该构件的转速为某一定值），则整个轮系就以一定的传动比传递动力，实现不同挡位的速度变化。

单排行星轮机构的速比范围有限，往往不能满足汽车的实际要求，在实际应用中的行星齿轮变速器中，都是由几个单排行星轮机构和几组离合器组成的。借助离合器操纵，用不同行星轮机构的组合来获得不同的挡位速比，使得实际行星齿轮变速器的结构比上述单排行星轮机构复杂得多，其形式也可以是多种多样的，但其工作原理仍与单排行星轮机构相同。其传动比可根据单排行星轮机构特性方程式推导出来。表 2-1 所示为单排行星轮传动比计算表。

表 2-1　单排行星齿轮传动比计算表

序号	太阳轮	齿圈	行星架	传动比	传动情况	挡位说明
1	固定	输入	输出	$i_{23} = (1+\alpha)/\alpha > 1$	同向、降速	减速挡
2	固定	输出	输入	$i_{32} = \alpha/(1+\alpha) < 1$	同向、升速	超速挡
3	输入	固定	输出	$i_{13} = 1+\alpha > 1$	同向、降速	减速挡
4	输出	固定	输入	$i_{31} = 1/(1+\alpha) < 1$	同向、升速	不适用

(续表)

序号	太阳轮	齿圈	行星架	传动比	传动情况	挡位说明
5	输入	输出	固定	$i_{12} = -\alpha$, $|i|>1$	异向、降速	倒挡
6	输出	输入	固定	$i_{21} = -1/\alpha$, $|i|<1$	异向、升速	不适用
7	三元件中任意两元件连成一体,第三元件与前两元件转速相同			$i=1$	同向、等速	直接挡
8	所有元件都不受约束			自由转动	不传动	空挡

2. 辛普森式行星齿轮结构

现代轿车自动变速器大多数采用辛普森式行星齿轮变速器,这种变速器由辛普森式行星齿轮机构和换挡执行元件组成。辛普森式行星齿轮机构是双排行星齿轮机构,它由两个内啮合式单排行星齿轮机构组合而成。它的结构特点是前后两个行星排的太阳轮连接为一个整体,成为前后太阳轮组件;前行星排的行星架和后行星排的齿圈连接为另一个整体,称为前行星架和后齿圈组件;输出轴与前行星架和后齿圈组件连接。辛普森式行星齿轮机构啮合形式,如图2-44所示。按上述啮合形式组合后,具有4个独立元件,这4个独立元件是前齿圈、前后太阳轮组件、后行星架、前行星架和后齿圈组件。因自动变速器挡数的不同,辛普森式行星齿轮变速器分为辛普森式3挡行星齿轮变速器和辛普森式4挡行星齿轮变速器。

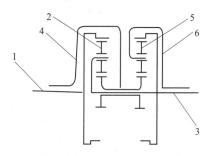

图2-44 辛普森式行星齿轮
机构啮合形式

1—前齿圈;2—前行星轮;3—前行星架
和后齿圈组件;4—前后太阳轮组件;
5—后行星轮;6—后行星架

辛普森式4挡行星齿轮变速器,它的最高挡4挡是传动比小于1的超速挡。这种自动变速器燃油经济性好,发动机可以经常处于较低转速范围运转,因而运转噪声小,可以延长发动机的使用寿命,因此带超速挡的这种自动变速器被许多品牌的高档轿车所采用。

辛普森式4挡行星齿轮变速器有两种类型:一种是在原有的辛普森式3挡行星齿轮变速器双行星排机构的基础上再增加一个行星排机构,成为3行星排4挡行星齿轮变速器;另一种是改进双行星排机构,通过改变前后行星排基本元件的组合和增加换挡执行元件,使它成为带超速挡的4挡行星齿轮变速器。

4挡行星齿轮变速器是在原辛普森式3挡行星齿轮变速器的基础上,再增加一个行星齿轮机构和相应的换挡执行元件来产生超速挡,所以这个行星齿轮机构叫作超速行星排,它被安装在行星齿轮变速器的前端,如图2-45所示。它的行星架是主动件,与变速器输入轴相连接;齿圈为被动件,与后面的双排行星齿轮机构相连接。超速行星排的工作由直接离合器和超速制动器控制,直接离合器用于连接超速行星排的太阳轮和行星架,超速制动器用来固定超速行星排的太阳轮。在行星齿轮变速器传动过程中,超速制动器放松,直接离合器接合时,超速行星排直接传动,传动比为1;而当超速制动器制动、直接离合器放松时,超速行星排处于增加转动状态,这时传动比小于1,为超速挡。

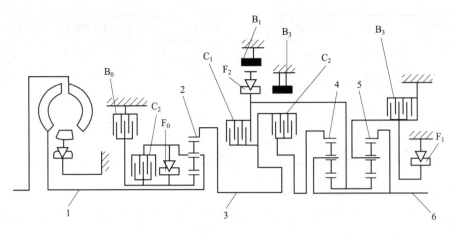

图 2-45 行星排辛普森式 4 挡行星齿轮变速器

1—输入轴；2—超速行星排；3—中间轴；4—前行星排；5—后行星排；6—输出轴；
C_1—倒挡及高挡离合器；C_2—前进离合器；B_0—超速制动器；
B_1—2 挡制动器；B_2—低挡及倒挡制动器；B_3—2 挡强制制动器；F_0—直接
单向超越离合器；F_1—低挡单向超越离合器；F_2—2 挡单向超越离合器

行星排辛普森式 4 挡行星齿轮变速器换挡执行元件共有 10 个，换挡接合表如表 2-2 所示。

表 2-2 3 行星排辛普森式 4 挡行星齿轮变速器换挡执行元件换挡接合表

手柄位置	挡位	换挡执行元件									
		C_1	C_2	B_1	B_2	B_3	F_1	F_2	C_0	B_0	F_0
D	1		●				●				●
	2		●	●				●			●
	3	●	●	○							●
	4	●	●	○						●	
R	倒	●			●						●
S、L	1		●		●						●
	2		●	○		●					●
	3	●	●								●

注：●—接合、制动或锁定；○—接合或者制动，但不传递动力

3. 换挡执行元件

通常可将为行星齿轮机构部件提供驱动和止动力的装置称为执行机构。汽车自动变速器所采用的执行元件，一般由湿式多片离合器、湿式多片或带式制动器以及单向离合器等组成。

（1）换挡离合器

换挡离合器的作用是将变速器的输入轴和行星齿轮系的某个元件连接，或将某两个基本

元件连接在一起，使之成为一个整体。换挡离合器多为湿式多片离合器，通常由若干交错排列的主从动离合器片组成（见图 2-46），由液压来控制其接合与分离。多片离合器既可用作驱动元件，也可用作锁止元件，如图 2-47 所示。

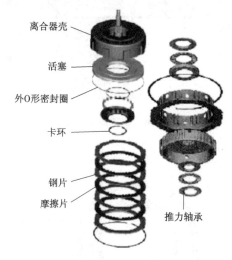

图 2-46 离合器

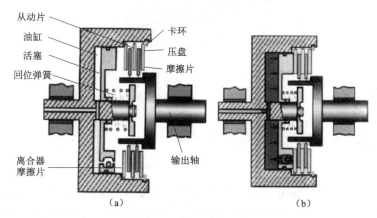

图 2-47 离合器工作原理
(a) 分离状态；(b) 接合状态

(2) 换挡制动器

换挡制动器的作用是将行星齿轮变速器中的某一元件固定，使其不能转动，构成新的动力传递路线，换上新的挡位，得到新的传动比。一般来说，换挡制动器有两种结构形式。

1) 湿式多片制动器。其结构与上述湿式多片离合器相同，不同的是离合器连接两个转动构件并传递动力，而制动器连接的一个是转动机件，另一个是固定不动的变速器壳体，其作用是刹住转动机件，使其不能传动，如图 2-48 所示。

2) 带式制动器。它由制动带和伺服装置（控制油缸）组成，如图 2-49 所示。制动带是内表面有镀层的开口式环形钢带，开口的一端支撑在与变速器壳体连接的支座上，另一端与控制油缸相连，需要制动时液压油进入控制油缸，制动带以固定支座为支点收紧，行星齿轮机构的某个元件将被锁止。油压撤除，制动解除。

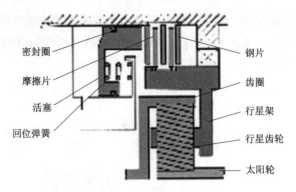

图 2-48 湿式多片制动器

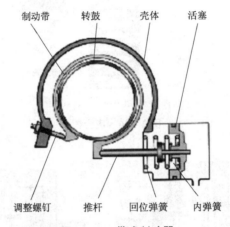

图 2-49 带式制动器

学习任务 2.2.5 自动变速器操纵机构

自动变速器能够实现自动换挡,是因为工作中驾驶员踏下油门的位置、发动机进气歧管的真空度和汽车的行驶速度能指挥自动换挡系统工作。自动换挡系统中各控制阀不同的工作状态能够控制变速齿轮机构中离合器的分离与接合,制动器的制动与释放,改变变速齿轮机构的动力传递路线,实现变速器挡位的变换。

液压控制自动变速器能够根据汽车的行驶速度和节气门开度的变化自动变换挡位。其换挡控制方式是通过机械方式将节气门开度信号和车速转换成控制油压,并将该油压分别施加到换挡阀的上、下两端,控制换挡阀的位置,改变换挡执行元件(离合器和制动器)的油路。这样,工作液压油进入相应的执行元件,使离合器接合或分离,制动器制动或松开,控制行星齿轮变速器的升挡或降挡,实现自动变速。其工作过程如图 2-50 所示。

1. 供油部分

1) 油泵

油泵的作用是为自动变速器中的变矩器、换挡执行机构、液压控制阀等部分提供其所需的有一定压力和流量的液压油。在自动变速器的供油系统中,常用的油泵有内啮合齿轮油泵、转子式油泵和叶片式油泵。自动变速器的液压系统属于低压系统,其工作油压通常不超过 2 MPa,其应用最广泛的是齿轮油泵。

内啮合式齿轮油泵也称为月牙形齿轮泵，主要由主动齿轮（外齿齿轮）、从动齿轮（内齿齿轮）、月牙形隔板、泵壳、泵盖等部件组成，如图 2-51 所示。

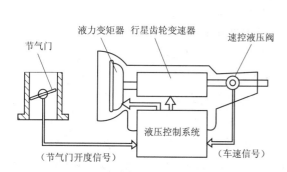

图 2-50 液压控制自动变速器的工作过程

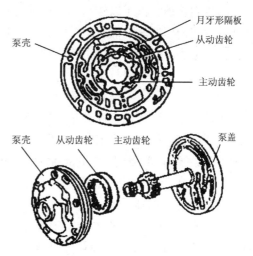

图 2-51 内啮合式齿轮油泵

内啮合式齿轮油泵是自动变速器中应用最广泛的一种油泵，它具有结构紧凑、尺寸小、质量轻、自吸能力强、流量波动小、噪声低等优点。

（2）控制机构

液力控制系统中的各种控制阀大部分安装在液压阀体总成中，这些控制阀通过变速器壳和变速器轴上的油道与油泵、变矩器和各换挡执行元件相连通。液力式控制系统由油压调节装置、换挡控制装置和变矩器控制装置组成。

1）油压调节装置。自动变速器控制系统的油压调节装置叫作主油路调节阀（或叫作主油路调压阀）。自动变速器的所有油压都是经过主油路调压阀调整后形成的，经调整后的油液充满液力变矩器、润滑变速器。为保证油路中具有足够高的油压，防止油压过低导致离合器、制动器打滑而影响自动变速器换挡，主油路油压必须进行调整。

主油路调压阀的工作原理如图 2-52 所示，自动变速器的油泵由发动机直接驱动。当油泵运转时，由油泵泵出的压力油经油道进入调压阀下端的 A 腔，当 A 腔油压小于调压阀上端调压弹簧预紧力时，调压阀下移到底端。这时，泄油口关闭，油压上升。当 A 腔油压大于调压弹簧预紧力时，调压阀上升，将泄油口打开，油路中的部分液压油经泄油口回油底壳，使油压下降，直至 A 腔油压压力与调压弹簧预紧力平衡为止。经调整后的油压为主油路油压，无论发动机转速如何，主油路压力始终保持在 0.5~1 MPa。

为满足自动变速器在不同工况时对主油路油压的需要，主油路调压器应能使主油路油压随发动机油门开度的增大而升高。因为油门开大时，发动机的负荷和自动变速器传递的扭矩增大，为

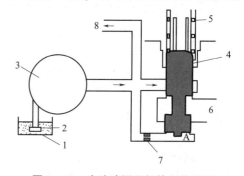

图 2-52 主油路调压阀的工作原理
1—油底壳；2—滤网；3—油泵；4—调压阀；
5—调压弹簧；6—泄油口；
7—节流孔；8—至主油路

保证离合器、制动器等换挡执元件不打滑，主油路油压应升高；而当油门开度较小时，自动变速器传递的扭矩较小，离合器、制动器不易打滑，主油路油压可以降低。当自动变速器处在直接挡或超速挡，汽车以较高车速行驶时，传动系统处在高转速、低扭矩状态工作，这时应降低主油路油压，减少油泵运转阻力，节省燃油。倒挡时主油路油压比前进挡时的主油路油压大，一般为 1~1.5 MPa。因为倒挡离合器或倒挡制动器的摩擦片少，在工作时需要的油压高，可以防止接合时打滑。

如图 2-53 所示，主油路调压阀由上部的阀芯和下部的柱塞、弹簧组成。油泵的液压油经阀体油道分别进入主油路调压阀的 A、B、C 腔。在 A 腔中，由于阀芯上下两段直径不同，作用在阀芯环形端面上的油压对阀芯产生向下的推力。当反馈油路中没有油压时，阀芯只受 A 腔中主油路油压向下推力和弹簧向上推力的作用。油泵泵油量大时，油压升高，阀芯在油压推动下克服弹簧力向下移动，C 腔泄油口打开，使主油路中部分液压油流回油底壳，主油路油压下降。当 A 腔中油压降至和弹簧力平衡时，阀芯停止下移，C 腔泄油口开度保持一定。油泵的泵油量越大，阀芯下移量也越多，C 腔泄油口开度也越大。不论油泵泵油量多少，调压阀都能使主油路油压与调压弹簧力保持平衡状态。

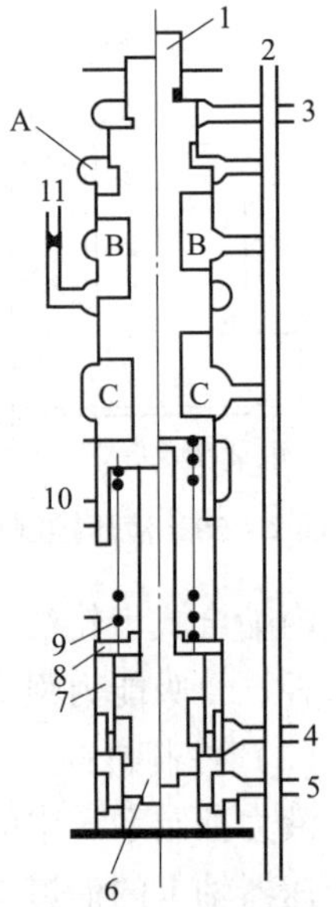

在主油路调压阀底部作用有节气门反馈油压和倒挡反馈油压。这两个反馈油压对柱塞产生向上的推力，并通过柱塞作用在阀芯上，增加了作用在阀芯上的推力，使主油路调压阀所能调节的油路压力增大。在阀芯上端作用着压力校正阀的反馈油压，它对阀芯产生一个向下的推力，使主油路调压阀调整后的主油路油压减小。

图 2-53　主油路调压阀
1—阀芯；2—主油路；
3—压力校正阀反馈油路；
4—倒挡反馈油路；
5—节气门阀反馈油路；
6—调压柱塞；7—套筒
8—弹簧座；9—调压弹簧
10—泄油口；11—通变矩器

节气门油压作用在主油路调压阀的下部，节气门油压由节气门阀控制，节气门油压随节气门开度的增大而增大。油门越大，节气门油压越大，主油路调压阀所调节的油压也越高，这样主油路油压可以满足大功率动力传递时的需要。

自动变速器使用前进挡时，倒挡油路压力为 0。在使用倒挡时，倒挡油路压力作用在柱塞下部，增加了作用在阀芯上向上的推力，使主油路油压升高，这样就满足了倒挡时对主油路油压的需要。在使用倒挡时的主油路油压为倒挡油压。

当自动变速器使用 1 挡或 2 挡时，压力校正阀关闭，调压阀上的反馈油压为 0。在 3 挡或超速挡，当车速增大到一定值时，压力校正阀打开，由节气门阀的压力油经校正阀进调压阀上端，增加了阀芯向下的推力，使主油路油压减小，也减小了油泵运转的阻力。

2）换挡控制装置。换挡控制装置由手动阀、换挡阀、节气门阀、调速阀等控制阀及相应的油路组成。换挡控制装置的作用是根据自动变速器换挡手柄位置，使自动变速器处于不同的挡位，如 P、N、R、D、S、L 或 2、1 等；在前进 D 位或 S、L（或 2、1）时，根据发动机负荷、车速等信号，自动控制升挡或降挡，使自动变速器挡位与行驶状态相适应。

换挡控制装置中的手动阀由自动变速器换挡手柄控制。当换挡手柄处在不同位置时，主油路压力油进不同的控制油路，改变自动变速器的工作状态。

当换挡手柄在P、N、R位时，自动变速器的挡位及各换挡执行元件的工作完全由手动阀的位置所决定。手动阀的位置决定了换挡执行元件的状态，如电磁阀、离合器和制动器等是接合还是分离，由此决定自动变速器的不同挡位。

当换挡手柄在前进D位或前进低挡S、L或2、1位置时，自动变速器的挡位和换挡执行元件的工作由手动阀和换挡阀共同控制完成。换挡阀是一种换向阀，它用来改变油路方向，使主油路压力进入不同的换挡执行元件，如离合器或制动器，从而使自动变速器在不同挡位工作。1个换挡阀只能完成相邻两个挡位的换挡过程，所以，3挡自动变速器的控制装置中应有2个换挡阀分别用于控制1~2挡升、降挡及2~3挡升、降挡，4挡自动变速器应有3个换挡阀，分别用于控制1~2挡、2~3挡及3~4挡的升、降挡。

换挡阀由节气门阀和调速器控制工作。节气门阀和调速器各自利用主油路油压产生两个分别随发动机油门开度和车速大小变化的控制油压，这两个油压一个称为节气门油压，另一个称为调速器油压。这两个控制油压通过油路作用在换挡阀两端，压力油改变换挡阀的位置，最终实现自动变速器挡位的变换。

在换挡控制装置中还有2挡锁定阀、缓冲阀、限流阀、压力校正阀等，它们用于控制挡位的变化范围和改善换挡质量。

① 手动阀是一种多路换向阀，它安装在液压控制阀体中，并通过拉杆与换挡手柄相连接，由驾驶员操作。

手动阀工作原理如图2-54所示。当驾驶员操纵换挡手柄于不同位置（P、R、N、D、S、L或2、1）时，手动阀也随之移到相应位置，使进入手动阀的主油路与不同的控制油路相通，或直接把主油压进至相应的换挡元件，如前进离合器、倒挡离合器等，而不参加工作的控制油路与泄油口相通，进行泄荷，这时控制系统使自动变速器处于不同的挡位进行工作。例如，当使换挡手柄位于R位置时，手动阀使主油路与倒挡油路接通，倒挡油路将主油压直接输入倒挡离合器和倒挡制动器，使自动变速器实现倒挡；当使换挡手柄位于D位置时，手动阀接通前进控制油路并将主油压直接输入前进离合器，而在所有前进挡中，前进离合器均处在接合状态。

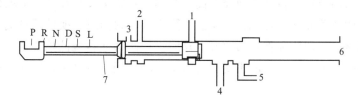

图2-54 手动阀工作原理

1—主油路；2—倒挡油路；3，6—泄油口；4—前进挡油路；5—前进低挡油路；7—手动阀

② 自动变速器在前进挡中，挡位的变换是通过换挡阀的工作实现的。换挡手柄在D位或前进低挡（S、L或2、1）位置时，手动阀将主油路压力直接送入前进离合器或前进强制离合器，还将主油路油压送入换挡阀，换挡阀控制主油路油压再进入不同的换挡执行元件，使自动变速器进入不同的挡位工作。

换挡阀是液压控制2位换向阀，它的工作原理如图2-55所示。在换挡阀的右端作用着调速器油压，左端作用着节气门油压和换挡阀弹簧的弹力。左、右两端控制力的大小决定着换挡阀的位置。当右端调速器油压小于左端节气门油压和弹簧力之和时，换挡阀移至右端不动；而当右端油压大于左端油压时，换挡阀移至左端。当换挡阀改变方向时，打开或关闭主油路，或使油液流动方向发生变化，使主油路压力油进入不同的换挡执行元件，实现挡位的变换。换挡阀从右端移至左端，自动变速器升高两个挡位；换挡阀从左端移至右端，自动变速器降低一个挡位。

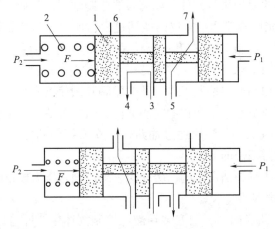

图 2-55 换挡阀的工作原理
1—换挡阀；2—弹簧；3—主油路进油口；4—至低挡换挡执行元件；5—至高挡换挡执行元件；
6，7—泄油口；P_1—调速器油压；P_2—节气门油压；F—弹簧力

从上述换挡阀的工作原理可知，自动变速器的升挡和降挡完全由节气门油压和调速器油压控制，而节气门阀由节气门拉线操纵，所以节气门油压由发动机的油门开度决定，油门开度越大，节气门油压也越大。调速器油压由车速决定，车速越高，调速器油压也越高。汽车行驶中油门保持不变，当车速较低时，换挡阀右端的调速器油压较小，低于左端节气门油压和弹簧力之和，这时换挡阀保持在右端低挡位置；随着车速的提高，调速器油压增大，当车速增大到一定值时，换挡阀右端的调速器油压增大到超过左端节气门油压和弹簧力之和时，换挡阀移向左端高挡位置，自动变速器升高一个挡位；如果汽车在高挡上坡行驶因阻力增大而车速下降时，调速器油压也降低，当车速下降至某一数值时，换挡阀右端的调速器油压将降低至小于左端节气门油压和弹簧力之和，这时换挡阀移向右端低挡位置，使自动变速器降低一个挡位。因此，当节气门开度不变时，汽车行驶过程中自动变速器的升挡和降挡时刻完全由车速决定。

如果汽车行驶时保持较大的油门开度，换挡阀左端的节气门油压也较大，那么只有在较高车速下才能使调速器油压等于节气门油压和弹簧力之和，使自动变速器升挡，所以升挡车速要求较高；如果汽车行驶时保持较小的油门开度，换挡阀左端的节气门油压也较小，那么调速器油压在车速较低时就能达到节气门油压和弹簧力之和，所以降挡车速较低。从分析得知，汽车自动变速器的升、降挡由油门开度决定，油门开度越大，汽车升、降挡车速越高；反之，油门开度越小，汽车升、降挡车速越低。这种换挡车速随节气门开度变化的规律正是汽车实际行驶过程中所必需的。当汽车爬坡、行驶阻力较大时，必须加大油门保持节气门开度较大，才能使汽车加速，这时的换挡车速也较高，这可以防止过早换挡而出现"拖挡"

现象。而当汽车在平路行驶或负荷较轻时,油门可以保持较小开度,这时换挡车速也较低,可以节省燃油。

换挡阀的结构实际很复杂,上面讲述的是换挡阀的基本工作原理。除此之外,它还应具有使降挡车速低于升挡车速的功能,避免汽车在行驶中频繁跳挡,以减少换挡执行元件的磨损;换挡阀还应具有限制超速挡使用以及将挡位锁定在某一低挡上的功能。

③ 节气门阀用来产生节气门油压,使控制系统根据节气门开度的大小改变主油路油压和换挡车速,以使自动变速器主油路油压和换挡规律能满足需要。

真空式节气门阀由真空膜片室、推杆、滑阀等组成,如图2-56所示。主油路油压经滑阀调节后成为节气门油压,而节气门油压的大小由滑阀开度决定。滑阀下端作用着节气门阀出口的节气门油压,节气门油压对滑阀产生一个向上的推力,滑阀上端通过推杆和真空膜片接触,发动机节气门后方的进气管真空通过软管进入真空膜片室,膜片通过推杆作用在滑阀上端的向下推力为膜片弹簧的弹力和作用在膜片上的真空吸力之差。当滑阀下端的节气门油压大于膜片作用在滑阀上的推力时,滑阀上移,使阀口关小,节气门油压下降,直至节气门油压与膜片对滑阀的推力相等为止。当滑阀下端的节气门油压低于膜片对滑阀的推力时,滑阀下移,使阀口开大,节气门油压上升,直到节气门油压等于膜片对滑阀的推力为止。所以,真空式节气门阀调节的节气门油压大小由发动机节气门后方的进气管真空度决定。当节气门开度小时,进气管真空度大,真空膜片对滑阀的推力小,节气门油压也较低;当节气门开度增大时,进气管真空度小,真空膜片对滑阀的推力增大,这时节气门油压也较大。所以,真空式节气门阀产生的节气门油压随节气门开度的增大而增大。

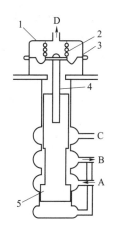

图 2-56 真空式节气门阀
1—真空膜片室;2—膜片弹簧;
3—膜片;4—推杆;5—滑阀;
A—主油路进口;B—节气门油压出口;C—泄油口;
D—真空接口

④ 调速器用于产生调速器油压,它和节气门油压一起控制换挡阀的工作。调速器一般安装在自动变速器输出轴上,或安装在自动变速器壳体上,通过齿轮与输出轴连接。

⑤ 当节气门全开或接近全开时,强制降挡阀可以将自动变速器强制降低一个挡位,以使汽车获得良好的加速性能。强制降挡阀有两种类型在汽车上使用:一种是由控制节气门阀的节气门拉线和节气门阀凸轮共同控制的强制降挡阀,它的工作原理是在节气门接近全开时,节气门拉线通过节气门阀凸轮推动强制降挡阀,使换挡阀油路开启,该油路的压力油作用在换挡阀上,迫使换挡阀移到低挡位置,自动变速器便自动降低一个挡,如图2-57所示。另一种是由电磁阀控制的强制降挡阀,在加速踏板上安装有强制降挡开关或称跳合开关,用强制降挡开关控制电磁阀的接合,如图2-57所示。它的工作原理是当把加速踏板踩到底时,强制降挡开关接合,使强制降挡电磁阀通电,电磁阀作用在阀杆上的推力消失,阀芯在弹簧力的作用下右移,使油路打开,主油路压力油进入各换挡阀的左端,也就是作用在节气门油压的一端,强制换挡阀右移,使自动变速器降低一个挡位。丰田凌志 LS400、A341E 自动变速器使用的就是电磁阀控制的强制降挡阀。

⑥ 在自动变速器中常用减震器(又称作储能减震器)和单向节流阀来改善换挡质量。它们的作用是使换挡执行元件接合柔和,使换挡平稳、无冲击。

减震器由减振活塞和弹簧组成,如图2-58所示。在自动变速器的每个前进挡都设有相应的减震器,它和该挡的换挡阀到执行元件的油路相通。自动变速器换挡时,从换挡阀的主油路来的压力油在进入执行元件液压缸的同时,也进入减震器的减振活塞下部。在换挡执行元件接合之初,油压增长迅速,换挡执行元件的活塞迅速克服其自由行程,使换挡执行元件接合。当油压增长到一定值时,减震器活塞下方的油压大于活塞上方弹簧的弹力,使减振活塞上升,油路中的一部分液压油进入减震器,延缓了换挡执行元件液压缸充油时间,使换挡执行元件液压缸中油压增长的速率比开始时缓慢,换挡执行元件的接合也由开始时的快变为慢,由此过程便减小了换挡冲击。

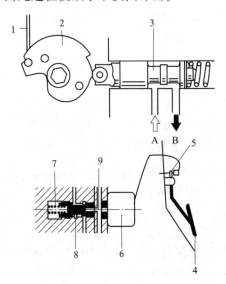

图2-57 强制降挡阀

1—节气门拉线;2—节气门凸轮;3—强制降挡阀;
4—加速踏板;5—强制降挡开关;6—强制降挡
电磁阀;7—阀杆;8—阀芯;9—弹簧;
A—到主油路;B—到换挡阀

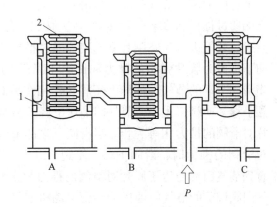

图2-58 减震器(储能减震器)

1—减振活塞;2—减振弹簧;
A,B,C—至换挡执行元件油路;
P—节气门油压

通常在减振活塞上方还作用有节气门油压,或称为储能减震器背压。当节气门油压变化时,减震器的工作会得到有效控制。在节气门开度大时,适当地降低减震器的减振能力,会加快换挡过程,防止高负荷传递动力时换挡执行元件打滑,满足换挡需要。

单向阀位于换挡阀至换挡执行元件之间的油路中,它的作用是对流向换挡执行元件的液压油产生节流作用,使换挡执行元件在接合时能延缓油压增长的速率,减少换挡冲击。而在换挡执行元件分离时,单向节流阀对换挡执行元件的泄油不产生节流作用,从而泄油过程加快,换挡执行元件快速分离。

单向节流阀如图2-59所示。它有两种形式,一种是弹簧节流阀式,一种是球阀节

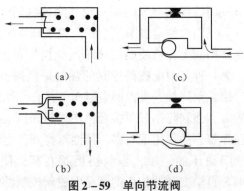

图2-59 单向节流阀

(a)弹簧节流阀充油时;(b)弹簧节流阀回油时;
(c)球阀节流孔充油时;(d)球阀节流孔回油时

流孔式。弹簧节流阀式节流阀在充油时，节流阀关闭，油液只能从节流孔通过，产生节流作用；而在回油时，压力油推开节流阀，节流孔不起作用。在球阀节流孔式节流阀中，充油时球阀关闭，油液只能从球阀旁的节流孔通过，使充油过程延缓；回油时球阀开启，又加快了回油过程。

学习任务2.2.6　自动变速器控制机构

1. 自动变速器电控部分

（1）电子控制装置

自动变速器电子控制装置由各种传感器、执行器、各种控制开关和电控组件（计算机）组成。电控组件是整个控制系统的中心，它根据各种传感器测得的发动机转速、车速、节气门开度、自动变速器油温等参数，通过电控组件分析运算，根据各种开关输入的指令和电控组件内设定的程序，向各个执行元件输出工作指令，操纵液压阀体中各种控制阀的工作，实现对自动变速器的控制。

1）节气门位置传感器。电子控制自动变速器利用安装在发动机节气门体上的节气门位置传感器来测得节气门的开度信号，作为电控组件控制自动变速器的依据，使自动变速器的换挡规律在任何条件下都能满足汽车的使用要求。

节气门位置传感器有几种不同的类型，使用自动变速器的汽车常用线性输出型节气位置传感器。这种节气门位置传感器由一个线性电位计和一个怠速开关组成，如图2-60所示。它的两个触点与节气门轴联动，一个可在电阻体上滑动，利用电阻变化转换成电压值，这个线性电压可感知节气门开度，并把节气门开度信号输入电控组件。

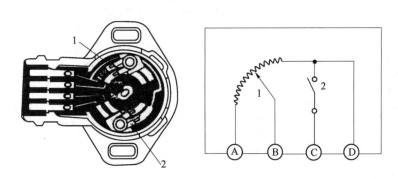

图2-60　节气门位置传感器

1—怠速开关滑动触点；2—线性电位计滑动触点；
A—电源电压（VC）；B—节气门开度信号（VTA）；C—怠速信号（IDL）；D—接地

节气门关闭时，怠速开关接通，而当节气门开启时，怠速开关断开。当节气门处在不同开度时，电位计电阻不同。电控组件通过节气门位置传感器获得表示节气门由全闭到全开的开启角度连续变化的信号，电控组件以此信号作为控制自动变速器在不同行驶条件下挡位变换的依据。

2）车速传感器。车速传感器安装在自动变速器输出轴附近的壳体上，它是一种电磁感应式转速传感器，用于检测自动变速器输出轴转速。电控组件根据车速传感器输入的信号计算出车速，以此控制自动变速器的换挡。

车速传感器由永久磁铁和电磁感应线圈组成,如图 2-61 所示。它被固定安装在自动变速器输出轴附近的壳体上,输出轴上的停车锁定齿轮为感应转子。当输出轴转动时,停车锁定齿轮的凸齿不断地靠近或离开车速传感器,使线圈内的磁通量发生变化,从而产生交流电压,车速传感器的工作原理如图 2-62 所示。其车速越高,输出轴转速也越高,感应电压脉冲频率也越高,电控组件根据感应电压脉冲频率的大小计算汽车行驶速度。

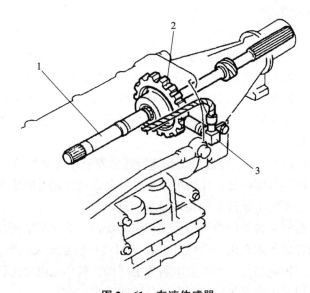

图 2-61 车速传感器

1—输出轴;2—停车锁定齿轮;3—车速传感器

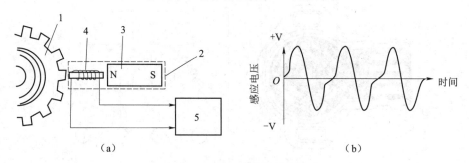

图 2-62 车速传感器的工作原理

(a) 结构;(b) 感应电压曲线

1—停车锁定齿轮;2—车速传感器;3—永久磁铁;
4—感应线圈;5—电控组件

3) 输入轴转速传感器。输入轴转速传感器的结构、工作原理与车速传感器基本相同。它安装在行星齿轮变速器输入轴或与输入轴连接的离合器鼓附近的壳体上,如图 2-63 所示。输入轴转速传感器用于检测输入轴转速,并把信号输入电控组件,电控组件根据该信号更加精确地控制换挡。另外,电控组件还把该信号与发动机转速信号进行比较,计算出变矩器的传动比,使主油路压力控制过程和锁止离合器的控制过程得到优化,以达到改善换挡感觉、提高行驶性能的目的。

4）液压油温度传感器。液压油温度传感器安装在自动变速器油底壳内的液压阀体上，它用于检测液压油的温度，电控组件根据液压油温度等信号进行换挡控制、油压控制和锁止离合器控制。

液压油温度传感器及电阻变化曲线，如图 2-64 所示。液压油温度传感器由负温度系数半导体热敏电阻制成，温度越高，电阻越低。电控组件根据电阻的变化检测出自动变速器液压油的温度。

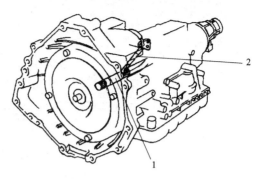

图 2-63 输入轴转速传感器

1—行星齿轮变速器输入轴；2—输入轴转速传感器

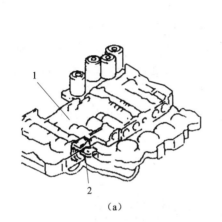

(a)

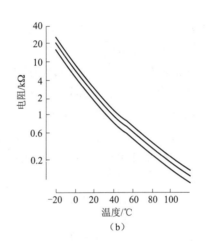

(b)

图 2-64 液压油温度传感器及电阻变化曲线

(a) 安装位置；(b) 电阻变化曲线

1—液压阀体；2—液压油温度传感器

除以上介绍的传感器以外，自动变速器的控制系统还将根据发动机控制系统的发动机转速信号、发动机冷却液温度信号、大气压力信号、进气温度信号等作为参考信号控制自动变速器的换挡过程。

（2）控制开关

自动变速器电子控制开关有 O/D 超速挡开关、模式选择开关、强制降挡开关、空挡起动开关、挡位开关等。下面主要介绍挡位开关的结构与工作原理。

挡位开关安装在自动变速器的手动阀摇臂轴上，如图 2-65 所示。挡位开关用于检测换挡手柄的位置，它由几个触点组成，当换挡手柄在不同位置时，相应的触点接通，电控组件根据被接通的触点检测出换挡手柄的位置，并按不同的控制程序控制自动变速器的工作。

（3）执行器

自动变速器电子控制装置中的执行器是电磁阀，常用的电磁阀有两种，一种是开关式电磁阀，另一种是线性脉冲式电磁阀。

1）开关式电磁阀。开关式电磁阀用于开启或关闭液压油路，用于控制换挡阀和变矩器锁定控制阀的工作，实现自动变速器的换挡和变矩器的锁定。

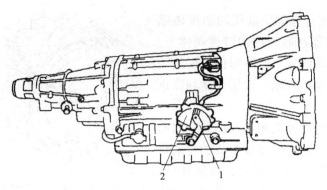

图 2-65 挡位开关
1—手动阀摇臂；2—挡位开关

开关式电磁阀由电磁线圈、衔铁、回位弹簧、阀芯和阀球等组成，如图 2-66 所示。这种电磁阀有两种工作方式：一种是让某一油路保持油压或泄荷，即当电磁阀断电时，油压推开阀芯，使泄油口打开，该油路的油液经电磁阀泄荷，油路压力为 0；当电磁阀通电时，阀芯下移，使泄油口关闭，油路压力上升。另一种工作方式是开启或关闭某一油路，也就是当电磁阀线圈不通电时，阀芯被油压推开，阀球在油压作用下关闭泄油口，打开进油口，使主油路压力油进入控制油道；当电磁阀线圈通电时，阀芯下移，推动阀球关闭进油口，同时打开泄油口，使控制油道中的压力油经泄油口泄荷。

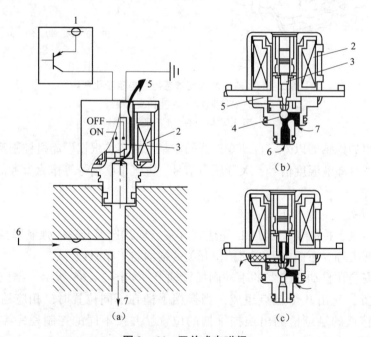

图 2-66 开关式电磁阀
(a) 保持油压或泄荷；(b) 主油路压力油进入控制油道；(c) 控制油道内的压力油泄荷
1—电控组件；2—电磁线圈；3—衔铁和阀芯；4—阀球；5—泄油口；6—主油道；7—控制油道

2）线性脉冲式电磁阀。线性脉冲式电磁阀也由电磁线圈、衔铁、阀芯和滑阀等组成，如图 2-67 所示。线性脉冲式电磁阀一般用来控制油路中的油压，当电磁阀通电时，阀芯或滑阀被打开，油液经泄油口泄荷，油路压力下降；当电磁阀断电时，阀芯或滑阀在弹簧力的作用下关闭泄油口，油路压力上升。控制线性脉冲式电磁阀工作的是一个固定频率的脉冲电信号。电磁阀在脉冲电信号的作用下不断地打开或关闭泄油口，电控组件通过改变占空比，即改变每个脉冲周期内电流接通和断开的时间比率，改变电磁阀开启和关闭的时间比率来控制油路压力。它的占空比越大，通过电磁阀泄掉的油液越多，油路压力也越低；当占空比越小时，油路压力越大。

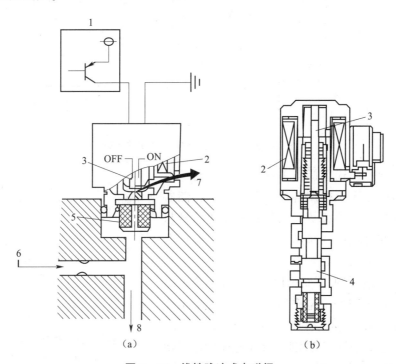

图 2-67 线性脉冲式电磁阀

(a) 普通线性脉冲式电磁阀；(b) 带滑阀的线性脉冲式电磁阀

1—电控组件；2—电磁线圈；3—衔铁和阀芯；4—滑阀；5—滤阀；6—主油道；7—泄油口；8—控制油道

线性脉冲式电磁阀一般安装在主油路或减震器背压油路上，电控组件通过线性脉冲电磁阀在自动变速器升挡或降挡的瞬间使油路压力下降，以减少换挡冲击，使挡位的变换更加柔和。

(4) 控制器

自动变速器电控系统由各种传感器、控制开关、ECT（或 PCM）和执行器组成，如图 2-68 所示。

1) 换挡控制。换挡控制是指自动变速器换挡时刻的控制，也就是当汽车行驶速度达到一定车速时，自动变速器自动升挡或降挡。自动变速器的换挡时刻是指换挡车速，即升挡车速或降挡车速，它对汽车的动力性和燃料经济性影响较大。电控自动变速器控制系统能使汽车在任何行驶条件下都能按照最佳时刻进行换挡，从而使汽车的动力性和经济性都能得到很好的发挥。

汽车的最佳换挡车速主要由行驶时的节气门开度决定。自动变速器换挡图如图 2-69 所示，由图所知，节气门开度越小，升挡车速和降挡车速越低；节气门开度越大，升挡车速和降挡车速越高。实践证明，这种换挡规律符合汽车的使用要求。

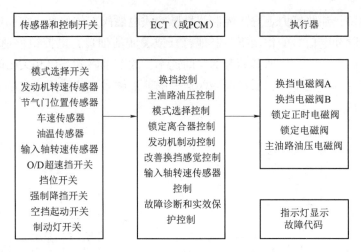

图 2-68　自动变速器电控系统的组成

当换挡手柄和模式选择开关在不同位置时，电控自动变速器控制系统根据各种开关信号从存储器中选择自动换挡图，再将节气门位置和车速信号与换挡图比较，在达到换挡车速时电控组件向换挡电磁阀发出指令，实现自动换挡。

4挡自动变速器控制系统一般有2个或3个电磁阀，也有使用4个或5个电磁阀的。例如，丰田凌志LS400轿车A341E和A342E自动变速器就使用4个电磁阀对变速器进行综合控制，2个电磁阀用于换挡控制，1个用于对储能减震器的背压进行控制，还有1个用于对变矩器锁止离合器控制；克莱斯勒A-

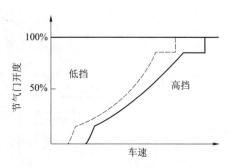

图 2-69　自动变速器换挡图
实线：汽车加速时的升挡规律
虚线：汽车减速时的降挡规律

604/41TE电控4挡变速驱动桥，它的控制系统使用4个电磁阀，用于换挡控制和锁止离合器控制；福特AXOD-F是一种4挡变速驱动桥，在控制阀体上安装有5个电磁阀，其中3个电磁阀用于换挡控制，1个用于变矩器锁止离合器控制，还有1个用于电子压力控制；通用4T60-E变速驱动桥是一种4挡自动变速器，在自动变速器控制系统设有3个电磁阀，其中2个电磁阀用于换挡控制，1个用于变矩器离合器锁定控制。

2）主油路油压控制。当代轿车电子控制自动变速器的电液式控制系统已经取消了由节气门拉线控制的节气门阀，主油路油压由一个油压电磁阀控制产生。油压电磁阀是一种线性脉冲式电磁阀，电控组件根据节气门位置传感器测得的节气门开度，计算并控制送往油压电磁阀的脉冲信号占空比，借以改变油压电磁阀泄油口的大小，产生随节气门开度变化的节气门油压。节气门开度越大，脉冲信号占空比越小，油压电磁阀的泄油口开度越小，节气门油压越大。当这一节气门油压被反馈至主油路调压阀时，作为主油路调压阀的控制压力，使主油路调压阀随节气门开度的变化改变所调节的主油压的大小，使自动变速器获得不同负荷下的主油路油压的最佳值，使油泵的泵油损失最小。电控组件还能根据挡位开关信号，在换挡手柄位于倒挡位置时提高倒挡时的主油路油压，以满足倒挡时使主油路油压升高的要求。

主油路油压曲线,如图2-70所示。

电控组件能根据各个传感器检测得出的自动变速器的工作状况,对主油路油压进行修正,使主油路油压更能适应换挡需要。当换挡手柄在前进低挡(S、L或2、1)位置时,由于汽车的驱动力大,电控组件会使主油路油压高于前进挡时的油压,满足动力传递的需要。在自动变速器换挡过程中,电控组件还能根据节气门开度的大小,通过油压电磁阀适当减小主油路油压,以减小换挡冲击,改善换挡感觉。换挡时的主油路油压曲线如图2-71所示。电控组件还能根据液压油温度传感器的

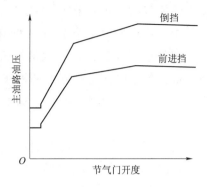

图2-70 主油路油压曲线

信号,在油液温度未达60℃时把主油路油压调整为低于正常值,防止因油液温度低、黏度大产生换挡冲击;而当油液温度过低,例如低于-30℃时,电控组件使主油路油压升为最大值,用以加快离合器、制动器的接合,防止温度过低时油液黏度大而使换挡过程缓慢。液压油温度较低时的主油路油压曲线如图2-72所示。液压油温度过低时的主油路油压曲线如图2-73所示。电控组件对主油路油压的修正还与海拔高度有关,在海拔高度较高时,发动机因充气不足,输出功率降低,电控组件会将主油路油压调整为低于正常值,以防止换挡时产生冲击。海拔高度不同时的主油路油压曲线如图2-74所示。

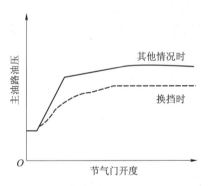

图2-71 换挡时主油路油压曲线图

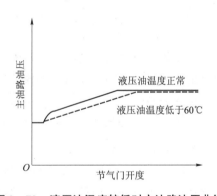

图2-72 液压油温度较低时主油路油压曲线

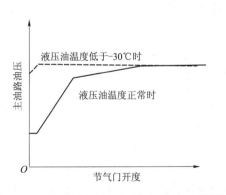

图2-73 液压油温度过低时主油路油压曲线图

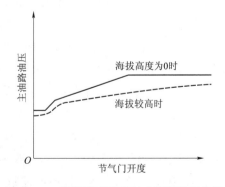

图2-74 海拔高度不同时主油路油压曲线

3)自动模式选择控制。自动变速器选择不同的驱动模式,可以满足不同的使用要求。在经济模式中,可以在获得良好的燃油经济性的情况下进行换挡,换挡车速较低、

动力性能发挥稍差；在动力模式中，可以在发挥较好动力的情况下进行换挡；在标准模式中，可以同时兼顾到动力性和经济性的发挥。目前新型自动变速器的控制系统由电控组件进行控制，可以取消模式选择开关，由电控组件自动进行模式选择控制。电控组件根据各个传感器检测出的汽车行驶情况和驾驶员的操作方式，经过电控组件运算分析，自动选择采用经济模式、标准模式或动力模式进行挡位的变换，以达到不同的使用要求。

电控组件进行自动模式选择控制的依据是换挡手柄的位置和加速踏板踩下的速率，以此判断操作目的，自动选择控制模式。当换挡手柄在前进低挡（S、L或2、1）时，电控组件选择动力模式；在前进挡D挡中，当加速踏板被踩下的速率小时，电控组件选择经济模式；当加速踏板踩下的速率超过设定的速率时，电控组件由经济模式转变为动力模式；当加速踏板踩下的速率小于车速和节气门开度所对应区域的节气门开启速率程序值时，电控组件选择经济模式。

在前进挡D位时，电控组件选择动力模式后，如果节气门开度小于1/8，电控组件即由动力模式转换为经济模式对自动变速器进行换挡控制。

4）发动机制动控制。3行星排辛普森式4挡行星齿轮变速器和双行星排辛普森式4挡行星齿轮变速器中的2挡强制制动器B_3及前进强制离合器C_4的工作是由电控组件操纵电磁阀来控制的。当换挡手柄位置、车速、节气门开度等因素满足一定条件时，如换挡手柄在前进低挡（S、L或2、1），并且车速大于10 km/h、节气门开度小于1/8时，电控组件向强制离合器、电磁阀或强制制动器电磁阀发出电信号，使强制离合器或强制制动器的控制油路打开，使之接合或产生制动，让自动变速器具有反向传递动力的能力，在汽车滑行时产生强有力的发动机制动效能。

5）改善换挡感觉控制。自动变速器改善换挡感觉控制有以下几种方法：换挡油压控制、减扭矩控制和N-D换挡控制。

① 换挡油压控制。自动变速器在升挡和降挡的瞬间，电控组件通过油压电磁阀适当降低主油路油压，用以减小换挡冲击、改善换挡感觉。也有的自动变速器的控制系统通过电磁阀在换挡时减小减震器活塞的背压，用以减缓离合器或制动器液压缸内的油压增长速率，来减小换挡时的冲击。

② 减扭矩控制。自动变速器在换挡的一瞬间，通过推迟发动机点火时间或减少喷油量，减小发动机瞬间输出的扭矩，进而减小换挡冲击和输出轴的扭矩波动。具体减扭矩控制过程是：自动变速器的电控组件在自动变速器升挡或降挡的一瞬间，通过电路向发动机电控组件发出减扭矩控制信号，发动机电控组件在接收到这一信号后，立即推迟发动机的点火时间或减少喷油量，实行减扭矩控制，在完成减扭矩控制后，向自动变速器电控组件发回已减扭矩信号。减扭矩控制曲线图如图2-75所示。

③ N-D换挡控制。N-D换挡控制是指换挡手柄由停车挡或空挡（P或N）位置换到前进挡或倒挡（D或R）位置，或由D位或R位换到P位或N位时，通过调整喷油量，把发动机转速变化减小到最小限度，用以改善换挡感觉。

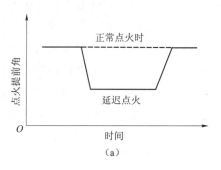 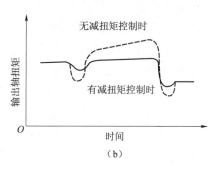

图 2-75 减扭矩控制曲线图

(a) 点火提前角控制；(b) 输出扭矩控制

如果没有 N-D 换挡控制，当换挡手柄从 P 位或 N 位换到 D 位或 R 位时，由于发动机负荷增加，转速将下降；反之，由 D 位或 R 位换到 P 位或 N 位时，由于发动机负荷小，转速将会升高。设有 N-D 换挡控制功能的自动变速器的电控组件，在换挡手柄由 P 位或 N 位换到 D 位或 R 位时，如果输入轴转速传感器测得的输入轴转速变化超过规定值，立即会向发动机电控组件发出 N-D 换挡控制信号，发动机电控组件根据这一信号增加或减小喷油量，防止发动机转速变化过大，产生波动。N-D 换挡控制示意图如图 2-76 所示。

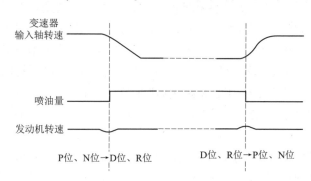

图 2-76 N-D 换挡控制示意图

6）输入轴转速传感器控制。自动变速器电控组件根据输入轴转速传感器的电信号，可以检测出输入轴的转速，并以此计算出变矩器的泵轮和涡轮的转速比，也就是变矩器的传动比，还可以计算出发动机曲轴和变速器输入轴的转速差，使电控组件更精确地控制自动变速器的换挡和锁定工作。特别是电控组件在进行换挡油压控制、减扭矩控制、锁止离合器控制时，利用这一参数进行计算，可使这些控制更加准确，以获得最佳的换挡感觉和乘坐舒适性能。

7）故障诊断和失效保护功能。电控自动变速器的电控装置都具有故障诊断和失效保护功能。在电控组件即计算机内有故障诊断电路，它在汽车行驶过程中不断地监测自动变速器电控装置中各种传感器和执行器的工作。一旦发现某个传感器或执行器出现故障，它会立即采取保护措施。这些保护措施有：在仪表板上安装有故障警告灯（CHECK ENGINE 或 O/D OFF 或 D4 或 SERVICE ENGINE SOON），当自动变速器出现故障时，警告灯亮，用以提醒驾驶员停车检修；计算机把检测到的故障以故障码的形式储存在存储器中，在维修中通过仪器或采用自诊断方法可以读出故障，为维修工作带来了很大的方便；当自动变速器出现故障时，计算机会按设定失效保护程序控制自动变速器的工作，保持汽车的基本行驶能力；当节气门位置传感器出现故障，怠速开关断开时，按节气门1/2开度控制工作，同时节气门油压为最大值；当怠速开关接通时，按节气门全闭状态控制工作，同时节气门油压为最小值。车速传感器出现故障，电控组件不能进行自动换挡控制时，自动变速器的挡位由换挡手柄的位置决定，在D位和S（或2）位固定为超速挡或3挡，在L（或1）位固定为2挡或1挡，或者无论换挡手柄在何位置，都固定为1挡行驶。设有2个车速传感器的自动变速器，其中一个用于换挡控制，另一个用于仪表板上的车速表的传感器，这2个传感器都与计算机连接。当用于换挡的车速传感器损坏时，计算机可利用车速表传感器的信号控制换挡。

2. 油面和油压检查

（1）自动变速器油

自动变速器是一种多功能的工作液，具有传递动力、液压控制、润滑和冷却等作用。自动变速器油的选用对自动变速器的影响很大，不按规定规格使用自动变速器油，就有可能造成变速器内部损坏，这是因为一种变速器的开发过程是基于特定的油液进行的，如自动变速器中各离合器和制动器的油压、摩擦片数等都是基于一种特定的油液参数而设计的。

（2）使用性能

为保证自动变速器油的上述功能，它应具有以下主要使用性能：

1）适当的黏度及良好的黏温特性和低温流动性。由于自动变速器油的工作温度变化较大，一般为-40℃~90℃，其黏度变化较大，而自动变速器的主要组成部分对自动变速器油的黏度要求却不同，从提高液力变矩器的传动效率、控制系统的动作灵敏度和汽车低温起步的顺利性方面，要求自动变速器油黏度低一些；为满足行星齿轮机构的润滑要求和避免泄漏，黏度又不能过低。因此，自动变速器油应满足各部分的要求，对其100℃、-18℃（或-23℃、-29℃、-40℃）等温度下的黏度和100℃（或-18℃）时的黏度稳定性有具体规定。

2）良好的热氧化稳定性。由于自动变速油的工作温度较高，在液力变矩器内的最高温度可达190℃，如果其热氧化稳定性不好，则会生成高温氧化沉积物，使控制系统和换挡执行机构动作失灵，或使自动变速器机件腐蚀。

3）良好的抗磨性。由于自动变速器的工作条件比较苛刻，且各部件的材质有所不同，分别有钢、铜、铝、纤维摩擦片等，因此要求自动变速器油对不同材质的部件均有良好的抗磨性。

4）对橡胶密封材料有良好的适应性。自动变速器中采用了丁腈橡胶、丙烯橡胶和硅橡胶等不同材质的密封材料，自动变速器油应不会使这些产生明显的膨胀、收缩和硬化现象，否则会出现密封不良、控制失灵、漏油等现象，以至于烧损变速器内部元件。

5）良好的抗泡性。泡沫会使液力变矩器的传动效率下降，控制系统有泡沫后会出现油压波动甚至中断。因此，要求自动变速器油具有良好的抗泡性，在机械搅拌下产生的泡沫能迅速消失。

（3）自动变速器油的分类和规格

国际上自动变速器油的分类和规格普遍采用由美国材料试验学会（ASTM）和美国石油学会（API）共同提出的PTF（Power Transmission Fluid）使用分类方法，其中将自动变速器油分为PTF-1、PTF-2和PTF-3三大类，如表2-3所示。

表 2-3 自动变速器油的分类

分类	适用范围	进口产品规格	国产产品规格
PTF-1	适用于轿车、轻型载货汽车的自动变速器	通用汽车公司 GM DEXRON 通用汽车公司 DEXRON Ⅱ 福特汽车公司 Ford M2C33-E/F 克莱斯勒汽车公司 Chryslser MS-4228	8 号自动传动液
PTF-2	适用于重型载货汽车、越野汽车和工程机械等的自动变速器	通用汽车公司 GM Truck 通用汽车公司 GM Coach 通用汽车公司 GM Allison C-3	8 号自动传动液
PTF-3	适用于农业机械和野外建筑机械的液压、齿轮和制动等装置	约翰·狄儿（John Deera）J20-A 玛赛·费格森（Massery Ferguson）M-1135 福特（Ford）M2C11A	拖拉机液压、传动两用油

PTF-1 主要用于轿车、轻型载货汽车的自动变速器，其特点是低温起动性能、低温流动性能和黏温特性好。符合 PTF-1 的自动变速器油的典型规格有通用汽车公司 GM DEXRON、DEXRON Ⅱ，福特汽车公司 Ford M2C33-E/F，克莱斯勒汽车公司 Chryslser MS-4228 等，其黏度特性如表 2-4 所示。

表 2-4 PTF-1 类几种规格自动变速器油的黏度特性

项目	GM DEXRON	DEXRON Ⅱ	Ford M2C33-E/F	Chryslser MS-4228
黏度 99℃	7.0（最小）	—	7.0（最小）	7.25（最小）
-17.8℃	—	—	1 400（最大）	—
-23.3℃	4 000（最大）	4 000（最大）	—	—
-29℃	—	—	—	—
-40℃	55 000（最大）	50 000（最大）	55 000（最大）	2 300（最大）
黏度稳定性（耐久 90℃试验）	5.5（最小）	5.5（最小）	6.2（最小）	6.0（最小）

通用公司 DEXRON Ⅱ 是通用公司第二代具有双氧化稳定性的自动变速器油，可用于 1973—1990 年间生产的通用轿车。DEXRON Ⅱ-E 是通用公司于 1990 年开始使用的自动变速器油，用于电子控制式自动变速器，它改善了在寒冷天气低温状态油液的流动性，可代替 DEXRON Ⅱ 使用。上海通用别克轿车 4T65E 和 AF13 自动变速器要求使用 DEXRON Ⅲ（通用公司于 1993 年开始使用）自动变速器油，它在 DEXRON Ⅱ-E 的基础上改进了摩擦特性、氧化稳定性和油质的兼容性，DEXRON Ⅲ 可以替代 DEXRON Ⅱ-E 和通用公司自 1949 年以来生产的所有轿车自动变速器。

自动变速器油在使用过程中，应当注意以下几点：
1) 绝对不能错用、混用。在汽车用油中，自动变速器油的成分最为复杂。自动变速器对加油方法、加油量和换油间隔里程都有严格规定，必须照章行事，否则变速器就易出现故障，甚至严重影响其使用寿命。
2) 散热器工作良好。自动变速器油在变速器中循环传递能量，会使自身的温度升高，其正常使用温度一般为 50℃~80℃，最高温度可达 170℃。油温过高，会使自动变速器油变质，缩短其使用寿命。油温超过正常使用温度10℃，油液的使用寿命就会缩短一半。为了保证变速器正常工作，汽车上专门设有一套自动变速器油冷却系统、专门的散热器（安装在发动机前端水冷却器附近）或在变速器壳体上设有冷却水道进行散热。这些散热装置工作状态必须良好。

3) 通风塞必须保持畅通。为防止变速器工作时内部压力过高，在变速器壳体上设有通风塞，使其内部与外界空气保持畅通。如通风塞过脏或堵塞，会导致自动变速器油液因压力过高而泄漏。

(4) 自动变速器油液油面的检查

对自动变速器进行检查之前或故障诊断前，首先要对变速器油面高度进行检查，一般在车辆行驶1万km后检查油液面，具体检查方法如下：

1) 将汽车停放在水平地面上，并拉紧手制动。

2) 让发动机怠速运转1 min以上。

3) 踩住制动踏板，将操纵手柄拨至倒挡（R），前进挡（D），前进低挡（S、L或2、1）等位置，并在每个挡位上停留几秒钟，使液力变矩器和所有的换挡执行元件中都充满液压油。最后将操纵手柄拨至停车挡（P）位置。

4) 拔出自动变速器油尺，将油尺擦干净后再全部插入原处后拔出，检查油尺上的油面高度。

如果自动变速器处于冷态（即冷车刚起动，液压油的温度较低，为室温或低于25℃时），油面高度应在油尺刻度线的下限附近；如果自动变速器处于热态（如低速行驶5 min以上，液压油温度已达70℃~80℃），油面高度应在油尺刻度线的上限附近。因为低温时液压油的黏度大，运转时有较多的液压油附着在行星齿轮等零件上，所以油面高度较低；高温时油液黏度小，容易流回油底壳，因此油面较高。

若油面高度过低，应从加油管处添加适合的液压油，直至油面高度符合标准为止。继续运转发动机，检查自动变速器油底壳、油管接头等处有无漏油。如有漏油，应立即予以修复。在自动变速器调整、加注液压油并经试车后，应重新检查自动变速器液压油的油面高度是否正常，油底壳、油管接头等处有无漏油。

5) 自动变速器油液油质的检查

正常自动变速器油的颜色一般为粉红色且无气味。如液压油呈棕色或有焦味，说明已变质，应立即换油。油质与故障原因如表2-5所示。

表2-5 油质与故障原因

油液状态	变质原因
油液变为深褐色或深红色	① 没有及时更换油液 ② 长期重载荷运转，某些部件打滑或损坏引起变速器过热
油液中有金属屑	离合器摩擦片、制动器摩擦片或单向离合器严重打滑
油尺上黏附胶质油膏	变速器油温过高
油液有烧焦气味	① 油温过高、油面过低 ② 油冷却器或管路堵塞
油液从加油管溢出	油面过高或通气孔堵塞

(6) 自动变速器油液的更换

1) 车辆运行至自动变速器达到正常工作温度70℃~80℃后停车熄火。

2) 拆下自动变速器油底壳上的放油螺塞,将油底壳内的液压油放净。有些车型的自动变速器油底壳上没有放油螺塞,应拆下整个油底壳,然后放油。拆油底壳时应先将后半部油底壳螺钉拆下,拧松前半部油底壳螺钉,再将后半部油底壳撬离变速器壳体,放出部分液压油,最后再将整个油底壳拆下。

3) 拆下油底壳,将油底壳清洗干净。有些自动变速器的油底壳上的放油螺塞为磁性螺塞,也有些自动变速器在油底壳内专门放置一块磁铁,以吸附铁屑。清洗时必须注意将螺塞或磁铁上铁屑清洗干净。

4) 拆下自动变速器液压油散热器油管接头,用压缩空气将散热器内的残余液压油吹出,再接好油管接头。

5) 装好油管接头和放油螺塞。

6) 从自动变速器加油管中加入规定牌号的液压油。一般自动变速器油底壳内的储油量为4 L左右。

7) 起动发动机,检查自动变速器油面高度。要注意由于新加入的油液温度较低,油面高度应在油尺高度刻线的下限附近。如过低,应继续加油至规定油面高度。

8) 让汽车行驶至发动机和自动变速器达到正常工作温度,再次检查油面高度是否在油尺刻线的上限附近。如过低,应继续加油直至满足规定要求为止。

9) 如不慎加入过多液压油,使油面高于规定的高度,切不可凑合使用。当油面过高时,行驶中油液被行星排剧烈地搅动,会产生大量的泡沫。这些带有泡沫的液压油进入油泵和控制系统后,对自动变速器的工作极为不利。其后果和油面高度不足产生的后果一样,会造成油压过低,导致自动变速器内的摩擦元件打滑磨损,因此油面过高时应把油放掉一些。有放油螺塞的自动变速器只要把螺塞打开即可放油;没有放油螺塞的自动变速器在做少量放油时,可从加油管处外吸。

一般自动变速器的总油量为10 L左右,按上述方法换油时,变矩器内的液压油是无法放出的。若液压油严重变质,必须全部更换时,可先按上述方法换油,然后让汽车行驶约5 min后再次换油。

3. DSG变速器

DSG变速器是目前世界上最先进的、具有革命性的变速器系统,如图2-77所示。DSG,英文全称Direct-Shift Gearbox,翻译成中文是"直接换挡变速器",用更通俗的话来说就是"双离合器机械式半自动变速器"。

DSG变速器主要由多片湿式双离合器、三轴式齿轮变速器、自动换挡机构、电子控制液压控制系统组成。其中最具创意的核心部分是双离合器和三轴式齿轮箱。

具体来说,DSG变速器有2根同轴心的输入轴,输入轴1装在输入轴2里面。输入轴1和离合器1相连,输入轴1上的齿轮分别和1挡齿轮、3挡齿轮、5挡齿轮相啮合;输入轴2是空心的,和离合器2相连,输入轴2上的齿轮分别和2挡齿轮、4挡齿轮、6挡齿轮相啮合;倒挡齿轮通过中间轴齿轮和输入轴1的齿轮啮合。通俗地讲,离合器1管1挡、3挡、5挡和倒挡,在汽车行驶中用到上述挡位中的任何一挡,离合器1都是接合的;离合器2管2挡、4挡和6挡,当使用2、4、6挡中的任一挡时,离合器2接合。在整个换挡期间能确保最少有一组齿轮在输出动力,令动力没有出现间断的状况。

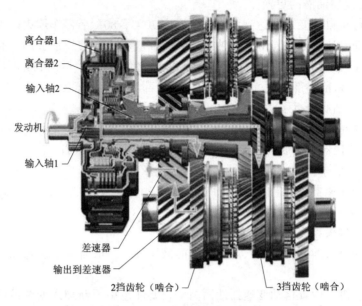

图 2-77 DSG 变速器结构图

DSG 变速器的使用特点：

1) DSG 变速器没有变矩器，也没有离合器踏板。

2) DSG 变速器在传动过程中的能耗损失非常有限，大大提高了车辆的燃油经济性。

3) DSG 变速器的反应非常灵敏，具有很好的驾驶乐趣。

4) 车辆在加速过程中不会有动力中断的感觉，使车辆的加速更加强劲、圆滑。百公里加速时间比传统手动变速器还短。

5) DSG 变速器的动力传送部件是一台三轴式 6 前进挡的传统齿轮变速器，增加了速比的分配。

6) DSG 变速器的多片湿式双离合器是由电子液压控制系统来操控的。

7) 双离合器的使用，可以使变速器同时有两个挡位啮合，使换挡操作更加快捷。

8) DSG 变速器有手动和自动 2 种控制模式，除了换挡杆可以控制外，转向盘上还配备有手动控制的换挡按钮，在行驶中，2 种控制模式可以随时切换。

9) 选用手动模式时，如果不做升挡操作，即使将加速踏板踩到底，DSG 变速器也不会升挡。

10) 换挡逻辑控制可以根据驾驶员的意愿进行换挡控制，在手动控制模式下，可以跳跃降挡。

知识单元 2.3 驱 动 桥

知识目标

1. 了解驱动桥的功用、要求和类型；

2. 熟悉驱动桥的基本组成；

3. 掌握驱动桥拆装的基本工艺方法。

学习任务 2.3.1 汽车驱动桥

1. 驱动桥的功用与组成

驱动桥是传动系统的组成部分之一，对于后驱动的车辆，它是安装在变速器或传动轴之后、驱动轮之前所有传动机构及其壳体的总称。其功用是将万向传动装置传来的动力经减速增扭、改变力矩的传递方向以后，分配给左、右车轮，并允许车辆在不平路面和转向行驶时，左、右轮以不同的转速运转。

非断开式驱动桥的总体结构如图 2-78 所示，主要由驱动桥壳、主减速器、差速器、半轴和轮毂组成。

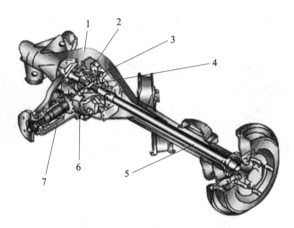

图 2-78 非断开式驱动桥的总体结构
1—后桥壳；2—差速器壳；3—差速器行星齿轮；4—差速器半轴齿轮；5—半轴；
6—主减速器从动齿轮齿圈；7—主减速器主动小齿轮

整个驱动桥通过弹性悬架与车架连接，由于半轴套管与主减速器壳刚性连接成为一个整体，因此，两侧的半轴和驱动轮不可能在横向平面内做相对运动，所以把这种驱动桥称为整体式驱动桥。

为了提高汽车行驶的平顺性和通过性，有些轿车和越野车采用断开式驱动桥，如图 2-79 所示。这种驱动桥桥壳的结构是主减速器壳固定在车架或车身上，驱动桥壳制成分

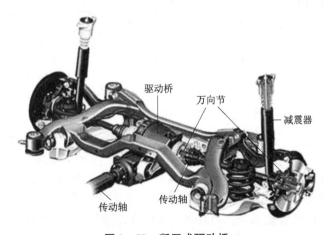

图 2-79 断开式驱动桥

段结构与主减速器用万向节铰链,而两侧车轮分别用弹性悬架(独立悬架)与车架或车身连接,使左、右两侧车轮可以相对于车架彼此独立地上下运动。

(1) 主减速器

主减速器的作用是降低传动轴输入的转速、增大转矩,对于发动机纵置的汽车还将改变力矩的传递方向。为了满足不同的使用要求,主减速器的结构形式有所不同。按减速传动的齿轮副数目分,有单级式主减速器和双级式主减速器。后者若将第二级的两对减速器齿轮分别置于两侧车轮附近,则称为轮边减速器。按主减速器传动比挡数分,有单速式和双速式,前者传动比是固定的,后者有两个传动比供驾驶员选择,以适应不同行驶条件的需要。按齿轮副的结构形式分,有圆柱齿轮式(又可分为定轴轮系和行星轮系)主减速器和圆锥齿轮式(又可分为螺旋锥齿轮式和双曲面锥齿轮式)主减速器,如图 2-80 所示。

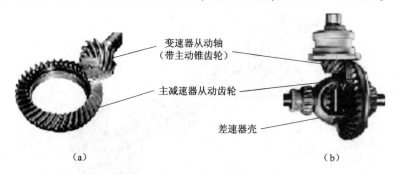

图 2-80 主减速器
(a) 圆柱齿轮式;(b) 圆锥齿轮式

(2) 差速器

如图 2-81 所示,汽车转向时,内外两侧车轮在同一时间内移动的曲线距离显然不同,即外侧车轮移过的距离大于内侧车轮。

若汽车驱动桥的两侧驱动轮用一根轴连接,由于两侧车轮的转速相等,则此时外轮必然既有滚动又有滑移,内轮也既有滚动又有滑转,驱动轮与地面之间不能纯滚动。同样,汽车在直线行驶时,由于路面不平或诸多因素造成的轮胎有效半径不相等,都会使两侧车轮实际移动的距离不相等,从而产生前述滑转和滑移现象。

差速器按其工作特性均可分为普通齿轮式差速器和防滑差速器两大类。

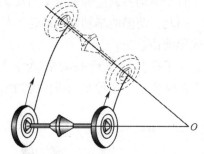

图 2-81 汽车转向时驱动轮的运动示意图

普通齿轮式差速器有锥齿轮式和圆柱齿轮式两种,由于前者结构简单、紧凑,工作平稳,因此目前应用最为广泛。如图 2-82、图 2-83 所示,差速器主要由 4 个行星齿轮、行星齿轮轴(十字轴)、2 个半轴齿轮和差速器壳等组成。差速器壳分成两半,用螺栓固定在一起,主减速器从动齿轮用铆钉或螺栓固定在差速器壳左半部的凸缘上。装合时行星齿轮轴的 4 个轴颈装在两半差速器壳组成的十字形孔中,每个轴颈上松套着一个行星直齿锥齿轮,2 个半轴齿轮与 4 个行星齿轮啮合,用其轴颈支撑在差速器壳相应的孔中,其内花键与半轴相连。行星齿轮的背面大都做成球面与差速器壳的凹球面配合,保证良好的对中性,使之与半轴齿轮啮合正确。行星齿轮、半轴齿轮背面与差速器壳相应的摩擦面间装有软钢、青铜或尼龙制成的减磨球形垫片和球形垫片，磨损后可通过更换垫片来调整齿轮的啮合间隙。

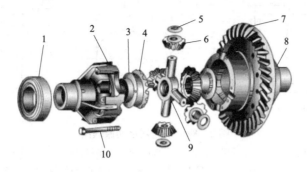

图 2-82　普通行星齿轮差速器零件分解图

1—轴承；2—左外壳；3—垫片；4—半轴齿轮；5—垫圈；6—行星齿轮；
7—从动齿轮；8—右外壳；9—十字轴；10—螺栓

图 2-83　上海桑塔纳轿车的差速器

1—行星齿轮；2—半轴齿轮；3—行星齿轮轴；4—球形垫圈；
5—主减速器从动锥齿轮；6—差速器壳；7—车速表齿轮

差速器壳的十字形孔为保证同心度是在左右半壳装合后加工的，为防止装配中错位，两半壳间有装配位置记号。差速器壳上开有供主减速器壳内润滑油进出的窗孔，在行星齿轮的齿间钻有小孔，行星齿轮轴上铣有平面以确保其与行星齿轮间良好的润滑；在行星齿轮球形垫片和半轴齿轮球形垫片上制有许多小凹坑（或铣有螺旋槽），以储存润滑油润滑背面。

2. 差速器工作原理

（1）差速器的运动特性

如图 2-84 所示，差速器壳 3 与行星齿轮轴 5 连成一体，并由主减速器从动齿轮 6 带动一起转动，是差速器的主动件，设其转速为 n_0，半轴齿轮 1 和 2 为从动件，设其转速分别为 n_1 和 n_2。A、B 两点分别为行星齿轮 4 与半轴齿轮 1 和 2 的啮合点，C 点为行星齿轮 4 的中心，A、B、C 点到差速器旋转轴线的距离相等。

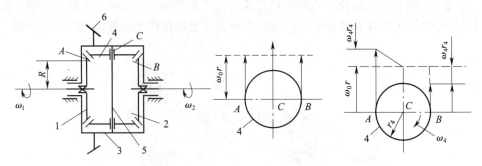

图 2-84 差速器运动原理图

1，2—半轴齿轮；3—差速器壳；4—行星齿轮；5—行星齿轮轴；6—主减速从动齿轮；
A、B—齿轮的啮合点；C—行星齿轮中心；R—半轴齿轮半径；r—行星齿轮半径；

当汽车在平直路面上直线行驶，两侧车轮所受到的行驶阻力相等时，通过半轴及半轴齿轮反作用于啮合点 A、B 的力矩也相等。这时行星齿轮相当于一个等臂的杠杆保持平衡，即行星齿轮不自转，而只能随行星轮轴 5 及差速器壳 3 一起公转，因此，两半轴无转速差，差速器不起差速作用，即

$$n_1 = n_2 = n_0 \text{ 或 } n_1 + n_2 = 2n_0 \tag{2-4}$$

当两侧车轮有滑转和滑移时，两侧车轮所受的行驶阻力不再相等，通过半轴及半轴齿轮反作用于啮合点 A、B 的力也不相等。这样，将破坏行星齿轮的平衡，即行星齿轮除了随差速器壳一起公转外，还要绕行星轮轴自转。设其自转速度为 n_4，方向如图 2-85 所示。则半轴齿轮 1 的转速加快，而半轴齿轮 2 的转速减慢，因 $AC = CB$，所以半轴齿轮 1 转速的增加值等于半轴齿轮 2 转速的减小值。设半轴齿轮转速的增减速值为 Δn_0，则两半轴的转速分别为：

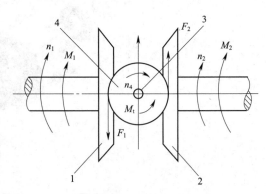

图 2-85 行星齿轮差速器的转矩分配示意图

1，2—半轴齿轮；3—行星齿轮；4—行星轴

$$n_1 = n_0 + \Delta n \tag{2-5}$$

$$n_2 = n_0 - \Delta n \tag{2-6}$$

这就是差速器的差速作用，即汽车在转弯或其他情况下行驶，两侧车轮有滑转或滑移趋势时，行星齿轮即发生自转，使两侧车轮以不同的转速在地上滚动，显然此时仍有：

$$n_1 + n_2 = 2n_0 \tag{2-7}$$

式（2-7）即为行星齿轮差速器的运动特性方程，它表明差速器无论差速与否，两半轴齿轮转速之和始终等于差速器壳体转速的 2 倍，而与行星齿轮的自转无关。由此可知：当任何一侧半轴齿轮的转速为零时，另一侧半轴齿轮的转速为差速器壳体转速的 2 倍；当差速器壳体转速为零时，若一侧半轴齿轮受其外来力矩而转动，则另一侧半轴齿轮即以相同的转速反向转动。

（2）差速器的转矩特性

差速器的差速作用，即汽车在转弯或其他情况下行驶，两侧车轮有滑转或滑移趋势时，

行星轮即发生自转，借行星轮的自转使两侧车轮以不同的转速在地面上滚动。

转得快的车轮分配到的转矩大于转得慢的车轮分配的转矩，差值为差速器的内部摩擦力矩 M_r。由于 M_r 很小，可忽略不计，则 $M_1 = M_2 = M_0/2$，可见，无论差速器差速与否，行星锥齿轮都具有转矩等量分配的特性。

这种特性对于汽车在良好路面上直线或转弯行驶时是完全可以满足的，而当汽车在坏路面行驶时，却严重影响其通过能力。如汽车的一侧驱动轮行驶在泥泞或冰雪路面，而另一侧驱动轮在良好路面上，由于在坏路面上的轮子与地面的附着力小，所产生的驱动力矩也很小。这时，根据转矩的平均分配特性，另一侧在好路面的驱动力矩也很小，无法产生足够的驱动力来使汽车前进，即造成一侧车轮转速为零，另一侧车轮则以差速器壳转速的 2 倍空转。

学习任务 2.3.2　汽车万向传动装置

1. 汽车万向传动装置概述

万向传动装置主要由万向节、传动轴组成。轴距较大的汽车装有中间支撑，后轮驱动桥做成独立悬架的则采用断开式传动轴，前轮驱动的传动轴又是差速器的半轴。

（1）汽车传动轴功用

以后轮驱动汽车为例，变速器通常与发动机相邻固定在汽车前部车架上，而驱动桥则位于后部弹性元件之下（少数在弹性元件之上），造成变速器输出轴与主减速器的输入轴不在一条直线上。又由于变速器与车架近似刚性连接，驱动桥和车架间则为弹性连接，行驶中随道路条件变化，变速器输出轴和减速器主动齿轮轴的距离和角度也随之变化，所以传动轴是在长度、角度不断变化的条件下传递转矩的，故需要万向的可伸缩的总成将二者相连。这个总成就是万向传动装置——传动轴。

（2）万向节的分类

万向节按其速度特性可分为等速万向节和不等速（含准等速）万向节，按其刚度大小可分为刚性万向节和挠性万向节。

2. 典型万向节结构

（1）刚性十字轴万向节

两端有刚性十字轴万向节、带伸缩键的传动轴，轴距较大的还配有中间支承等，如图 2 - 86、图 2 - 87 所示。

单个刚性十字轴万向节在两轴有交角的情况下，由于十字轴所处的平面与两轴的夹角不相等，造成不等角速运动，主动轴等角速旋转一周时，从动轴出现两次周期性的角加速和角减速变化。传动轴两轴间交角越大，从动轴角速度的变化幅度也越大。

刚性十字轴万向节的不等速特点，是变速器输出轴（主动轴）和减速器输入轴（从动轴）轴线不重合的结果。主动轴和从动轴通过万向节连接后，两角间互有交角。当主动轴等速旋转时，从动轴瞬时角速度产生周期性的快慢变化，如图 2 - 88 所示。

主动叉在垂直位置时，它既绕主动轴甲旋转，又绕从动轴乙旋转。对主动轴甲旋转的半径为 R_2，对从动轴乙旋转的半径为 R_1。在 R_1 和 R_2 构成的三角形中，R_2 是斜边，大于 R_1，因此在相同的线速度下，主动轴和从动轴的角速度并不相等。

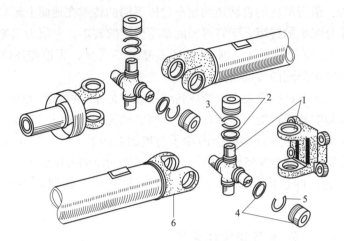

图 2-86　刚性十字轴万向节
1—凸缘叉及万向节十字轴；2，4—滚针轴承及轴承座；3，5—卡簧；6—传动轴

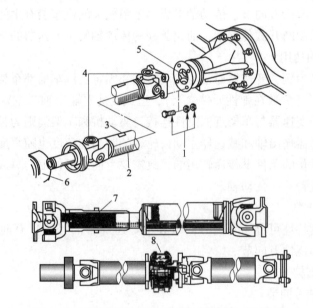

图 2-87　刚性十字轴万向节传动装置总成和连接
1—高强度螺塞、轻型弹簧垫、细扣螺母；2—传动轴；3—平衡快；4—刚性十字轴万向节；
5—减速器主动齿轮轴；6—变速器输出轴；7—传动轴伸缩花键；8—中间支撑

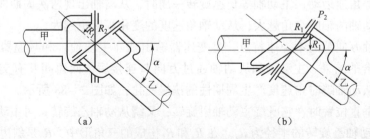

图 2-88　刚性十字轴万向节不等速原理
(a) 主动叉在垂直位置；(b) 主动叉在水平位置

两轴的转角差（$R_1 \sim R_2$）随主动轴R_1角的变化而变化。主动轴R_1在$0° \sim 90°$的范围内，从动轴转角相对主动轴是超前的，即$R_2 > R_1$，并且两角在R_1为$45°$时达到最大值，从动轴角速度大于主动轴角度的最大值，随后差值减小，即在此区域内从动轴旋转速度大于主动轴旋转度，且先加速后减速。当主动轴转到$90° \sim 180°$时，从动轴转角相对于主动轴是滞后的，即$R_2 < R_1$，并且两角差值在R_1为$135°$时达到最大值，随后差值逐渐减小，即在此区间从动轴旋转度小于主动轴旋转速度且先减速后加速。当主动轴转到$180°$时，从动轴同时转到$180°$，后转情况和前半转相同。

从动轴角速度时而大于、时而小于主动轴角速度的现象与角α的大小有关。两轴间交角越大，不等速现象（见图$2-89$）也越剧烈，以致车辆运行中产生传动轴花键、花键套、减速器主动轮撞击的噪声和磨损加剧。

为了克服十字轴万向节的不等速性，在万向传动装置两端各装一个万向节，一端在旋转角速度的最高点，另一端在旋转角速度的最低点，二者相抵，就形成了等速排列，如图$2-90$所示。

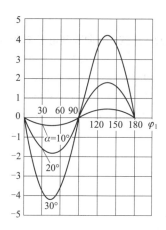 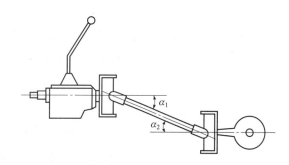

图$2-89$　十字轴刚性万向节不等速原理图　　　图$2-90$　双十字轴万向节按等速排列传动布置图

如传动轴两端万向节叉安装在互相垂直的位置，即两端都在旋转角速度的最高点或最低点，则减速器主动齿轮轴角速度的变化不但没有消除，反而成倍加剧。

要保证万向传动装置的最后输出端与输入端等角速旋转，需满足两个条件：一是使第1个万向节的从动叉平面与第2个万向节主动叉平面位于同一平面内；二是使第1个万向节所连两轴的夹角与第2个万向节所连两轴的夹角相等，即前万向节和变速器输出轴的夹角与后万向节与减速器主动齿轮轴的夹角相等。第一个条件是由装配来决定的，第二个条件是由汽车结构保证的。

注：刚性十字轴万向节的不等速是指转动一圈的角速度而言，而两轴的转速是完全相等的，主动轴转一圈，从动轴也转一圈。

（2）挠性万向节

挠性万向节是依靠弹性连接件的弹性变形保证相交两轴间的转矩传递。弹性件有橡胶盘、橡胶金属套筒、六角形橡胶圈或其他结构形式。

挠性万向节在汽车上主要用于后轮驱动的轿车。为了使后排座中间坐的人有伸腿的地方，传动轴交角都按近似零度角设计。挠性万向节交角的变化是依靠自身弹性变形来实现的，所以其交角必须小于3°～5°。挠性万向节利用自身橡胶的弹性变形，可以消除安装误差和车架及车身变形对传动轴传动的影响，还可以吸收传动系统的冲击载荷和衰减扭转振动。挠性万向节还有结构简单、不需润滑的优点。

(3) 等角速万向节

常见的等角速万向节有球笼式和球叉式两种。前轮驱动的轿车，发动机后置、后轮驱动的轿车，采用断开式传动轴（独立悬架）的外端万向节均为球笼式万向节，球叉式万向节主要用于四驱越野车的前桥外端。

等角速万向节相连的传动轴又是驱动桥的半轴。等角速万向节从结构上保证了万向节在工作过程中，其传力点永远位于两轴交角的平分面上，使两万向节叉保持等角速关系。

球笼式万向节等角速传动的结构如图2-91所示。

球叉式万向节（见图2-92）可在两轴夹角32°～33°时正常工作，有4个传力钢球，1个定位钢球。正常工作时每次只有2个传动钢球传转角力。当反向转动时，则另两个传动钢球传力。

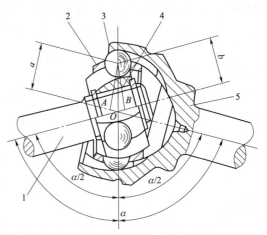

图2-91 球笼式万向节等角速传动结构
1—主动轴；2—保持架；3—钢球；
4—行星套；5—球形壳；
A—外滚道中心；B—内滚道中心；
a—主动轴摆转角；b—从动轴摆转角

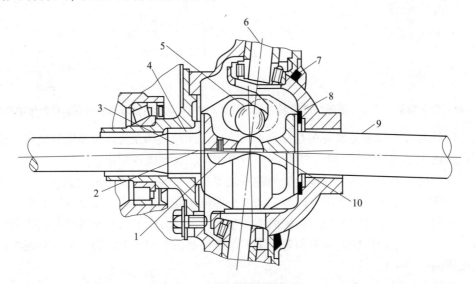

图2-92 球叉式万向节
1—外半轴；2—锁止销孔；3—主动叉；4—从动叉；5—内半轴；6—定位销；
7—球叉槽；8—锁止销；9—中心钢球；10—传动钢球

球笼式万向节有6个传动钢球，无论传力方向如何，6个传动刚球全部参加传动转矩，改善了受力状况，减轻了磨损，承载能力强。它可在42°转向驱动桥上工作，转向角大，可以完全满足转向角和转弯半径的需要，且结构紧凑，拆装方便，所以应用广泛，如图2-93所示。

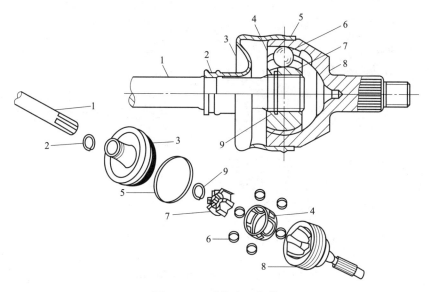

图 2-93 球笼式万向节
1—主动轴；2，5—钢带箍；3—外罩；4—保持架（球笼）；6—钢球；
7—星形套（内滚道）；8—球形壳（外滚道）；9—卡环

学习任务 2.3.3 半轴与桥壳

1. 半轴

（1）半轴的功用

半轴的功用是将差速器传来的动力传给驱动轮，半轴的结构因驱动桥结构形式的不同而异。整体式驱动桥的半轴为一刚性整轴，而转向驱动桥和断开式驱动桥中的半轴则分段并用万向节连接。

（2）支撑形式

1）全浮式半轴支撑。全浮式半轴支撑的半轴内、外端只承受转矩，而不承受其他任何反力和弯矩，如图 2-94 所示。它的特点是便于拆卸，广泛应用于各型货车。

2）半浮式半轴支撑。半浮式半轴支撑的半轴外端不仅要承受转矩，而且还要承受各种反力及其形成的弯矩。半轴内端不承受弯矩，如图 2-95 所示。半轴的轴向限位是利用差速器内装的止推块和制动底板分别限制其向内、外轴向窜动。其结构简单，但半轴受力情况复杂且拆装不便，多用于反力、弯矩较小的各类轿车上。

2. 桥壳

（1）桥壳的功用

桥壳既是传动系统的组成部分，也是行驶系统的组成部分。

1）作为传动系统的部分，其功用是安装并保护主减速器、差速器和半轴。

2）作为行驶系统的组成部分，其功用是安装悬架或轮毂，和从动桥一起支撑汽车悬架以上各部分质量，承受驱动轮传来的反力和力矩，并在驱动轮与悬架之间传力。所以要求桥壳应具有足够的强度和刚度，质量小，同时要便于主减速器的拆装和调试。

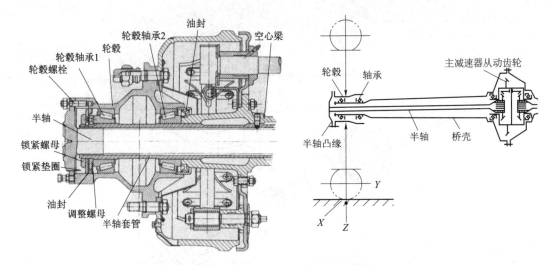

图2-94 全浮式半轴支撑形式的驱动桥

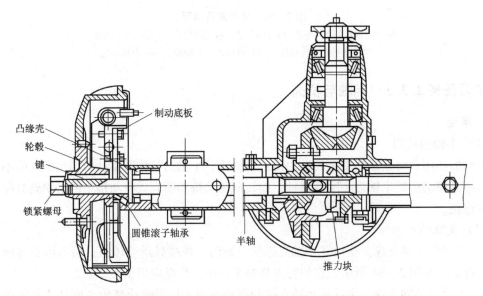

图2-95 红旗牌CA7560型高级轿车半浮式半轴支撑形式的驱动桥

(2) 桥壳的类型与组成

桥壳的类型一般分为两种,包括整体式桥壳和分段式桥壳。

1) 整体式桥壳。整体式桥壳由空心梁、半轴套管、主减速器壳、后盖等组成,具有较大的强度和刚度,便于主减速器的拆装和调整。其缺点是质量大,铸造品质不宜保证。因此,适用于中型汽车,如图2-96所示。

2) 分段式桥壳。分段式桥壳一般分为两段,用螺栓连接。它由主减速壳、盖以及两根钢制半轴套管组成,如图2-97所示。分段式桥壳拆装、维修主减速器及差速器十分不便,必须把整个驱动桥从车上拆下来,现已很少应用。

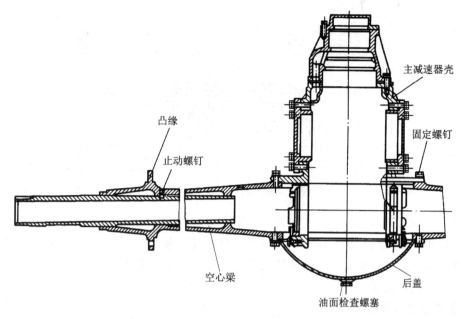

图 2-96 解放 CA1092 型汽车的整体式桥

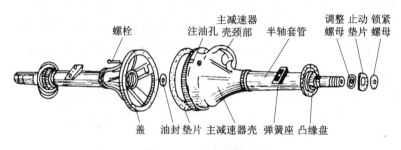

图 2-97 分段式桥壳

学习任务 2.3.4 四轮全轮驱动系统的驱动桥

现在的大部分汽车或前轮驱动,或后轮驱动,不过,四轮驱动的汽车数量在不断增加。这些汽车叫作四轮驱动(4WD)汽车或全轮驱动(AWD)汽车。在两种情况下,发动机传动力到全部4个车轮,增加牵引力。在冰雪、泥泞或滑溜路面,或在不平地区非公路上,这样的装置在轮胎和路面之间提供了最大的牵引力。最普遍采用四轮驱动装置的车型是多用途跑车(SUV)和轻型货车。一些车辆,诸如客货两用车、厢式货车和轿车正在加入全轮驱动汽车行列。

1. 四轮驱动装置定义

一个有代表性的四轮传动装置的动力传递如图 2-98 所示。该四轮驱动装置采用了分动器和附加传动轴把动力传到全部4个车轮,分动器直接安装在变速器的后面,分动器的作用是从发动机分取动力和转矩,一些转矩传递到后差速器,一些转矩传递到前差速器。在此装置中,所有车轮在根本上用相等的转矩在驱动。驾驶员可以选用选挡杆、仪表盘按钮或开关,使装置处于两轮驱动模式或四轮驱动模式。

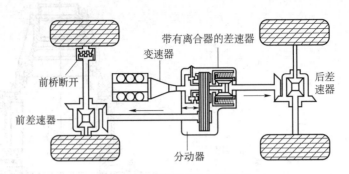

图 2-98 四轮驱动主要组成

现在,较新式的汽车能在行驶中把两轮驱动变为四轮驱动。这就是说当车辆变低挡时,驾驶员可以不停车从两轮驱动变为四轮驱动,而老旧车辆从两轮驱动变为四轮驱动则必须停下车来才能变换。四轮驱动系统定义的关键是驾驶员可以选择两轮驱动或四轮驱动,分动器可进行任一模式的运转。

2. 全轮驱动装置定义

全轮驱动装置经常使用在中型汽车,只是为在道路上增加牵引力。这些车辆最常见的是使用变速驱动桥的前轮驱动汽车,一般不用于越野。如图 2-99 所示,显示动力如何传递到全部 4 个车轮。在此情况下,用轴间差速器(而不是分动器)把动力分配给全部 4 轮。全轮驱动汽车的驾驶员没有两轮驱动或四轮驱动的选择,全时都在四轮驱动。

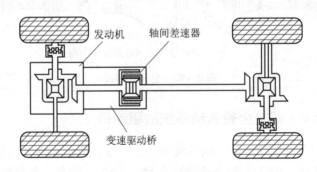

图 2-99 全轮驱动

运转中,一个车轮滑转,该装置自动地把转矩传递到另一车轮,使之有更大的牵引力。这一结构尽管有几种变化,但其基本功能和每一全轮驱动装置的运用是相似的。

3. 全轮驱动组成

(1) 四轮驱动和全轮驱动的缺点

一般在用四轮和全轮运行时,由于来自轮胎和辅助旋转件产生的附加摩擦,单位燃油行驶里程数减少。此外,额外的分动器、差速器等增加了汽车的质量,也使燃油行驶里程减少。

(2) 部分时间和全时四轮驱动装置

有些车辆为全时四轮驱动。这一装置类型使车辆在所有行驶时间把全部 4 个车轮连接在一起驱动,如一些越野吉普车为全时四轮驱动系统。如果全时四轮驱动汽车在铺设路面的道路上运行,轮胎磨损就成了严重的问题。为消除一些轮胎磨损,全时四轮驱动系统可在分动器安装黏液联轴器或专门设计差速器,使车轮以不同的弧度和速率旋转。

另一方面,现在一个非常普及的四轮驱动装置类型是"部分时间"四轮驱动。部分时间四轮驱动设计为在诸如泥雪之类的滑溜路面、越野或在城市街道和公路不正常的情况下使用,在车辆不需要四轮驱动时,能返回到两轮驱动。部分时间四轮驱动装置工作时把前轮和后轮锁在一起,使驱动器有极好的牵引力。不过,当汽车驶入公路,没有了泥泞或冰雪后,可用变速杆或按钮把驱动器改为两轮驱动。

(3) 前轮驱动构件

1) 分动器的功用。分动器的功用是在四轮驱动运行时,将转矩从变速器传递到前轮和后轮。如图 2-100 所示安装在自动变速器后部有代表性的分动器。注意分动器上部有变速器变速杆和分动器变速杆,所有分动器都有来自变速器的一个输入和两个输出,一个输出把动力传到后轮,第二个输出把动力传到前轮。

2) 分动器链。许多分动器用链传动把转矩从后轮传递到前轮。图 2-101 所示为分动器的传动链。左上方是主驱动轴,变速器自一端驱动主传动轴,主传动轴的另一端驱动后轮。此外,安装在主传动轴上有驱动链轮。驱动链轮驱动传动链,传动链在另一端带动从动链轮,从动链轮通过前输出轴连接到前轮。

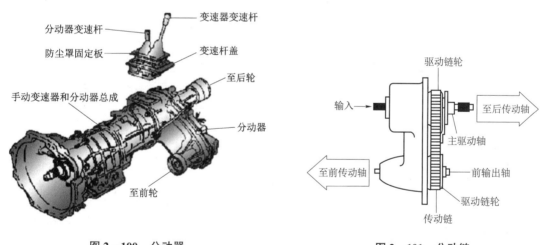

图 2-100 分动器　　　　　　图 2-101 分动链

3) 分动器齿轮传动装置。一些分动器不用链分劈转矩或动力,用齿轮组分劈,如图 2-102 所示。在这特别的结构中,输入由左上轴进入分动器,转矩或动力通过该轴直接被传递至后桥传动轴。此外,一中心惰轮把主轴与前桥半轴连接起来,致使四轮驱动运行。通过这些条件,四轮驱动装置可处于 HI 模式。如果两个滑动齿轮向右滑动,与惰轮的右侧啮合,四轮驱动装置可处于运行的 LO 模式。

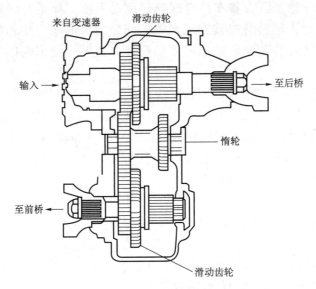

图 2-102　齿轮组啮合传动示意图

知识领域3 汽车行驶系统（ARS）

知识单元3.1 车架与车桥

知识目标

1. 掌握车架的功用、要求、类型及构造；
2. 掌握转向桥、转向驱动桥的构造；
3. 掌握车轮定位的概念、内容、作用及作用原理。

学习任务3.1.1 汽车车架

1. 车架的功用及要求

（1）车架的功用

汽车车架俗称"大梁"，它是跨接在前后桥上的桥梁式结构，是整个汽车的基础。其上安装有发动机、变速器、传动轴、前后悬架和车身等总成及部件。

车架的功用就是支撑、连接汽车的各总成，使各总成在汽车复杂多变的行驶过程中有正确的相对位置，并承受来自车内外的各种载荷。

（2）对车架的要求

车架的结构形式应满足以下要求：

1）车架的质量应尽可能小。
2）车架应具有足够的强度和适合的刚度。
3）对于轿车和客车的车架，其结构应简单，并有利于降低汽车的质量和获得较大的转向角，以此提高汽车行驶的稳定性和机动性。
4）车架应布置得离地面近一些，使汽车重心位置降低，有利于提高汽车的行驶稳定性。

2. 车架的类型及特点

现代汽车绝大多数都安装有独立的车架，只有部分轿车和大客车的车身同时兼具车架的作用，这种车身称为承载式车身又称为无梁式车架。

目前，汽车车架根据其结构形式可分为边梁式车架、中梁式车架、综合式车架和无梁式车架4种类型。

（1）边梁式车架

边梁式车架由两根位于左右两侧的纵梁和若干根横梁构成，如图3-1所示。通常用铆接或焊接将纵梁和横梁连接成坚固的刚件构架。纵梁常用低碳合金钢板冲压而成，断面一般为槽形，也有的制成Z字形或箱形断面。根据车型不同及总成结构布置的要求，纵梁可以制成在水平面内或纵向垂直平面内弯曲的面形状，以及等断面或不等断面的。横梁的设置不仅需要车架具有扭转刚度和承受一定的纵向载荷，还需要承担连接汽车上的各主要部件及总成的任务。因此，横梁的数量、结构形式在纵梁上的布置应满足汽车总体布置的需要和对车架刚度、强度的要求。解放 CA1092K2 型汽车车架是由两根纵梁和八根横梁铆接而成的，如图 3-1 所示。

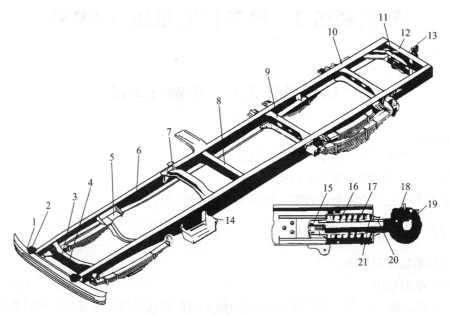

图 3-1　边梁式车架示意图

1—保险杠；2—挂钩；3—前横梁；4—发动机前悬置横梁；5—发动机后悬支架及横梁；6—纵梁；
7—驾驶室后悬置横梁；8—第四横梁；9—后钢板弹簧前支架横梁；10—后钢板弹簧后支架横梁；
11—角撑横梁组件；12—后横梁；13—拖钩；14—蓄电池托架；15—螺母；
16、21—衬套；17—弹簧；18—锁块；19—锁扣；20—托钩

某些越野汽车在车架纵梁前端两侧安装有加长梁，以便在加长梁的前端安装绞盘装置和专用的保险杠。在未安装有加长梁的纵梁上，其前端两侧备有一组冲孔，以便在需要加装绞盘等装置时，可以紧固左、右加长梁。

为了保证汽车在高速行驶时的稳定性，应尽量降低其重心高度，因此，车架的布置也应尽量降低。同时，为不影响前轮在转向时的转角空间和悬架变形时汽车的行驶，把车架的前端做得较窄，后端局部向上弯曲。横梁大多采用 X 形，以提高车架的扭转刚度，如图 3-2 所示。

车架纵梁通常采用槽钢制成，大型货车的两根纵梁一般平行布置，中轻型货车、轿车和大客车的纵梁如图 3-3 所示。大型客车和轿车车架在其前后车桥上面设有较大的弯曲度，保证了汽车重心和底板均较低，既提高了汽车的行驶稳定性又方便了乘客的上下车。

车架纵梁剖面形状如图 3-4 所示，在应力很大的地方通常采用如图 3-4（b）、（c）所示的剖面形状来加强。为使车架局部加强，有些汽车车架可以装上加强板或在某处槽形断面内嵌入板件。

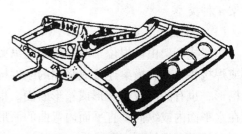

图 3-2　轿车（X 形）车架

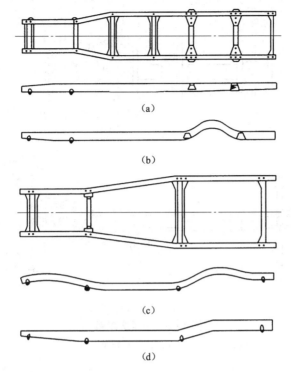

图3-3 车架的结构形式

(a) 大型货车车架；(b) 大型客车车架；(c) 轿车车架；(d) 轻型货车车架

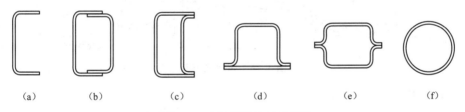

图3-4 车架纵梁的剖面形状

(a) 槽形；(b) 叠槽形1；(c) 叠槽形2；(d) 礼帽箱形；(e) 对接箱形；(f) 管形口

(2) 中梁式车架

中梁式车架主要由一根位于汽车中央并贯穿前后的纵梁和若干根横向悬伸托架组成，也称为脊骨式车架，如图3-5所示。中梁的断面可制成管形或箱形，传动轴从中梁内穿过，主减速器通常固定在其尾端并形成断开式驱动桥。中梁前端悬伸托架用以安装发动机，中梁中后端悬伸托架则用来布置车身及其他总成。

中梁式车架的优点包括扭转刚度较大、质量轻、转向轮有较大的转向空间，并且支架位置很低等。其缺点是制造工艺复杂，精度要求高，维修不方便。因此，中梁式车架只在某些轿车和货车上被采用。

(3) 综合式车架

综合式车架是综合边梁式车架和中梁式车架的结构特点而形成的，如图3-6所示。综合式车架的纵梁前端是边梁式的，用以安装发动机、后驱动桥和悬架装置；中后端是中梁式的，悬伸出来的支架可用以固定车身。这种车架的结构制造工艺复杂，目前已很少使用。

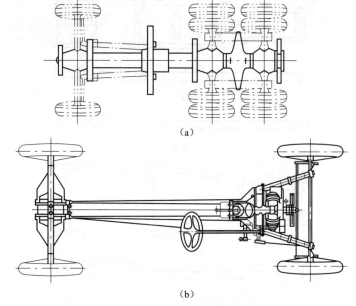

图 3-5 中梁式车架
(a) 货车中梁式车架；(b) 轿车中梁式车架

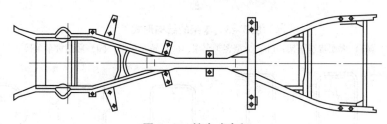

图 3-6 综合式车架

(4) 无梁式车架

无梁式车架是用车身兼作车架，所有总成和零部件都安装在车身上，全部作用力都由车身承受，因此这种车架又称为承载式车身，如图 3-7 所示。目前大多用于轿车和部分客车上，如桑塔纳轿车、一汽奥迪 100 型轿车。

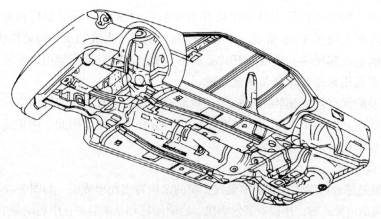

图 3-7 无梁式车架

3. 车架的损伤及检修

（1）车架常见的损伤及原因

车架常见的损伤形式有变形、裂纹、腐蚀和连接松旷。车架的变形形式有以下几种：

1）车架侧向弯曲（侧摆）。车架前部或后部的侧向弯曲通常是车辆受到撞击，使车架前后发生侧向变形的结果。在这种情况下，一侧的轴距比另一侧长。这种侧向弯曲会使汽车自行向轴距较短的一侧跑偏。完全侧向弯曲发生在车辆受到撞击时，撞击点就在车辆一侧的中点附近。完全侧向弯曲将导致车架成 V 形。

2）车架向下弯曲（下陷）。车架下弯曲通常发生在车架前部或后部直接受到撞击时。这种情况发生时，车架边梁的前部或后部相对于车架中心有向上拱起的变形。

3）车架纵向弯曲。车架发生纵向弯曲时，发动机罩与前保险杠之间的距离小于规定值，或者后轮与后保险杠的距离小于规定值。车架纵向弯曲是由于车架正前方或正后方受到撞击，造成车架的一侧或两侧的轴距变小。这种撞击可使车架侧面向外鼓起，特别是承载式车身。在这种情况下，边梁和门框会发生扭曲变形。

4）车架扭曲。车架扭曲是指车架的一角翘起，高于其余的角，车架扭曲通常因翻车事故造成。

（2）车架变形的检修

车架的检修可根据《汽车车架修理技术条件》（GB 3800—1983）进行。车架通常是在汽车大修时进行总成修理，修理前应清除旧涂层。轿车车架检修的先进设备已经同车身的整型合并，兼容车架和车身的两种检修功能，由计算机控制完成。但国内大多数企业仍采用"对角线"法及常规的拉线、压器具检修车架，按照检验、校正、铆焊及断裂修理的基本顺序进行。

1）车架变形的检验。检查弹簧钢板销中心距及其对角线，沿车架纵面测量钢板支架销孔中心前、后、左、右的距离，左右相差不大于 1~2 mm，对角线差不得大于 4 mm；检查车架纵梁的平直度及垂直度，平面最大弯曲不得大于 4 mm；用90°角尺检查垂直度，其下沿最大离缝不得大于0.5 mm。用于检测钢板销等直径的两根长轴，分别从左、右钢板支架孔穿入，在对接时，测量中心偏差不得大于 1 mm。对于无弹簧钢板的前、后桥，在测量时，应选用前、后桥定位孔。对于形状复杂的车架，为了便于安装发动机驾驶室（车身）、散热器，以免车架变形的影响，可以根据不同车型的图样标准制作铁皮样板，按照发动机座孔位置来比较车架的变形情况。发动机座孔对角线长度不得大于 2~3 mm。

2）车架的校正。车架经检验后，如发生弯曲和歪扭超过极限，应予以校正。当车架总的情况良好，只有个别部位有比较小的变形时，可以直接在车架上校正。如果车架损坏严重，则应将车架部分拆解后再校正。车架的校正应采用特制机具或在压力机上进行，通常施行冷压校正，如图 3-8 所示。在局部采用热校正时，车架加热温度不得大于700℃。

（3）其他损伤

1）车架的裂纹。车架由于受到交变载荷的影响，容易产生裂纹。这时可以采用焊修法，在焊修前应先清洁除锈，彻底清除接头两侧的旧漆层，在裂纹两端开坡口，选用碱性的低氢焊条。

2）车架腐蚀。预防车架腐蚀应该涂上漆层。当锈蚀严重时，应予以更换。

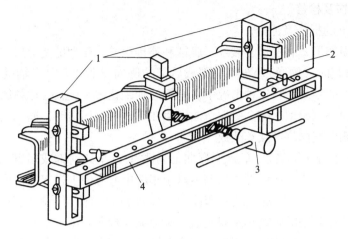

图 3-8 车架的校正
1—横档；2—夹持器；3—螺杆；4—纵梁

3）连接松旷。车架纵、横梁连接铆钉松动后，将影响车架的刚度和弹性。在修理时，应取掉松动的铆钉，重新铆铆钉。

学习任务 3.1.2　车桥与车轮定位

1. 车桥的功用及分类

（1）车桥的功用

汽车车桥又称为车轴，它通过悬架（或承载式车身）相连接，两端安装车轮。其作用是传递车架（或承载式车身）与车轮之间的各种作用力及力矩。

（2）车桥的分类

车桥的结构形式与悬架结构以及传动系统的布置形式有关。

车桥按悬架结构布置形式的不同，可分为非断开式和断开式两种。当采用非独立悬架时，车桥中部是刚性的实心和空心（管状）梁，这种车桥即称为非断开式；断开式车桥的中部是活动关节式结构，与独立悬架配合使用。

车桥按其作用的不同，可分为转向桥、驱动桥、转向驱动桥和支持桥 4 种类型。其中，转向桥和支持桥属于从动桥。一般来说，货车的前桥多为转向桥，其后桥或中、后两桥为驱动桥；越野汽车的前桥为转向驱动桥，挂车的车桥为支持桥。

支持桥是指只起支撑作用的车桥，它除了不能转向外，其他功能和结构与转向桥基本上相同。

2. 转向桥

（1）转向桥的功用

1）转向桥通过转向节可使车轮偏转一定角度，以实现汽车的转向。

2）转向桥承受一定的载荷。转向桥既承受垂直载荷，也承受纵向力、侧向力及其力矩。因此，转向桥必须有足够的强度和刚度。

3）转向桥应具有正确的定位角度及合适的转向角。

4）在车轮转向的过程中，内部部件之间的摩擦力应尽可能地减少，使得汽车转向轻便。同时，保证方向的稳定性。

（2）转向桥的构造

转向桥既可以与独立悬架配合使用，又可以与非独立悬架配合。汽车上非独立悬架转向桥的结构大体是相同的，主要由前梁、转向节和转向主销等组成部分。断开式转向桥的作用与非断开式转向桥的作用基本上一样，有所不同的是断开式转向桥与独立悬架匹配。例如，红旗 CA7560 型轿车的转向桥与前悬架如图 3 - 9 所示，其转向桥为活动关节式结构。

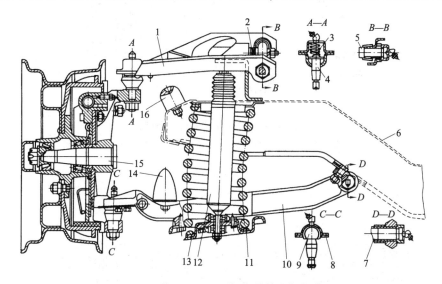

图 3 - 9　红旗 CA7560 型轿车的转向桥与前悬架

1—上摆臂；2—调整垫片；3—弹簧；4—上球头销；5—上摆臂轴；6—车架横梁；7—下摆臂轴；
8—垫片；9—下球头销；10—下摆臂；11—螺旋弹簧；12—筒式减震器；13—橡胶垫圈；
14—下缓冲块；15—转向节；16—上缓冲块

独立悬架部分的上摆臂和下摆臂的内端分别通过上摆臂轴、下摆臂轴与车架横梁做铰链连接，上、下两个摆臂的外端分别通过上球头销、下球头销与转向节相连接。悬架中采用弹性元件的螺旋弹簧和双向作用筒式减震器并联安装，加速了振动的衰减，以提高轿车行驶平顺性。上摆臂与上球头销是铆接的，不能拆卸，其中安装有弹簧，当球头销与销座磨损后，会自动消除两者之间的间隙。而下摆臂与下球头销是可拆卸的，在磨损后可通过减薄垫片对间隙进行调整。轿车的转向桥主销以球头结构代替，即上、下球头销的连接相当于主销轴线。在转向时车轮绕此轴线偏转，实现转向。路面对车轮的垂直作用力通过转向节、下球头销、下摆臂和螺旋弹簧传到车架，属于无主销式转向桥。纵向力、侧向力及其力矩均由转向节的上、下摆臂和上、下球头销来传递。转向节与车轮轮毂的连接形式与其他转向桥的连接形式相似。

图 3 - 10 所示为某种客车前转向桥和悬架。纵向和横向推力杆外端与转向节铰接，而内端与车架铰接，承担来自车轮的作用力并且传递给车架。

3. 转向驱动桥

发动机前置前轮驱动和全轮驱动的汽车，其前桥不仅作为转向桥，还兼具着驱动桥的作用，这种类型的车桥称为转向驱动桥。转向驱动桥示意图如图 3 - 11 所示，它除了具有主减速器、差速器和半轴，还包括一般转向桥所具有的转向节、轮毂和主销等。为了保证其既能转向又能驱动的需求，它与车轮相连的半轴须分成两段：一段由内半轴与差速器相连，另一

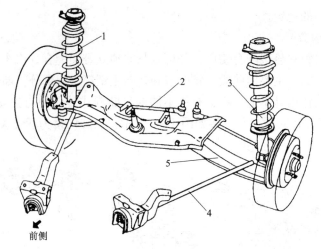

图 3-10 客车前转向桥和悬架

1—螺旋弹簧；2—横向推力杆；3—减震器；4—纵向推力杆；5—下悬臂

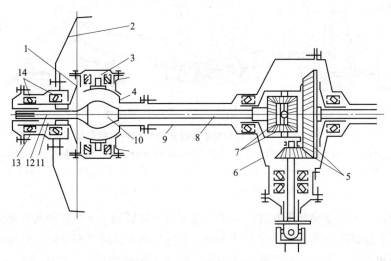

图 3-11 转向驱动桥示意图

1—转向节壳体；2—主销；3—主销轴承；4—球形支座；5—主减速器；6—主减速器壳；7—差速器；8—内半轴；
9—半轴套管；10—万向节；11—转向节轴颈；12—外半轴；13—轮毂；14—轮毂轴承

段由外半轴与轮毂相连，两段之间用等速万向节相连接。另外，主销也同样分成上、下两段，固定在万向节的球形支座上，转向节轴颈是制成中空的，以便外半轴通过。为了防止转向与驱动之间产生运动干涉，主销的轴线必须通过万向节的中心。

上海桑塔纳轿车前转向驱动桥总成如图3-12所示。动力经主减速器和差速器至左、右两半轴（传动轴）和左、右内等角速万向节，到左、右外等角速万向节，再到左、右外半轴凸缘，最后经轮毂带动驱动车轮转动。当转动转向盘时，通过齿轮齿条式转向器和横拉杆带动转向车轮偏转，实现转向。

4. 前轮定位

为了保证汽车在直线行驶过程中的稳定性和操纵的轻便性，减少轮胎和其他机件的磨损，转向轮、转向节和前轴三者的安装与车架应保持一定的相对位置，这种安装位置关系称为转向车轮定位，又称为前轮定位。

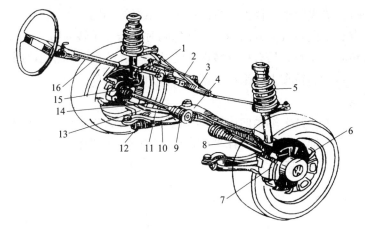

图 3-12　上海桑塔纳轿车前转向驱动桥总成

1—横拉杆；2—转向减震器；3—齿轮齿条式转向器；4—橡胶金属支架；5—减震器支柱；6—外半轴凸缘；
7—制动钳；8—右半轴；9—内等角速万向节；10—发动机支架；11—横向稳定杆；
12—悬架后端的橡胶金属轴；13—悬架摆臂；14—左半轴；15—外等角速万向节；16—转向柱

对于两端装有主销的转向桥，当汽车转向时，转向车轮会围绕主销轴线偏转，如图 3-13（a）所示。但是在大多数断开式转向桥中没有主销，而是采用上、下球头销代替主销，上、下球头销球头中心的连心线相当于主销轴线，如图 3-13（b）所示。

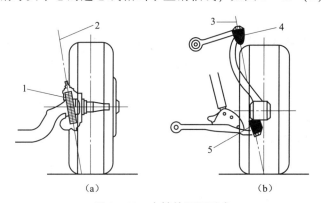

图 3-13　主销的不同形式

（a）有主销轴；（b）无主销轴

1,3—转向轴线；2—转向主销；4—上球头；5—下球头

转向轮定位主要包括主销后倾、主销内倾、车轮外倾和前轮前束等参数。

（1）主销后倾

主销装在前轴上，其上端稍向后倾斜，这种现象称为主销后倾。向后倾斜为正后倾，向前倾斜为负后倾。在纵向垂直平面内，主销轴线与垂线之间的夹角叫作主销后倾角，如图 3-14 所示。

主销后倾的作用：

1）使前轮自动回正，有助于提高汽车方向的稳定性。

2）转弯完成后，帮助前轮回到直线行驶位置。

3）弥补由于路面不平对汽车方向稳定性的影响。

当主销后倾角过大时，会造成转向困难、路面冲击过大及前轮摆动；当主销后倾角过小时，在高速行驶时会造成漂移、摆振和方向稳定性不好等问题。

主销正后倾有利于提高汽车方向的稳定性，同时也增加了转向阻力。这些增加的转向阻力可以通过动力转向来克服。只有机械转向系统的汽车，一般采用很小的主销后倾角或主销负后倾角。在一些新型的轿车上，采用主销负后倾角是必要的。

(2) 主销内倾

主销装置在前轴上，其上端稍向内倾斜，这种现象称为主销内倾。在垂直于汽车支撑平面的横向平面内，主销轴线与汽车支撑平面垂线之间的夹角叫作主销内倾角。这个角度的大小是不能调整的，如图3–15所示。

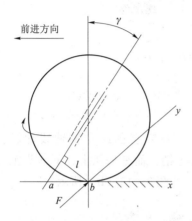

图3–14 主销后倾示意图

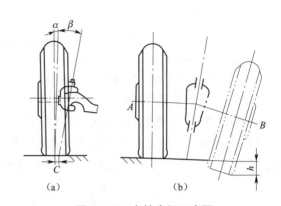

图3–15 主销内倾示意图
(a) 主销内倾角；(b) 车轮自动回正

主销内倾的作用：
1) 可以防止前轮外倾角过大。
2) 减小转向阻力臂，使转向更轻便。
3) 提高操纵稳定性。
4) 减少轮胎磨损。
5) 提高汽车方向的稳定性。
6) 使得汽车质量的分配更接近轮胎与路面接触区。

(3) 车轮外倾

转向轮装置在转向节上，其平面上方稍向外倾斜，这种现象称为车轮外倾。车轮旋转平面与垂直于车辆支撑面的纵向平面之间的夹角称为车轮外倾角，如图3–16所示。

车轮外倾角的作用是提高车轮工作的安全性和转向操纵的轻便性。由于主销与衬套之间、轮毂与轴承等处都存在着装配间隙，如果空车时车轮的安装正好垂直于路面，则在满载时上述间隙将发生变化，车桥也会因承重而变形，从而引起车轮向内倾斜。车轮内倾后，路面对车轮的垂直反作用力便会产生一个沿转向节轴颈向外的分力，使得外轴承及其锁紧螺母等件承受的载荷增大，降低它们的使用寿命，严重时会损坏锁紧螺母而致使车轮脱落。当预留有一定的外倾角时，就可防止上述不良影响。车轮外倾与主销内倾相配合可进一步缩短距离，使得汽车转向轻便。另外，车轮有一定的外倾角可以与拱形路面适应，但车轮外倾角不宜过大，否则会使轮胎产生偏磨损。通常前轮外倾角为1°左右，有的汽车其前轮外倾角为负值,这样在汽车转向时可以避免车身过分倾斜。

(4) 前轮前束

车轮安装在车桥上,两前轮的中心平面不平行,其前端稍向内侧收束,这种现象称为前轮前束。两前车轮后端的距离 A 大于前端 B,它们的差值即为前束值,如图 3-17 所示。

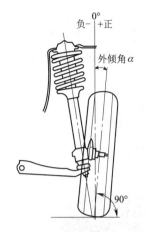

图 3-16 车轮外倾示意图

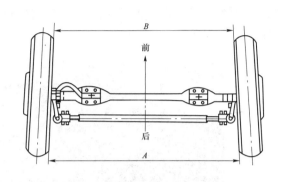

图 3-17 前轮前束示意图

前轮前束的作用是减小或消除汽车行驶过程中,由车轮外倾和纵向阻力致使车轮前端向外滚开所造成的滑移。

由于车轮外倾,在汽车行驶时,两个车轮的滚动类似于两个锥体的滚动,其轨迹不再是直线而是做向外偏斜的纯滚动(见图 3-18),同时向内侧横向滑动,其结果是使得轮胎横向偏磨增加,轮毂轴承载荷增大。有了前束,车轮滚动的轨迹是向内侧偏斜,只要前束值与车轮外倾角配合适当,就可使得齿轮每一瞬间滚动方向接近于向着正前方,从而减轻或者消除轮胎和零件的磨损。

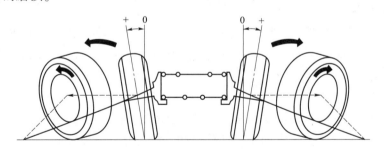

图 3-18 车轮外倾产生的车轮运动示意图

几种国产汽车的车轮定位参数见表 3-1。

表 3-1 几种国产汽车的车轮定位参数

车型	主销后倾角	主销内倾角	车轮外倾角	前束值/mm
桑塔纳	50′±30′	14°12′	−30′±20′	−1~3
捷达	1°30′±20′	/	30′±20′	0°±10′
神龙富康	1°30′±40′	10°45′±40′	0°±40′	0~2
奥迪	1°10′	14°12′	−30′±20′	0.5~1

5. 四轮定位

近年来，对于同时拥有前轮定位和后轮定位的需求在不断增加，在汽车工业中把这种定位称为全轮定位或四轮定位。汽车后桥与汽车的纵向中心线不垂直。在汽车后桥，主减速器主动齿轮的轴线与汽车的纵向中心线不平行时，汽车将会向一侧转向。这类问题可以通过四轮定位来诊断。

如图 3-19 所示的定位仪就可进行四轮定位。目前，这种设备已经非常完善，并能通过计算机帮助维修人员校正车轮定位。计算机里存储有很多汽车车轮定位的操作规范和近年来生产的汽车车轮定位的具体要求。

图 3-19 四轮定位示意图

（1）后轮定位的影响因素

后轮定位是四轮定位的一部分。影响后轮定位角的因素很多，主要的影响因素如下：

1）后副车架和后桥偏离中心线。

2）悬架控制臂衬套磨损。

3）弹簧被压坏。

4）磁撞后维修不当或受到严重的路面冲击，造成悬架构件弯曲变形超出规定值。

由于存在上述问题的可能性，按照制造商推荐的后轮定位技术进行规范检查、校正后轮定位参数非常重要。

（2）后轮定位角

在校正后轮定位时，一般需要检测和调整 3 个角度：推力角、前束角和外倾角。推力角是指后轮所运动的轨迹与汽车纵向中心线的夹角。推力角应调整至接近于 0°，否则汽车行驶时就会摇头摆尾。后轮外倾角与前轮外倾角非常相似，它的特点是：后轮外倾角是后轮的上部稍向外倾斜的一个角度。在汽车加装负载后，车轮刚好回到与路面垂直位置。后轮前束角调整到与前轮前束角差不多。具有独立后悬架的后轮定位调整环节如图 3-20 所示。后轮前束角与前轮前束角类似，通过横拉杆来调节。在图 3-20 所示的结构中，后轮外倾角可通过专用工具转动调整螺母来完成调整。随着调整螺母转动，后轮外倾角也随之而发生改变。

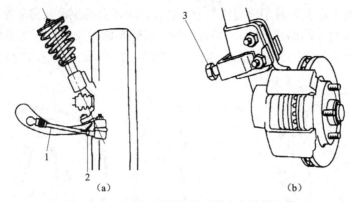

图 3-20 有独立后悬架的后轮定位调整环节
(a) 前束调整;(b) 外倾角调整
1—转动横拉杆调整前束;2—锁紧螺母;3—外倾角调整装置或调整螺母

知识单元 3.2　车轮与轮胎

知识目标

1. 掌握车轮的功用、组成、类型及结构;
2. 熟悉轮辋的类型、结构及国产轮辋规格的表示方法;
3. 掌握轮胎的功用、种类、结构及轮胎规格的表示方法。

学习任务 3.2.1　汽车车轮

1. 车轮的功用、组成及类型

(1) 汽车车轮的功用

汽车车轮是汽车行驶系统中的重要组成部分,位于车身与路面之间,其主要功用是:

1) 支撑汽车和装载质量。
2) 传递汽车与路面之间的各种作用力和力矩。
3) 缓冲车轮受路面颠簸时引起的振动。
4) 保持汽车的行驶方向。

(2) 车轮的组成

车轮由轮毂、轮辋和轮辐部分组成。

(3) 车轮的分类

根据轮辐的结构不同,可将车轮分为辐板式和辐条式车轮。根据轮辋的形式不同,可分为组装轮辋式、可调式、对开式和可反装式车轮。根据车轮材质的不同,有铝合金、镁合金和钢车轮之分。

按照轮辋和辐板连接形式,车轮可分为组合式结构和整体式结构。组合式结构是将轮辋与辐板用焊接或铆接的方式进行连接;而整体式结构是将轮辋与辐板用铸造成形或锻造成形的方式进行连接。前者主要用于钢制车轮,后者则用于合金制车轮。

1) 辐板式车轮。辐板式车轮如图 3-21 所示。它由挡圈、轮辋、辐板和气门嘴伸出口组成。轮辋与辐板是通过焊接方式连接成一体的,辐板通过中心孔和周围分布的螺栓孔安装在轮毂上。为了便于在安装时车轮与轮毂中心重合,辐板上的螺栓孔和螺栓及紧固螺母的端面部加工有定位曲面(凸面或凹面)。另外,为了减轻车轮的质量,有利于制动毂(盘)散热和拆装,还在辐板的外边缘制成几个通孔,如图3-22所示。

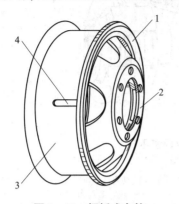
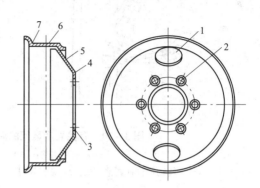

图3-21 辐板式车轮
1—挡圈;2—辐板;
3—轮辋;4—气门嘴伸出口

图3-22 辐板式车轮
1,5—辐板孔;2,3—螺栓孔;
4—辐板;6—气门嘴伸出口;7—轮辋

由于货车后轴负荷比前轴大得多,为避免后轮轮胎过载,后桥通常装置双式车轮,如图3-23所示。在采用双螺母固定形式时,为了防止汽车在行驶过程中固定辐板的螺母自行松脱,在汽车两侧车轮上的辐板固定螺栓一般会采用旋向不同的螺纹,左侧用左旋螺纹,右侧用右旋螺纹,如图3-24(a)所示。在一些载货汽车的后桥双式车轮上采用单螺母的固定形式,由于在该结构中采用了球面弹簧垫圈,可防止螺母的自行松脱,如图3-24(b)所示。因此,在汽车左、右车轮上固定辐板的螺母均可以用右旋螺纹,从而减少零件数量的使用。

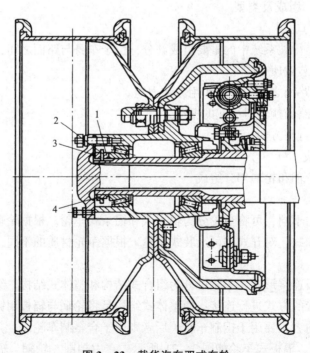

图3-23 载货汽车双式车轮
1—调整螺母;2—锁止垫片;3—锁紧螺母;4—销钉

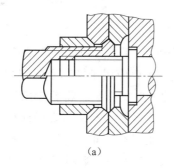 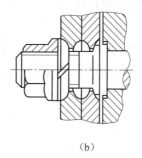

图 3-24 双式车轮辐板的固定

(a) 双螺母固定形式；(b) 单螺母固定形式

目前，在轿车和货车上广泛采用了辐板式车轮。

2) 辐条式车轮。目前，有的汽车采用的是轮辐将轮辋和轮盘组装在一起的辐条式车轮。辐条可用铸造件或钢丝制成。铸造辐条通常被用于装载质量大的重型汽车上，而钢丝辐条主要被用于极少数追求独特的车辆上。铸造件辐条式车轮如图 3-25 所示，它的轮辐是与轮毂铸成一体的辐条，轮辋用螺栓和特殊形状的衬块固定在辐条上，为了使轮辋与辐条的中心重合，在两者接合处都应制有相应的配合锥面。

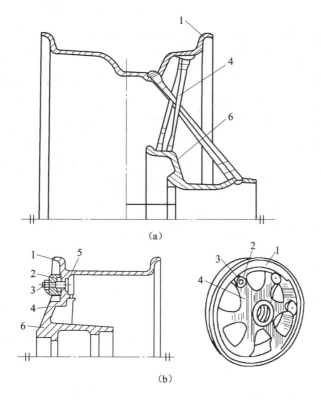

图 3-25 铸造辐条式车轮

(a) 轮辋与辐条；(b) 轮辋的固定

1—轮辋；2—衬块；3—螺栓；4—辐条；5—配合锥面；6—轮毂

2. 轮辋的类型及规格代号

(1) 轮辋的类型

按照轮辋结构特点的不同,轮辋可以分为深槽式、平底式和对开式(可拆式)3种形式。

1) 深槽式轮辋。深槽式轮辋是一整体轮辋,主要应用于轿车及轻型的越野汽车上。它有带肩的凸缘,用以安放外胎的胎圈,为了方便外胎的拆装,将轮辋的断面中部制成深凹槽。其肩部一般以5°±1°的倾斜度向中央倾斜。倾斜部分的最大直径即称为轮胎胎圈与轮辋的着合直径,如图3-26(a)所示。深槽轮辋的结构简单、刚度大、质量较小,适用于小尺寸、弹性较大的轮胎,但是尺寸较大和较硬的轮胎则很难装进这样的整体轮辋中。

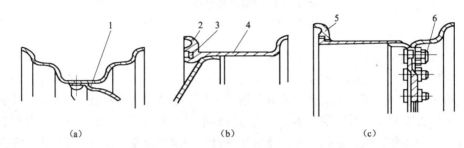

图 3-26 轮辋断面形式

(a) 深槽轮辋;(b) 平底轮辋;(c) 对开式轮辋

1—轮辐;2,5—挡圈;3—锁圈;4—轮辋;6—螺栓

2) 平底式轮辋。平底式轮辋的结构形式很多,它是我国货车常用的一种形式。挡圈是整体的,用一个开口锁圈来防止挡圈脱出。在安装轮胎时,先将轮胎套在轮辋上,然后套上挡圈,并将它向内推,直至越过轮辋上的环形槽,再将开口的弹簧锁圈嵌入环形槽内。东风EQ1090E和解放CA1091型汽车等都采用了这种轮辋,如图3-26(b)所示。

3) 对开式轮辋。对开式轮辋由内、外两部分组成。它的内、外轮辋的宽度可以相等,也可不相等,两者用螺栓连成一体。在拆装轮胎时,拆卸螺栓上的螺母即可。挡圈也是可拆卸的。有的没有挡圈,而是由内轮辋制成一体的轮缘代替挡圈的作用,内轮辋与辐板焊接在一起。如东风EQ2080汽车采用的就是这种形式的轮辋,如图3-26(c)所示。

轮辋是轮胎的装配基础,原则上每种轮胎只配用一种标准的轮辋,必要时也可用与标识轮辋相近的容许轮胎。如果轮辋与轮胎不匹配,会造成轮胎早期的损坏,特别是使用过窄的轮辋上的轮胎。

(2) 轮辋规格的表示方法

1) 国产轮辋轮廓的类型及代号。目前,轮辋轮廓的类型有7种,如图3-27所示。

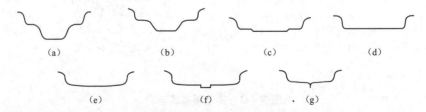

图 2-27 轮辋轮廓的类型及代号

(a) 深槽轮辋(DC);(b) 深槽宽轮辋(WDC);(c) 半深槽轮辋(SDC);(d) 平底轮辋(FB);
(e) 平底宽轮辋(WFB);(f) 全斜底轮辋(TB);(g) 对开式轮辋(DT)

2）轮辋的规格代号。国产轮辋规格用一组数字、符号和字母来表示。可分为 5 部分，各部分的含义如图 3-28 所示。

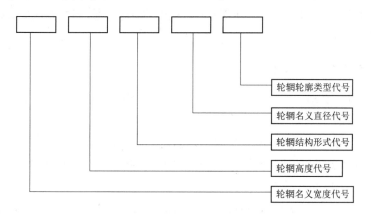

图 3-28 国产轮辋规格的各部分含义

① 轮辋名义宽度和轮辋名义直径大多以英寸①表示，通常取两位小数。如果新设计轮胎以 mm 表示时，轮辋也用 mm 数值表示。

② 轮辋高度代号：用一个或者几个拉丁字母表示，见表 3-2。如平底宽轮辋，其名义宽度代号也代表了轮缘高度，不再用字母表示。

表 3-2 轮辋轮缘高度代号

代号	尺寸	代号	尺寸
B	13.80	K	19.26
C	15.88	L	21.59
D	17.45	P	25.40
E	19.81	R	28.58
F	22.23	S	33.33
G	27.94	T	38.10
H	33.73	V	44.45
J	17.27	W	50.80

③ 轮辋结构形式代号：按照主要零件和组成，轮辋的结构形式可以分为一件式轮辋、二件式轮辋、三件式轮辋、四件式轮辋和五件式轮辋。符号"×"表示一件式轮辋，符号"—"表示两件或者两件以上的多件式轮辋。

④ 轮辋名义直径代号：用数字表示，单位为英寸，当其单位以 mm 表示时，要求轮胎与轮辋的单位一致。

⑤ 轮辋轮廓类型代号：其表示方法见表 3-3。

表 3-3 轮辋轮廓类型代号

轮廓代号	深槽	深槽宽	半深槽	平底	平底宽	全斜底	对开式
代号	DC	WDC	SDC	FB	WFB	TB	DT

---

① 1 英寸 = 25.4 mm。

例如：北京 BJ2020 型汽车的轮辋规格为 4.50E×16，表明该轮辋名义宽度为 4.5 in，名义直径为 16 in，轮辋高度代号为 E 的一件式深槽轮辋。对于平底宽轮辋只有表示轮辋名义宽度和名义直径的数字，而没有表示轮辋高度的拉丁字母代号，比如解放 CA1091 型汽车的轮辋规格为 6.50-20。

学习任务 3.2.2　汽车轮胎

1. 轮胎的功用、类型

（1）轮胎的功用

轮胎安装在轮辋上，直接与路面接触，它的功用如下：

1）与悬架共同来缓和汽车行驶时所受到的冲击，并衰减由此而产生的振动，以保证汽车有良好的乘坐舒适性和行驶平顺性；

2）保证车轮和路面有良好的附着性，以提高汽车的牵引性、制动性和通过性；

3）承受车辆的全部质量。

因此，轮胎必须具有适宜的弹性和承受载荷的能力。同时，在其与路面直接接触的胎面部分，应该采用能增强附着作用的花纹。

（2）轮胎的结构

轮胎主要由胎冠、胎肩、胎侧、胎体和胎圈等组成，如图 3-29 所示。

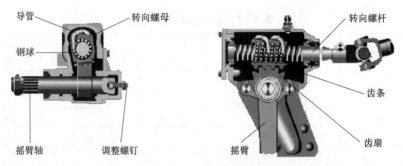

图 3-29　轮胎结构

1）胎冠。胎冠是指外胎两胎肩夹的中间部位，包括胎面、缓冲层（或带束层）和帘布层等。

① 胎面。胎面是指胎冠最外层与路面接触带有花纹的外胎胶层。其作用是保护胎体，防止其早期磨损和损伤。

② 缓冲层。缓冲层是指斜交轮胎胎面和胎体之间的胶布层。其作用是缓和并吸收部分路面对轮胎的冲击。

③ 带束层。带束层是指在子午线轮胎和带束斜交轮胎的胎面基部下，沿胎面中心线圆周方向箍紧胎体的材料层。其作用是增强轮胎的周向刚度和倾向刚度，并承受胎面大部分的应力。

④ 帘布层。帘布层是指胎体中由覆胶平行帘线组成的布层，它是胎体的骨架，用以支撑外胎的各部分。

2）胎肩。胎肩是指较厚的胎冠与较薄的胎侧间的过渡部分，通常制有花纹，有利于散热。

3）胎侧。胎侧是指胎肩到胎圈之间的胎体侧壁部位上的橡胶层。其作用是保护胎体，并承受侧向力。

4）胎体。胎体是指由一层或数层帘布与胎圈组成整体的充气轮胎的受力结构，包括缓冲层和帘布层。斜交轮胎的胎体帘线彼此交叉排列，子午线的胎体帘线互相平行。

5) 胎圈。胎圈是指轮胎安装在轮辋上的部分，由钢丝圈、帘布层和胎圈包布等组成。其作用是防止轮胎脱离轮辋。

(3) 轮胎的类型

根据轮胎的花纹可分为普通花纹胎、混合花纹胎和越野花纹胎3种，如图3-30所示。

图 3-30　胎面花纹
(a) 普通花纹；(b)；混合花纹；(c) 越野花纹
1—横向花纹；2—纵向线花纹

根据轮胎胎体帘布层划分，可分为斜交轮胎和子午线轮胎两种。

根据轮胎的充气压力可分为高压胎（0.5~0.7 MPa）、低压胎（0.15~0.45 MPa）和超低压胎（0.15 MPa）3种。低压胎弹性好、断面宽、接地面积大、壁薄散热好，提高了汽车行驶的平顺性和稳定性，提高了轮胎的使用寿命，因此汽车基本上都使用低压胎。

根据保持空气方法的不同，可分为有内胎轮胎和无内胎轮胎两种。

2. 典型轮胎的结构特性

在汽车上应用比较广泛的是普通斜交轮胎、子午线轮胎和无内胎轮胎。

(1) 普通斜交轮胎

帘布层和缓冲层的各相邻层帘线交叉，且与胎面中心线成小于90°角排列的充气轮胎为普通斜交轮胎，常称为斜交轮胎，如图3-31（a）所示。普通斜交轮胎是一种老式的结构轮胎，由于帘布层的斜交排列，给轮胎胎面和胎侧增加了强度，在适当充气时，会使驾驶员感到较为柔软、舒适。在接触地面时，使胎面平整，减少了扭曲。但汽车行驶时易损坏，且侧向稳定性差，成本高。

(2) 子午线轮胎

这种轮胎的胎体帘布层线与胎面中心线成90°或者接近90°角排列，帘布层分布如地球子午线，因此被称为子午线轮胎，如图3-31（b）所示。子午线轮胎帘线强度得到了充分的利用，它的帘布层数小于普通斜交轮胎帘布层数，使得轮胎质量可以减轻，胎体较为柔软。子午线轮胎采用了与胎面中心线夹角较小（100~200）的多层缓冲层，采用强力较高、伸张力较小的结构帘布或钢丝帘布制造，可以承载在汽车行驶时产生的较大的切向力。带束层像钢带一样，紧紧箍在胎体上，极大地提高了胎面的刚性、驱动性及耐磨性。

由于子午线轮胎本身结构原因，其在高速旋转时

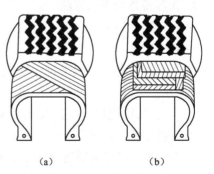

图 3-31　轮胎的结构形式
(a) 普通斜交轮胎；(b) 子午线轮胎

变形慢、生温低,产生驻波的临界速度比普通斜交轮胎高,因而提高了汽车在行驶中的安全性。

(3) 无内胎轮胎

无内胎轮胎在结构和外观上与有内胎轮胎相似,不同的是它没有内胎,空气直接压入外胎中,因此要求外胎与轮辋之间的密封性非常好。其结构如图3-32所示,无内胎轮胎的外胎内壁上附加了一层厚度为2~3 mm的专门用来封气的橡胶密封层,它是采用硫化的方法黏附上去的。在密封层正对着的胎面下面贴着一层用未硫化的橡胶的特殊混合物制成的自粘层。自粘层能自行将刺穿的孔黏合,从而保证轮胎和轮辋之间的气密性;另外,气门嘴用橡胶密封垫直接固定在轮辋上,铆接轮辋和轮辐的铆钉外面涂上一层橡胶从内部塞入。

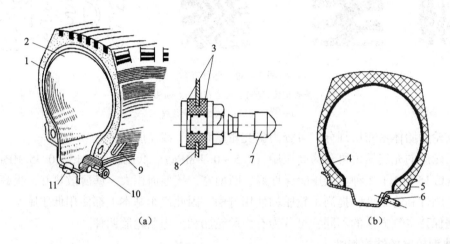

图3-32 无内胎轮胎
(a) 结构图;(b) 剖面图
1—橡胶层;2—自粘层;3—橡胶密封衬垫;4—气密层;5—密封层;
6,7,10—气门嘴;8—轮辋;9—槽纹;11—铆钉

无内胎轮胎在穿孔时,压力不会急剧下降,仍能继续安全行驶。无内胎轮胎中由于没有内胎,所以不存在内、外胎的摩擦或夹卡而引起损坏;它可直接通过轮辋散热,轮胎工作温度低,使用寿命长;无内胎轮胎结构简单、质量较小。其缺点就是对材料、工艺要求高;当轮胎爆破失效时,途中修理比较困难。近年来,无内胎轮胎应用非常广泛。

3. 轮胎规格的表示方法

(1) 轮胎的规格

轮胎的规格可用外胎直径 D、轮辋直径 d、断面宽 B 和断面高 H 的名义尺寸代号表示,如图 3-33 所示。

1) 斜交轮胎规格。我国轮胎的规格采用国际标准,斜交轮胎的规格用 $B-d$ 表示。载重汽车斜交轮胎和轿车斜交轮胎的尺寸 B 和 d 均以 in 为单位。B 表示轮胎名义断面宽度代号;d 表示轮辋名义直径代号。如:9.00-20 表示轮胎名义

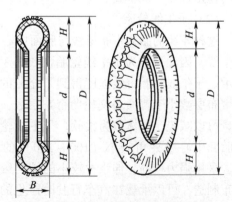

图3-33 轮胎尺寸标记
D—外胎直径;d—胎圈内径或轮辋直径;
B—轮胎断面宽度;H—轮胎断面高度

断面宽度为 9.00 in，轮辋名义直径为 20 in。

2）子午线轮胎规格。国产子午线轮胎规格用 BRd 来表示。其中，R 代表子午线轮胎。国产轿车子午线轮胎断面宽 B 的单位已全部改用公制单位 mm，载货汽车轮胎断面宽 B 的单位有英制单位 in，也有公制单位 mm，而轮辋直径 d 的单位仍是用英制单位 in。

随着轮胎的扁平化，仅用断面宽 B 和轮辋直径 d 已经不能完全表示轮胎的规格了。即在断面宽 B 相同的情况下，断面高度面高 H 会随着不同扁平率而发生变化。轮胎按照其扁平率——高宽比（H/B）划分系列。目前，国产轿车子午线轮胎有 80、75、70、65 和 60 五个系列，数字分别表示断面高 H 是断面宽 B 的 80%、75%、70%、65% 和 60%。很显然，数字越小，胎越矮，即轮胎越扁平。

子午线轮胎规格示例如图 3-34 所示。

图 3-34　子午线轮胎规格示例

（2）荷重指数（kg）/单条轮胎（见表 3-4）。

表 3-4　荷重指数（kg）/单条轮胎

荷重指数（kg）/单条			
指数 = kg	指数 = kg	指数 = kg	指数 = kg
70 = 335	85 = 515	100 = 800	115 = 1 215
71 = 345	86 = 530	101 = 825	116 = 1 250
72 = 355	87 = 545	102 = 850	117 = 1 285
73 = 365	88 = 560	103 = 875	118 = 1 320
74 = 375	89 = 580	104 = 900	119 = 1 360
75 = 387	90 = 600	105 = 925	120 = 1 400
76 = 400	91 = 615	106 = 950	121 = 1 450
77 = 412	92 = 630	107 = 975	122 = 1 500
78 = 425	93 = 650	108 = 1 000	123 = 1 550
79 = 437	94 = 670	109 = 1 030	124 = 1 600
80 = 450	95 = 690	110 = 1 060	125 = 1 650
81 = 462	96 = 710	111 = 1 090	
82 = 475	97 = 730	112 = 1 120	
83 = 487	98 = 750	113 = 1 150	
84 = 500	99 = 775	114 = 1 180	

（3）速度等级

近年来，汽车和轮胎的性能都有很大的提高，要求轮胎的速度性能和汽车的最高速度相匹配。因此，轮胎需标明其速度等级。国际标准化组织（ISO）制定且已被一些国家所采用的速度符号标志见表3-5。其特点是对各种速度均给一个代号。该表规定的速度等级既适用于轿车轮胎，也适用于货车轮胎，但是它们表示的含义并不完全相同。对于轿车轮胎，表示的含义是指不许超过的最高速度；对于货车轮胎，表示的含义是指随着负荷的降低可以允许超过的参考速度。

表3-5 速度标志表

速度标志	速度/（km·h^{-1}）	速度标志	速度/（km·h^{-1}）
A_1	5	J	100
A_1	10	K	110
A_1	15	L	120
A_1	20	M	130
A_1	25	N	140
A_1	30	P	150
A_1	35	Q	160
A_1	40	R	170
B	50	S	180
C	60	T	190
D	65	U	200
E	70	H	210
F	80	V	240
G	90	W	270

我国参照国际标准化组织规定采用了速度标志。根据《轿车轮胎规格、尺寸、气压与负荷》（GB/T 2978—2014）规定，轿车轮胎采用表3-5中L~H的10级速度标志符号及其对应的最高行驶速度。

学习任务3.2.3 轮胎改装简介

汽车的改装可谓五花八门，动力、悬挂、外观、传动系统等都可以通过改装带来更优越的驾驶性能。不过想要成功地完成整车的改装，建议从轮胎开始。轮胎的改装不仅能直接提升操控性能，还能带来很好的视觉效果，比动力上的改装更容易被识别，比外观上的改装更实用，如图3-35所示。如果你只是想稍稍改装一下车子，那么轮胎的改装更划算。

图3-35 轮胎改装效果

轮胎的改装有以下几方面：
1）增加轮胎胎面宽度，如 195 mm 升级改装为 205 mm。
2）将铁轮圈升级改装为铝合金轮圈。

增加轮胎胎面宽度即增加了轮胎与地面的接触面积，优点是：① 能够提高车辆的抓地力；② 增加美观性。其缺点是：① 轮胎的滚动阻力变大而增加油耗；② 增加悬挂系统负担，使得悬架连接组件寿命减短；③ 容易受路面不平均而影响行进路线，车头会向左右拉扯。

3）使用更大尺寸的轮圈，如 15 英寸升级改装为 17 英寸。

使用更大尺寸的轮圈，其优点是：① 提升车轮装饰性；② 路感较直接；③ 底盘定位几何度较能准确传递到路面；④ 过弯能力提升。其缺点是：① 乘坐舒适性变差；② 较为敏感，如容易因为些微的失衡就造成抖动；③ 因为胎侧变薄，轮胎及轮圈都容易损坏且价格偏高。

知识单元 3.3　悬　　架

知识目标

1. 掌握悬架系统的功用、组成和类型。
2. 熟悉弹性元件的作用和类型，了解各种弹性元件的结构特点和作用。
3. 掌握双向作用筒式减震器的构造及作用原理。
4. 掌握独立悬架与非独立悬架的类型、构造特点、相互连接关系。

学习任务 3.3.1　汽车悬架概述

1. 悬架的功用、组成及分类

汽车车架或车身若直接安装在车桥上，它们之间是刚性连接，会由于道路不平而上下颠簸振动，使车上的乘员感到不舒服或者使货物损坏。因此，汽车上必须安装具有缓冲、减振和导向作用的悬架装置。汽车悬架是车架（或车身）与车桥（或车轮）之间的一切传力连接装置的总称，它弹性地连接车桥与车架（或车身）。

（1）悬架的功用

1）缓和在行驶过程中车辆由于受到不平路面引起的冲击力，保证乘坐舒适或货物完好。
2）传递垂直、纵向、侧向力及其力矩。
3）迅速衰减由于弹性系统引起的振动。
4）起到起导向作用，使车轮按一定轨迹相对于车身运动。

（2）悬架的分类

1）按控制方式划分。按控制方式的不同，汽车悬架可分为被动悬架和主动悬架，如图 3-36 和图 3-37 所示。

传统的机械控制属于被动控制，即汽车的状态只能被动地取决于路面行驶状况和汽车的弹性元件、减震器以及导向机构等机械部件。

主动控制采用电子控制技术，它能根据路面和行驶状况，自动调节悬架的刚度和阻尼，控制汽车的振动和状态，使汽车行驶平顺。该系统通常由传感器、控制阀、执行机构和悬架系统组成。

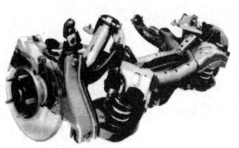
图3-36 被动悬架

图3-37 主动悬架

2）按汽车导向机构分。按导向机构的不同，汽车悬架又可将悬架分为非独立式悬架和独立式悬架，如图3-38所示。

如图3-38（a）所示，非独立悬架的结构特点是汽车两侧车轮安装在一根整体式的车轴的两端，车轴通过弹性元件与车架相连接。当一侧车轮因道路不平而发生跳动时，必然引起另一侧车轮在汽车横向平面内摆动，这种悬架称为非独立悬架。

如图3-38（b）所示，独立悬架的特点是两侧车轮安装在断开式的车轴两端，每段车轴和车轮单独通过弹性元件与车架相连接。这种悬架两侧车轮可单独跳动，相互不影响，因此称为独立悬架。

（3）悬架的组成

悬架一般由弹性元件、导向装置、减震器和横向稳定杆等组成，如图3-39所示。

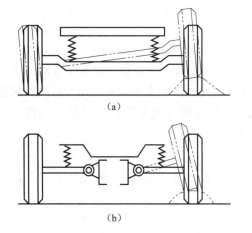

图3-38 非独立悬架与独立悬架示意图
（a）非独立悬架；（b）独立悬架

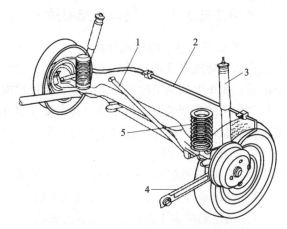

图3-39 汽车悬架组成示意图
1—横向推力杆；2—横向稳定杆；3—减震器；
4—纵向推力杆；5—弹性元件

1）弹性元件使车架（或车身）与车桥（或车轮）之间实现弹性连接，用来承受并传递垂直载荷，缓和由不平路面、紧急制动、加速和转弯而引起的冲击或车身位置的变化。

2）减震器用来衰减由于弹性系统引起的振动，很多汽车在悬架中设有专门的减震器。

3）导向装置是用来使车轮（尤其是转向轮）按一定运动轨迹相对于车身运动，同时起传递力的作用。若钢板弹簧作为弹性元件时，因其本身兼有导向作用，无须另设导向机构。

在多数的轿车和客车上，为了防止车身在转向等情况下发生过大的横向倾斜，在悬架中还须设有横向稳定杆，用以提高侧倾的刚度，使汽车转向特性不足，从而改善汽车的操纵稳定性和行驶的平顺性。

2. 非独立悬架

非独立悬架因其结构简单、工作可靠，被广泛应用于货车的前、后悬架，国产微型车以及微型客货车基本上采用钢板弹簧式非独立悬架。现代轿车很少被采用或者仅后悬架采用非独立悬架。

按照所采用的弹性元件不同，非独立悬架可分为钢板弹簧式、螺栓弹簧式和空气弹簧式。其中，最为常见的是钢板弹簧式非独立悬架，也有部分采用的是螺旋弹簧式非独立悬架。

（1）钢板弹簧式非独立悬架

非独立悬架采用钢板弹簧作为弹性组件，通常是将钢板弹簧纵向布置，又称为纵置板簧式非独立悬架。悬架中部用两个 U 形螺栓将钢板弹簧固定在汽车车桥上，悬架前端是固定铰链，称为固定吊耳。它是由钢板弹簧销钉将钢板弹簧前端卷耳部与钢板弹簧前支架连接在一起。为了减小磨损，前端卷耳孔中装有减磨衬套。后端卷耳则是通过钢板弹簧吊耳销与后端吊耳和吊架相连接的，后端可自由摆动，形成活动吊耳，从而保证了弹簧变形时两端卷耳中心线间的距离是变化的。也有的后端固定，但是第一片钢板弹簧平直，在支架内滑动，第二片端头做成弯角，防止在跳动时脱出。

货车后悬架所受的载荷因为汽车行驶时实际装载质量不同而在很大范围内变化，因而为了保持车身自然振动频率不变或变化很小，悬架刚度应该是可变的，且变化幅度应较前悬架大。通常采取的措施是在后悬架中加装副簧。

在汽车空载或者实际装载质量不大的情况下，副钢板弹簧不承受载荷而由主钢板弹簧独立工作。在重载或满载情况下，车架相对车桥下移，使得车架上副簧滑板式支座与副簧接触，即主、副簧共同参加工作，一起承受载荷而使悬架刚度增大，以保证车身振动频率不致因载荷增大而变化过大。这种结构形式的悬架刚度虽然可变化，但是变化得很突然，对汽车行驶的平稳性不利。

为了改善汽车行驶的平顺性，有些轻型货车（如南京依维柯）的后悬架将副钢板弹簧加装在主钢板弹簧下，成为渐变刚度的钢板弹簧。主簧由 5 片较薄的钢板弹簧片组成，副簧由 5 片较厚的钢板弹簧片组成，用中心螺栓将其固定在一起。在小载荷的情况下，就只由主簧起作用，而当载荷增大到一定值时，副簧开始与主簧接触，悬架刚度提高，弹簧特性变为非线性的。当副簧全部参加工作后，弹簧特性又变成线性的。这类悬架的特点是副簧逐渐随载荷增加而参加工作，因悬架刚度逐渐变化，从而提高了汽车行驶的平顺性。

（2）螺旋弹簧式非独立悬架

螺旋弹簧式非独立悬架一般只用作轿车的后悬架。由于使用螺旋弹簧作为弹性元件，只能承受垂直载荷，因此此悬架系统中只需安装导向装置和减震器。

螺旋弹簧套在减震器的外面，其上端安装在车身上的支座中，下端安装在纵向下推力杆上。由于螺旋弹簧只能承受垂直载荷，因此必须设置导向装置来承受并传递纵向力和横向力。导向装置包括纵向推力杆和横向导杆。两根纵向下推力杆和两根纵向上推力杆的一端均是与车身相连接，而另一端均是与后桥相铰接。通过纵向上、下推力杆传递牵引力和制动力等纵向力及其力矩。当汽车在不平路面上行驶，车轮上下跳动致使后桥与车身之间的距离发生变化时，纵向上、下推力杆可以绕其与车身的铰支点做上、下纵向摆动，以控制后桥的运动规律。横向导杆的一端与车身相铰接，而另一端与后桥相铰接。通过横向导杆传递悬架系统的横向力。当后桥与车身之间的距离发生变化时，横向导杆也可以绕其铰支点做上、下横向摆动。在此过程中，为了不致使车身与后桥产生过大的横向相对位移，因此要求横向导杆与后桥之间的空间夹角尽可能小，以此保证横向导杆与后桥尽可能的平行。两个减震器的上端铰接在车身支架上，下端铰接在车桥的支架上。

为了提高汽车行驶的平顺性，适应载荷和路面的变化，要求悬架刚度随之变化。当空车时车身被抬高，满载时车身则被压得很低。对于轿车，要求在状况良好的路面上行驶时降低车身高度，提高行驶速度；在状况不佳的路面上行驶时提高车身，可提高其通过能力。因此，不同行驶状况的汽车提出的要求也不同，而空气弹簧非独立悬架可通过改变气体压力来满足载荷对悬架刚度的要求。

3. 独立悬架

独立悬架在轿车上被广泛应用，有些轿车的全部车轮都采用独立悬架，它与非独立悬架相比具有以下优点：

1）在一定的变形范围内，两侧车轮可以单独运动而互不影响，减小了行驶中车架和车身的振动，可防止转向轮的偏摆。

2）汽车的非簧载质量小（指不由弹性元件支撑的质量），悬架受到的冲击载荷小，汽车行驶的平顺性好。

3）配用断开式车桥，可降低汽车的重心，提高汽车高速行驶的稳定性。

但是，独立悬架的结构复杂、成本高、维修不便，且在车轮跳动时轮距（或轴距）会发生变化，引起轮胎与路面之间产生滑动摩擦，轮胎磨损严重。

如图3-40所示，独立悬架按车轮的运动方式分为3种类型：车轮在横向平面内摆动的横臂式、车轮在纵向平面内摆动的纵臂式、车轮沿主销轴线移动的麦弗逊式和烛式。

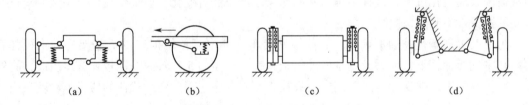

图3-40 独立悬架基本类型示意图
(a) 横臂式独立悬架；(b) 油气弹性组件；(c) 烛式悬架；(d) 麦弗逊悬架

(1) 横臂式独立悬架

横臂式独立悬架可分为单横臂式和双横臂式独立悬架。

1）单横臂式独立悬架。单横臂式独立悬架的特点是当悬架变形时，车轮平面将产生倾斜而改变两侧车轮与路面接触点间的距离—轮距，致使轮胎相对于地面侧向滑移，破坏轮胎和地面的附着，如图3-41所示。另外，这种悬架用于转向轮时，会使主销内倾角和车轮外倾角发生较大的变化，对于转向操纵具有一定影响，目前在前悬架中很少被采用。但由于其结构简单、紧凑、布置方便等原因，在车速不太高的重型越野汽车上也有采用。

2）双横臂式独立悬架。通过上、下摆臂分别将左、右车轮和车架（或车身）连接起来的悬架形式称为双横臂式独立悬架。其两个摆臂长度可以相等，也可以不相等。

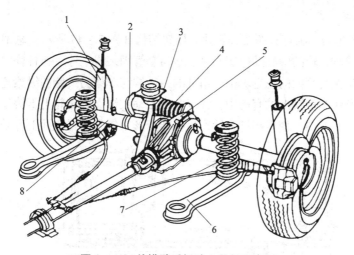

图 3-41　单横臂后桥独立悬架示意图
1—减震器；2—油气弹性组件；3—中间支撑；4—单铰链；5—主减速器壳；
6—纵向推力杆；7—螺旋弹簧；8—半轴套管

　　双横臂式独立悬架的优点是设定前轮定位参数的变化及侧倾中心位置的自由度大，如果能很好地设定汽车顺从转向性，就可得到最佳的操纵性和平顺性；发动机罩高度低、干摩擦小。但是其结构复杂、成本高。因此不等长的双横臂式独立悬架在轿车的前轮上应用得较广泛。

　　这种悬架的弹性元件一般都是螺旋弹簧，但也有采用横置钢板弹簧或扭杆弹簧作为弹性元件的。如南京依维柯 S 系列轻型货车的前悬架就属于不等长双横臂式扭杆弹簧独立悬架，它的结构如图 3-42 所示。车轮所受的纵向力、侧向力及其力矩由上、下横臂和上、下支撑杆承受，并传递给车架。

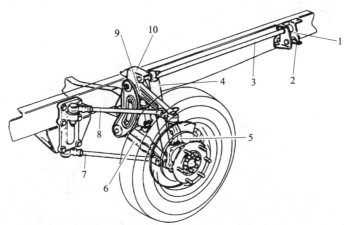

图 3-42　南京依维柯 S 系列轻型货车的前悬架
1—扭杆弹簧固定支架；2—扭杆弹簧预加载荷调整螺栓；3—扭杆弹簧；4—减震器；
5—减震器上支架；6—上横臂；7—上支撑杆；8—下支撑杆；9—下横臂；10—车架

（2）纵臂式独立悬架

纵臂式独立悬架有单纵臂式和双纵臂式独立悬架。

1）单纵臂式独立悬架。转向轮采用单纵臂独立悬架时，车轮上下跳动将使得主销后倾角产生很大的变化。因此，单纵臂式独立悬架一般多用于不转向后轮，如雷诺-5 型轿车和富康轿车的后悬架。

雷诺－5型轿车的单纵臂式扭杆弹簧独立悬架结构如图3－43所示。悬架的纵臂是一箱形构件，一端用花键与车轮的中心轴连接，另一端与套管固装成一体。扭杆弹簧装在套管内，它的外端用花键固定在套管内的花键套中，扭杆的另一端与车架另一侧的纵梁连接。套管的两端用宽橡胶衬套支撑在车架梁上的套筒中，并以此为活动铰链。当车轮上下跳动时，纵臂以套管和扭杆的轴线为中心摆动，使得扭杆弹簧产生扭转变形来缓和不平路面上行驶时产生的冲击。

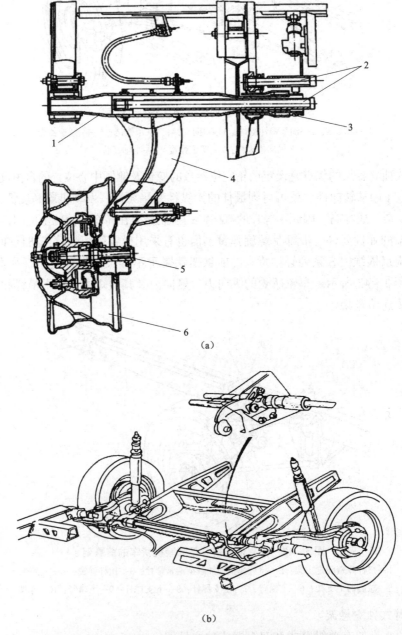

图3－43 雷诺－5型轿车的单臂式扭杆弹簧独立悬架

(a) 左右轮悬架结构图 ；(b) 悬架整体示意图

1—套管；2—扭杆弹簧；3—橡胶衬套；4—纵臂；5—芯轴；6—车轮

2）双纵臂式独立悬架。双纵臂式独立悬架的两个纵摆臂长度通常做成相等，形成平行四连杆机构。这样，当车轮上下跳动时，主销后倾角保持不变，这种悬架适用于转向轮。

转向轮的双纵臂扭杆弹簧独立悬架如图3-44所示。转向节和两个相等长度的纵臂为铰链连接。在车架的两根管式横梁内，装有若干层矩形断面薄弹簧钢片叠成的扭杆弹簧。两根扭杆弹簧的内端用螺钉固定在横梁中部，而外端则插入纵臂轴的矩形孔内。纵臂轴用衬套支撑在管式横梁内。纵臂轴和纵臂进行刚性地连接。另一侧车轮悬架与之完全相同并且对称。

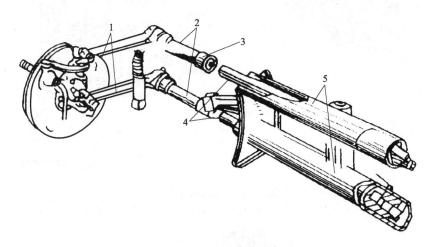

图3-44 双纵臂式扭杆弹簧独立悬架
1—纵臂；2—纵臂轴；3—衬套；4—扭杆弹簧；5—横梁

（3）车轮沿主销轴线移动的悬架

目前，车轮沿主销移动的悬架大致可以分为两种，一种是车轮沿固定不动的主销轴线移动的烛式悬架，另一种是车轮沿摆动的主销轴线移动的麦弗逊式悬架。

1）烛式悬架。车轮的转向节沿着刚性地固定在车架上的主销上下移动的烛式悬架，如图3-45所示。这种悬架对于转向轮来说，当悬架变形时，主销的定位角不会发生什么变化，仅轮距、轴距稍有变化。有利于汽车的转向操纵和行驶稳定性。但侧向力全部由套在主销上的长套筒和主销承受，易造成套筒与主销之间的摩擦阻力大，磨损严重。因此这种悬架目前很少被采用。

2）麦弗逊式悬架。麦弗逊式悬架又称为滑柱连杆式悬架，它由滑动立柱和横摆臂组成，如图3-46所示。这种结构可以看作是烛式悬架的改进型，由于增加了横摆臂从而改善了滑动立柱的受力状况。其优点是：汽车前端空间大，有利于发动机的布置，并能降低整车的重心；由于减震器在车厢上的安装点位置较高，在制造中易于保证主销定位角的位置精度。另外，因滑柱中摩擦阻力较大，会影响汽车行驶的平顺性。为了减少作用于滑柱的附加弯矩产生的摩擦，通常会把螺旋弹簧和滑柱的中心设计为不重合而偏离一个角度，也有的将减震器导向座和活塞的摩擦表面用耐磨材料制造。

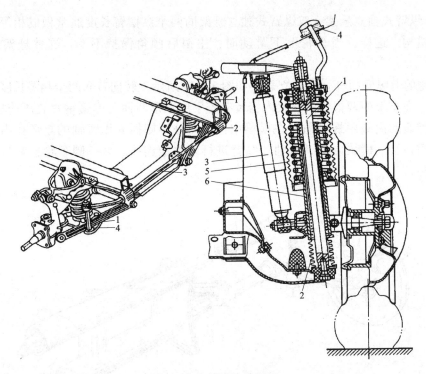

图 3-45 烛式独立悬架

1—主销；2，5—防尘罩；3—减震器；4—通气管；6—套筒

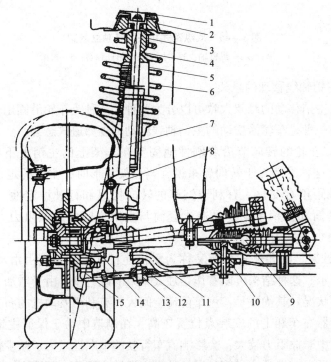

图 3-46 麦弗逊式独立悬架

1—连接板总成；2—带轴承的隔振块总成；3—螺旋弹簧上托盘；4—前缓冲块；5—防尘罩；6—螺旋弹簧；7—筒式减震器；8—转向节；9—转向拉杆内铰链；10—横摆臂内铰链；11—横向稳定杆；12—横摆臂；13—橡胶缓冲块；14—传动轴；15—横摆臂球铰链

学习任务 3.3.2　汽车减震器

1. 概述

为了加速汽车车架和车身振动的衰减，改善汽车行驶的平顺性，在大多数汽车的悬架系统内都安装有减震器。减震器和弹性元件是并联安装的，如图 3-47 所示。

汽车悬架系统中广泛采用液力减震器。当车架与车桥相对运动时，使得工作油液经窄小孔隙流动产生阻尼力，从而将车身振动能量消耗在工作油液温升上。当液体在高压下流经窄小孔隙时，不仅液体与孔隙壁间有摩擦力，液体分子之间也产生摩擦力，因此液压减震器阻尼力的大小一般与车身的振动速度成正比。同时，它与油液的黏度、孔道的多少、孔道截面积的大小和阀门弹簧的软硬等因素有关。

减震器的阻尼力越大，振动消除得越快，但也会使并联的弹性元件的作用不能得以充分发挥。另外，过大的阻尼力还可能导致减震器连接零件及车架损坏。为了解决弹性元件与减震器之间的这一问题，减震器必须满足以下要求：

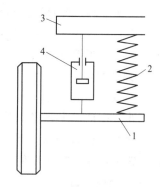

图 3-47　减震器与弹性元件的相互位置
1—车桥；2—弹性元件；
3—车架；4—减震器

1）在悬架压缩行程中（车桥和车架相互靠近），减震器阻尼力较小，以便充分发挥弹性元件的弹性作用，缓和冲击。此时，弹性元件起主要作用。

2）在悬架伸张行程中（车桥和车架相互远离），减震器阻尼力应较大，以迅速减振。此时，减震器起主要作用。

3）当车架（或车轮）与车桥间的相对运动速度过大时，要求减震器能自动加大液流量，使阻尼力始终保持在一定限度之内，以避免车架（或车身）承受过大的冲击载荷。

在汽车悬架系统中被广泛采用的液力减震器是筒式减震器。在压缩和伸张行程中均能起减振作用的减震器称为双向作用筒式减震器。只能在伸张行程内起减振作用的减震器称为单向作用式减震器。目前汽车上广泛采用的是双向作用筒式减震器。

2. 双向作用筒式减震器

双向作用筒式减震器的基本组成，如图 3-48 所示。双向作用筒式减震器上连车架、下连车桥，有 3 个同心钢筒，最外面的是防尘罩，中间的是储油缸，最里面的是工作缸。工作缸筒中的活塞固定在与防尘罩制成一体的活塞杆上，活塞上有伸张阀和流通阀，在工作缸筒的下端支座上有压缩阀和补偿阀。流通阀和补偿阀的弹簧均很软，压缩阀和伸张阀的弹簧均很硬。

双向作用筒式减震器的工作过程及工作原理如下：

1）压缩行程时，车桥靠近车架（或车身），减震器压缩，活塞下移，活塞下方腔室容积减小，油压升高，将流通阀顶开进入活塞上方腔室。由于活塞杆占用上腔部分容积，因而上腔室增加的容积小于下腔室减小的容积，于是部分不能进入上腔室的油液打开压缩阀，流回储油缸。利用油液与孔隙之间的摩擦来衰减振动，车身在剧烈振动时，下腔室油压剧增，压缩阀的开口增大，这样油压和阻尼力不会过大，可使弹性元件的缓冲作用得到充分发挥。

2）伸张行程时，车桥远离车架（或车身），减震器受到拉伸，活塞上移，活塞上方腔室油压升高，推开伸张阀流回活塞下方腔室。由于活塞杆的存在，使上腔室减小的容积小于下腔室增加的容积，储油缸中的油液在真空度的作用下流经补偿阀进入下腔室来补偿。因为伸张阀的弹簧刚度和预紧力大于压缩阀，并且伸张行程的通道截面比压缩行程的通道截面小，所以伸张行程产生的阻尼力大于压缩行程产生的阻尼力，从而实现迅速减振。

3. 弹性元件

为了缓和冲击，在汽车行驶系统中，除了采用弹性充气轮胎之外，在悬架中还必须安装有弹性元件，使车架（或车身）之间做弹性连接。悬架通常采用的弹性元件有钢板弹簧、螺旋弹簧、空气弹簧和油气弹簧等。

（1）钢板弹簧

钢板弹簧是汽车悬架中应用最广泛的一种弹性元件。它是由若干片等宽但不等长、曲率半径不同、厚度相等或不等的弹簧钢片叠合在一起组成的一根近似等强度的弹性梁，其一般构造如图3-49所示。

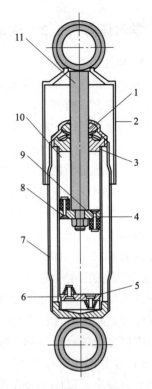

图3-48 双向作用筒式减震器的基本组成

1—油封；2—防尘罩；3—导向座；
4—流通阀；5—补偿阀；6—压缩阀；
7—储油缸筒；8—伸张阀；9—活塞；
10—工作缸筒；11—活塞杆

钢板弹簧的第一片即最长的一片称为主片，它两端弯成卷耳，内装青铜或者塑料、橡胶、粉末冶金制成的衬套，以便使弹簧销与固定在车架上的支架或者吊耳做铰链连接。钢板弹簧的中部一般用U形螺栓固定在车桥上。

中心螺栓用以连接各弹簧片，并且保证装配时各片的相对位置。中心螺栓距两端卷耳中心的距离可以相等，也可以不相等。相等的称为对称式钢板弹簧，如图3-49（a）所示；不相等的称为非对称式钢板弹簧，如图3-49（b）所示。非对称式钢板弹簧可以改善弹簧的受力状况，不仅可以提高其疲劳强度，还可节约金属材料。

钢板弹簧在载荷作用下变形，各片之间相对滑动而产生摩擦，可衰减车架的振动，因此可以不设置减震器。为了防止片与片之间干摩擦，各片之间应涂上较稠的石墨润滑脂进行润滑，并做定期维护。另外，钢板弹簧本身还起导向装置的作用，不用再单独设置导向装置。因其结构简单，某些高级轿车的后悬架也采用钢板弹簧作为弹性元件。目前，一些汽车采用变厚度的单片或2~3片的钢板弹簧，可减小片与片之间的干摩擦，同时也可减轻质量，如图3-50所示。

（2）螺旋弹簧

螺旋弹簧如图3-51所示，它被广泛地应用于独立悬架中，特别是前轮独立悬架中。有的轿车后轮非独立悬架中其弹性元件也采用螺旋弹簧。

螺旋弹簧本身不具有减振作用，因此在螺旋弹簧悬架中必须安装减震器。另外，螺旋弹簧只能承受垂直载荷，因此必须装设导向机构以传递垂直力以外的各种力和力矩。螺旋弹簧用弹簧钢棒料卷制而成，可以做成等螺距或变螺距。前者的刚度是不变的，后者的刚度是可变的。

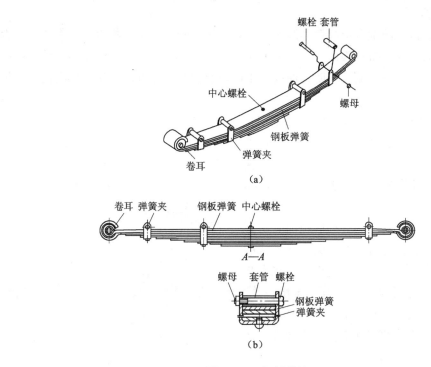

图 3-49 钢板弹簧

(a) 对称式钢板弹簧;(b) 非对称式钢板弹簧

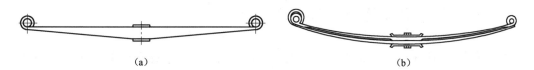

图 3-50 钢板弹簧端面形状

(a) 单片弹簧;(b) 少片弹簧

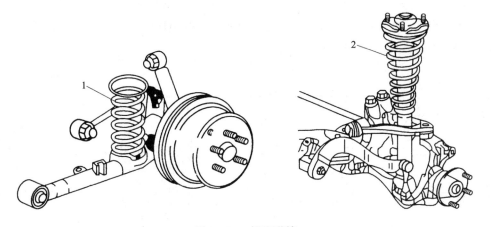

图 3-51 螺旋弹簧

1—等螺距螺旋弹簧;2—不等螺距螺旋弹簧

螺旋弹簧与钢板弹簧相比,具有无须润滑、防污性强、占用纵向空间小和弹簧本身质量小等优点,因而被广泛应用于现代轿车上。

(3) 扭杆弹簧

扭杆弹簧用铬钒或硅锰合金弹簧钢制而成，具有扭曲刚性。扭杆断面通常为圆形，少数是矩形或管状。为了保护扭杆表面，可在其上面涂上环氧树脂，并包一层玻璃纤维，然后再涂一层环氧树脂，最后涂上沥青和防锈油漆，用以防锈蚀和损坏表面，从而提高扭杆弹簧的使用寿命。

如图 3-52 所示，扭杆一端固定于车架上，另一端与悬架控制臂连接。当车轮上下跳动时，摆臂便绕着扭杆轴线摆动，使得扭杆产生扭转弹性变形，借以保证车轮与车架之间的弹性连接。

扭杆弹簧在制造时，经热处理后施加一定方向的扭转力矩载荷，使它有一个永久变形，从而具有一定的预应力，用以提高弹性极限。在安装时，扭转的方向应与所预加的应力方向相一致。因此在左、右扭杆上要做有标记，安装时不能互用。否则将使扭杆弹簧的实际工作应力加大，而缩短其使用寿命。

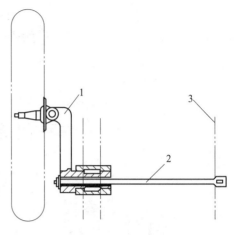

图 3-52 扭杆弹簧

1—摆臂；2—杆；3—车架

扭杆弹簧与钢板弹簧相比，质量较轻、无须润滑、保养维修简便和节省纵向空间，适用于小型车和厢式车的悬架系统。扭杆弹簧悬架与螺旋弹簧悬架一样，须装设导向装置和减震器。

(4) 气体弹簧

气体弹簧主要包括空气弹簧和油气弹簧。气体弹簧以空气为弹性介质，即在一个密闭的容器内装入压缩空气（气压 0.5~1 MPa），利用气体的可压缩性实现弹簧的功用。当作用在弹簧上的载荷增加时，容器内的定量气体受压缩，气压升高，则弹簧的刚度增大；反之，当载荷减小时，弹簧内气压下降，刚度减小，因此它具有较理想的可变刚度特性。

1) 空气弹簧。空气弹簧利用压缩空气作为弹簧。按照压缩空气所用的容器不同，可分为囊式和膜式空气弹簧，如图 3-53 所示。

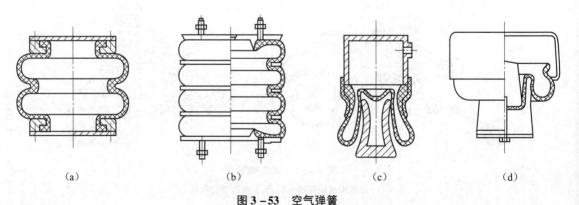

(a) (b) (c) (d)

图 3-53 空气弹簧

(a), (b) 囊式空气弹簧；(c), (d) 膜式空气弹簧

囊式空气弹簧由夹有帘线的橡胶气囊和密闭在其中的压缩空气组成。气囊的内层用气密性好的橡胶制成，而外层则用耐油橡胶制成。气囊通常做成两节，节与节之间围有钢质腰环，使得中间部分不致有径向扩张，并能防止两节之间的相互摩擦。气囊的上下盖将气囊密封。膜式空气弹簧的密闭气囊由橡胶膜片和金属制件组成。与囊式相比，其特性曲线比较理想，因其刚度较囊式的小，车身自然振动频率较低且尺寸较小，在车上便于布置，所以多用在轿车上。

2）油气弹簧。油气弹簧以惰性气体（氮气）作为弹性介质，而用油液作为传力介质。它一般由气体弹簧和相当于液力减震器的液压缸所组成。

油气弹簧根据结构形式不同可分为单气室、双气室（带反压气室）以及两级压力式油气弹簧3种。

① 单气室油气弹簧。单气室油气弹簧又可以分为油气分隔式和油气不分隔式两种，如图3-54所示。油气分隔室油气弹簧可以防止油液乳化，并且便于充气。

② 双气室油气弹簧。双气室油气弹簧比单气室油气弹簧多一个作用力方向相反的反压气室及一个浮动活塞，如图3-55所示。

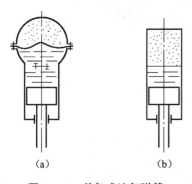

图3-54 单气式油气弹簧

(a)油气分隔式；(b)油气不分隔式

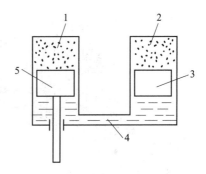

图3-55 双气式油气弹簧

1—主气室；2—反压气室；3—浮动活塞；
4—通道；5—主活塞

当弹簧处于压缩行程时，主气室中的活塞向上推移，使得主气室内的气压增高，弹簧的刚度增大。这时浮动活塞下面的油液，在反压气室的气体压力作用下经过通道流入主气室的活塞下面，补充活塞向上推移后空出的容积，而反压气室内的气压下降。当弹簧处于伸张行程时，主活塞向下推移，主气室内的气压降低，主活塞下面的油液受到挤压，经过通道流回浮动活塞的下面，推动活塞向上移动，使得反压气室内的气压增高，从而提高了伸张行程的弹簧刚度。此种油气弹簧消除了在伸张行程中活塞与缸体底部发生撞击的可能性。

③ 两级压力式油气弹簧。两级压力式油气弹簧如图3-56所示。它的特点是：在工作活塞的上方设有两个并列的气室，但是两个气室的工作压力不同。主气室内的气压与单气室油气弹簧的气室压力相接近，而补偿气室内的

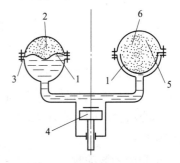

图3-56 两级压力式油气弹簧

1—橡胶油气隔膜；2—主气室；
3—第一级压力缸；4—工作活塞；
5—第二级压力缸；6—补偿气室

气压较为高,所以两个气室不同时参加工作,作用分别相当于钢板弹簧的主簧与副簧。当弹簧载荷较小时,主气室先进行工作,其中的气压随着载荷的增加而逐渐升高。当油气弹簧所承受的载荷增加到使主气室的气压稍超过补偿气室内的气压时,则补偿气室进行工作。这时候,如果弹簧上的载荷继续增加,补偿气室和主气室就共同工作。这种结构使得弹簧刚度的变化更加符合悬架性能的要求,从而可以保证汽车空载和满载时悬架系统有大致相等的自然振动频率。

4. 横向稳定杆

现代轿车悬架很软,即固有频率很低。汽车在高速行驶转弯时,车身会产生较大的侧向倾斜和侧向角振动。为了提高悬架的侧倾角刚度,减小侧倾,常在悬架中加设横向稳定杆,如图3-57所示。

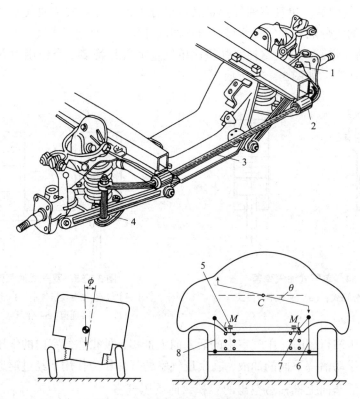

图3-57 横向稳定杆结构示意图

1—支杆;2,5—套筒;3—横向稳定杆;4—弹簧支座;6—右连接臂;7—扭杆;8—左连接臂

由弹簧钢制成的横向稳定杆(杆)呈U形,安装在汽车紧靠悬架的前端或后端(有的轿车前、后都安装有横向稳定杆)。稳定杆的中部自由支撑在两个固定于车架上的橡胶套筒内,而橡胶套筒固定在车架上,稳定杆两侧纵向部分的末端通过支杆与悬架下摆臂上的弹簧支座相连接。

车身受到振动时,如果两侧悬架变形相同,横向稳定杆在橡胶套管内自由转动,此时横向稳定杆不起作用。如果两侧悬架变形不等,车身相对路面发生倾斜时,弹性的稳定杆产生扭转内力矩阻碍悬架弹簧的变形,从而减小车身的侧向倾斜和侧向角振动。即车架的一侧向弹簧下支座移动,稳定杆的同侧末端就会相对车架向上抬起,另一侧车架则会远离弹簧座,相应一侧横向稳定杆的末端应会相对车架下移。与此同时，横向稳定杆中部对于车架没有相对运动，而稳定杆两边的纵向部分则以不同方向偏转，导致稳定杆被扭转。具有弹性的稳定杆抵抗扭转内力矩阻碍了悬架弹簧的变形，因此减小了车身的横向倾斜和横向角振动。横向稳定杆还可以平衡两侧车轮的载荷作用。

学习任务3.3.3 电子控制悬架

传统悬架结构参数不能主动地适应行驶过程中不断变化的路面要求，从而使悬架性能的进一步提高受到了很大限制，因此人们将传统的不可调整的悬架称为被动悬架。随着现代电子控制技术的飞速发展，以微计算机为核心，对汽车悬架系统参数，包括弹簧刚度、减震器阻尼力、车身高度等实行实时控制，这种悬架称为电子控制悬架。它既改善了汽车的乘坐舒适性，又兼顾到汽车行驶过程中的操纵稳定性。

现代汽车电子控制悬架系统有多种形式。根据控制目的的不同，可分为车高控制系统、刚度控制系统、阻尼控制系统和综合控制系统等。按悬架系统结构形式不同，可分为电控空气悬架系统和电控液压悬架系统。根据控制系统有源和无源，可分为半主动悬架系统和主动悬架系统。

电子控制悬架系统一般由传感器、电子控制单元和执行机构3部分组成，如图3-58所示。

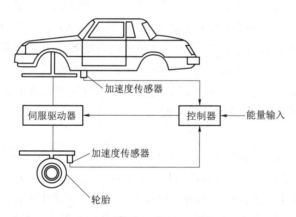

图3-58 电子控制悬架模型

1）传感器用来感受汽车的运动状态，如路况、车速以及汽车的起动、加速、转向、制动等工作情况，并将各种状态转换为电信号输送给电子控制单元（ECU）。

2）电子控制单元对传感器输入的电信号进行综合处理，向执行机构发出控制指令。

3）悬架控制系统的执行机构是电磁阀、步进电动机和空气压缩机。它们接收来自电子控制单元的控制指令，准确、快速、及时地做出动作反应，实现对弹簧刚度、减震器阻尼以及车身高度的调节。

知识领域 4　汽车转向系统和制动系统（ASB）

知识单元 4.1　汽车转向系统

知识目标

1. 了解转向系统的功用和类型
2. 掌握机械转向系统的基本组成和工作原理
3. 掌握转向系统的参数

学习任务 4.1.1　汽车转向系统概述

1. 转向系统的功用、类型

转向系统是指由驾驶员操纵，能实现转向轮偏转和回位的一套机构。其功用是按照驾驶员的意愿改变和保持汽车的行驶方向。当汽车需要改变行驶方向时，必须使转向轮绕主销轴线偏转一定角度，直到行驶方向符合驾驶员的要求时，再将转向轮恢复到直线行驶的位置。

汽车转向系统按转向动力源的不同分为机械转向系统和动力转向系统两大类。机械转向系统以驾驶员的体力作转向动力源。动力转向系统除了以驾驶员的体力作转向动力源外，还以汽车的动力作为辅助转向能源，又可以分为液压式、气压式和电动式的动力转向系统。

2. 机械转向系统的基本组成和工作原理

（1）基本组成

汽车机械转向系统由转向操纵机构、机械转向器和转向传动机构三大部分组成，其具体组成如图4－1所示。转向操纵机构包括转向盘、转向轴、万向节、转向传动轴、机械转向器以及转向传动机构等。其中，机械转向器有多种类型，轿车上常采用齿轮齿条转向器；转向传动机构包括转向摇（垂）臂、转向直（纵）拉杆、转向节臂、转向梯形臂、转向横拉杆等。

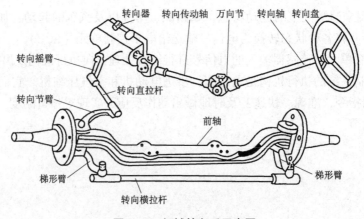

图 4－1　机械转向系示意图

(2) 工作原理

汽车转向时，驾驶员转动转向盘，通过转向轴、万向节和转向传动轴，将转向力矩输入转向器，如图4-1所示。转向器中有1~2级啮合传动副，具有降速增矩的作用。转向器输出的转矩经转向摇臂，再通过转向直拉杆传给固定在左转向节上的转向节臂，使左转向节及装于其上的左转向轮绕主销偏转。左、右转向梯形臂的一端分别固定在左、右转向节上，另一端则与转向横拉杆做球铰链连接。当左转向节偏转时经左转向梯形臂、转向横拉杆和右转向梯形臂的传递，右转向节及装于其上的右转向轮随之绕主销同向偏转一定的角度。

左、右转向梯形臂和转向横拉杆构成转向梯形，其作用是在汽车转向时，使左、右转向轮按一定的规律进行偏转。

3. 转向系统的参数和转向理论

(1) 转向系统角传动比

转向系统角传动比是指转向盘的转角与转向盘同侧的转向轮偏转角的比值，一般用 i_w 表示。转向系统角传动比是转向器角传动比 i_1 和转向传动机构角传动比 i_2 的乘积。转向器角传动比是转向盘转角和转向摇臂摆角之比。转向传动机构角传动比是转向摇臂摆角与同侧转向轮偏转角之比。三者之间的关系式为

$$i_w = i_1 \times i_2 \qquad (4-1)$$

现代汽车结构中，转向传动机构角传动比 i_2 近似为1。所以转向系统传动比 i_w 主要取决于转向器角传动比 i_1。

转向系统角传动比越大，增矩作用加大，转向操纵越轻便，但由于转向盘转的圈数过多，导致操纵灵敏性变差，所以转向系统角传动比不能过大。而转向系统角传动比太小又会导致转向沉重，所以转向系统角传动比既要保证转向轻便，又要保证转向灵敏。但机械转向系统很难做到这点，所以越来越多的车辆采用动力转向系统。

通常轿车的 i_1 为12~22，一般货车的 i_1 为16~32。

(2) 转向盘的自由行程及对汽车转向的影响

转向盘的自由行程是指转向盘在空转阶段的角行程，这主要是由于转向系统各传动件之间的装配间隙和弹性变形所引起的。由于转向系统各传动件之间都存在着装配间隙，而且这些间隙将随零件的磨损而增大，因此在一定的范围内转动转向盘时，转向节并不马上同步转动，而是在消除这些间隙并克服机件的弹性变形后，才做相应的转动，即转向盘有一个空转过程。转向盘为消除间隙、克服弹性变形所转过的角度称为转向盘的自由行程。

转向盘的自由行程对于缓和路面冲击及避免驾驶员过于紧张是有利的，但过大的自由行程会影响转向灵敏性，因此汽车维护中应定期检查转向盘的自由行程。一般汽车转向盘的自由行程应不超过10°~15°，当零件磨损使转向盘的自由行程超过25°~30°时，则应进行调整。通常是通过调整转向器传动副的啮合间隙来调整转向盘的自由行程。

(3) 转向时车轮运动规律

汽车在转弯时，要求车轮相对于地面做纯滚动，否则如果有滑动的成分，车轮边滚边滑会导致转向行驶阻力增大、动力损耗、油耗增加以及轮胎磨损增加。

汽车转向时，内侧车轮和外侧车轮滚过的距离是不等的。对于一般汽车而言，后桥左右两侧的驱动轮由于差速器的作用，能够以不同的转速滚过不同的距离。但前桥左右两侧的转向轮要滚过不同的距离，保证车轮做纯滚动就要求所有车轮的轴线都交于一点方能实现。此

交点 O 称为汽车的转向中心,如图4-2所示。汽车转向时内侧转向轮偏转角 β 大于外侧转向轮偏转角 α。α 与 β 的关系为

$$\cot \alpha = \cot \beta + \frac{B}{L} \qquad (4-2)$$

式中,B——两侧主销中心距(可近似认为是转向轮轮距);

L——汽车轴距。

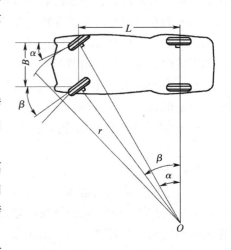

由于这一关系是由转向梯形保证的所以式(4-2)也称为转向梯形理论特性关系式。但所有汽车转向梯形的设计实际上都只能保证在一定的车轮偏转角范围内,使两侧车轮偏转角大体上接近上述关系式。

从转向中心 O 到外侧转向轮与地面接触点的距离 r 称为汽车转弯半径。转弯半径 r 越小,则汽车转向所需要场地就越小,汽车的机动性也越好。当外侧转向轮偏转角达到最大值 α_{max} 时,转弯半径 r 最小。

转向轮内轮的最大偏转角为 $34° \sim 42°$,最小转弯半径一般为 $5 \sim 12$ m。

图4-2　汽车转向示意图

学习任务4.1.2　汽车转向操纵机构

1. 转向操纵机构的功用和组成

(1) 功用

转向操纵机构的功用是将驾驶员操纵转向盘的力传给转向器,同时为了保证驾驶员的舒适性,还要求转向操纵机构可以进行调节,以满足不同驾驶员的需求;为了防止车辆撞击后对驾驶员的损伤,还要求转向操纵机构具有一定的安全保护装置。

(2) 组成

如图4-3所示,汽车的转向操纵机构一般由转向盘、转向柱管、转向轴、上万向节、下万向节和转向传动轴等组成。

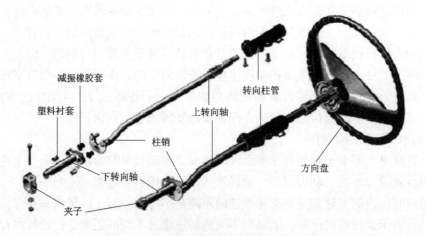

图4-3　汽车转向操纵机构和转向器布置图

转向柱管中部用橡胶垫和转向柱管支架固定在驾驶室前围板上，下端插入支座的孔中。转向柱管支座固定在转向操纵机构支架上，通过轴承支承于转向柱管内的转向轴上端用螺母与转向盘相连，下端通过万向传动装置与转向器相连。转向盘上装有电喇叭按钮。下万向节与转向传动轴用滑动花键连接。

转向操纵机构中设置万向传动装置有助于转向盘和转向器等部件的通用化和系列化，便于汽车总体结构的合理布置；能够补偿部件的安装误差和安装基体变形所造成的不利影响，便于拆装维修。

为了保证驾驶员的安全，同时为了能够更加舒适、可靠地操纵转向系统，现代汽车（特别是轿车）通常在转向操纵机构上增设相应的安全装置和调节装置。这些装置主要反映在转向轴和转向柱管的结构上。为了便于叙述，将转向轴和转向柱管统称为转向柱。

2. 安全式转向柱

安全式转向柱有可分离式安全转向操纵机构和缓冲吸能式转向操纵机构。

（1）可分离式安全转向操纵机构

可分离式安全转向操纵机构的转向轴可分为上、下两段，当发生撞车时，上、下两段相互分离或相互滑动，从而有效地防止转向盘对驾驶员的损伤。但这种转向操纵机构本身不包含有吸能装置。

（2）缓冲吸能式转向操纵机构

缓冲吸能式转向操纵机构从结构上能使转向轴和转向管柱在受到冲击后，轴向收缩并吸收冲击能量，从而有效地缓和转向盘对驾驶员的冲击，减轻其所受伤害的程度。

1）网状管柱变形式。这种转向操纵机构的转向轴分为上、下两段，如图4-4（a）所示。上转向轴套装在转向轴的内孔中，两者通过塑料销结合在一起（也有采用的细花键结合），并传递转向力矩。它既能可靠地传递转向力矩，又能在受到冲击时被剪断，因此，它起安全销的作用。

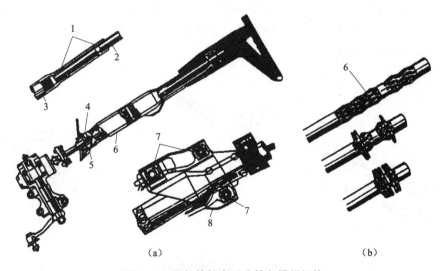

图4-4 网状管柱变形式转向操纵机构

(a) 转向轴；(b) 转向柱管

1—塑料销；2—上转向轴；3—下转向轴；4—凸缘盘；5—下托架；6—转向柱管；7—塑料安全销；8—上托架

这种转向操纵机构的转向柱管的部分管壁制成网格状，使其在受到压缩时很容易轴向变形，并消耗一定的变形能量，如图4-4（b）所示。另外，车身上固定柱管的托架也是通过两个塑料安全销与柱管连接的。当这两个安全销被剪断后，整个柱管就能前后自由移动。这样，由转向系统引起的对驾驶员的冲击和伤害就被大大降低了。

2）钢球滚压变形式。转向轴分为上转向轴和套在轴上的下转向轴两部分，用塑料销钉连成一体。转向柱管也分为上柱管和下柱管两部分，上、下柱管之间压入带有塑料隔圈的钢球。隔圈起钢球保持架的作用，钢球与上、下柱管压紧并使之结合在一起。上、下柱管连同柱管托架通过特制橡胶垫固定在车身上，橡胶垫则利用塑料销钉与托架连接。

当发生撞车时，加在转向柱管上的轴向压力首先将连接上、下转向轴的塑料销钉切断，接着上、下转向柱管轴向移动收缩，这时钢球边转动边在上、下转向柱管的壁上压出沟槽，从而消耗了冲击能量。

3. 可调节式转向柱

为方便不同体型的驾驶员操纵转向盘，现代汽车的转向轴除装有柔性万向节外，有的还装设了可调节式转向柱，使驾驶员可以在一定的范围内调节转向盘的位置。转向柱调节的形式分为倾斜角度调节和轴向位置调节两种。

(1) 转向盘斜度调整机构

转向盘斜度调整机构是为适应驾驶员的不同驾驶姿势而设置的。倾斜式转向柱管的上转向轴和下转向轴用万向节连接，以适应上、下轴之间的角度变化。整个转向轴有两个固定架，下固定架与车身相连接，上固定架连同转向盘一起固定在可倾斜转向支架上，能做一定角度的上、下摆动。

(2) 转向轴伸缩调整机构

转向轴伸缩机构如图4-5（a）所示，转向轴分为上下两段，通过花键连接。上转向轴由调节螺栓通过楔状限位块夹紧定位。调节螺栓的一端拧有调节手柄。当需要调整转向轴的轴向位置时，先向下推调节手柄，使限位块松开，再轴向移动转向盘，调整到合适的位置后，向上拉调节手柄，将上转向轴锁紧定位。富康车采用的转向盘高度可调节机构的工作原理与此类似，如图4-5（b）所示。

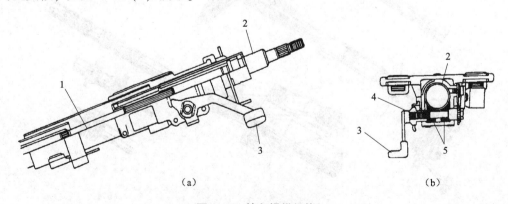

图4-5 转向操纵机构

(a) 转向轴伸缩机构；(b) 转向盘高度调节机构

1—下转向轴；2—上转向轴；3—调节手柄；4—调节螺栓；5—楔状限位块

4. 转向传动机构的功用

转向传动机构的功用是将转向器输出的力和运动传给转向轮，使两侧转向轮偏转，并保证左右转向轮的偏转角按一定关系变化（转向梯形理论特性式），保证汽车转向时车轮与地面的相对滑动尽可能小。

转向传动机构的组成和布置，因转向器结构形式、安装位置和悬架类型不同而不同。根据汽车转向桥所采用的悬架不同，转向传动机构可分为与非独立悬架配用的转向传动机构和与独立悬架配用的转向传动机构两大类。

5. 与非独立悬架配用的转向传动机构

与非独立悬架配用的转向传动机构如图4-6所示。它一般由转向摇臂、转向直拉杆、转向节臂、两个梯形臂和转向横拉杆等组成。各杆件之间都采用球形铰链连转向节，并设有防止松动、缓冲吸振、自动消除磨损后的间隙等的结构。

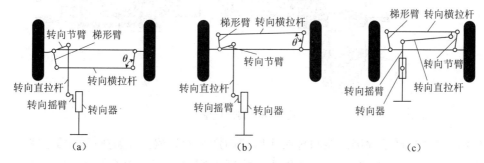

图4-6 与非独立悬架配用的转向传动机构示意图
(a) 为后置式；(b) 为前置式；c) 为直拉杆横向布置

(1) 转向摇臂

图4-7所示为常见的转向摇臂，其大端具有三角形花键锥形孔，与转向摇臂轴外端连接，并用螺母固定；其小端带有球头销，与转向直拉杆做空间铰接。转向摇臂安装后从中间位置向两边摆动的角度应大致相等。因此，通常会在摇臂大孔外端面上和摇臂轴的外端面上各刻有标记，或在二者的花键部分上都少铣一个齿作为装配标记。装配时应将标记对齐。

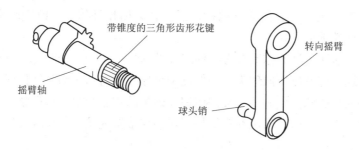

图4-7 转向摇臂

(2) 转向直拉杆

转向直拉杆的作用是将转向摇臂传来的力和运动传给转向梯形臂（或转向节臂）。它所受的力既有拉力也有压力，因此，直拉杆均采用优质的特种钢材制造，以保证工作可靠。在转向轮偏转或因悬架弹性变形而相对于车驾跳动时,转向直拉杆与转向摇臂及转向节臂的相对运动都是空间运动,为了不发生运动干涉,上述三者的连接都采用球销。

汽车的转向直拉杆如图4-8所示,直拉杆体由两端扩大的钢管制成,在扩大的钢管里,装有由球头销、球头座、弹簧座、压缩弹簧和螺塞等组成的球铰链。为保证球头与球头座的润滑,可从油嘴注入润滑脂。拆装时供球头出入的直拉杆体上的孔口用油封垫的护套盖住,防止润滑脂流出和污物侵入。

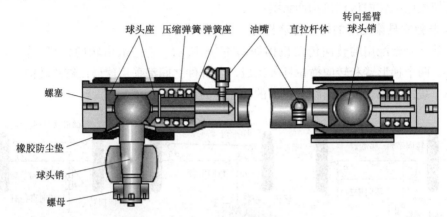

图4-8 转向直拉杆

压缩弹簧能自动消除因球头与球头座磨损而产生的间隙,弹簧座的小端与球头座之间留有不大的间隙,作为弹簧缓冲的余地,并可限制缓冲时弹簧的压缩量(防止弹簧过载)。另外,当弹簧折断时此间隙可保证球头销不会从管孔中脱出。端部的螺塞也可以调整此间隙,调整间隙的同时也调整了前弹簧的预紧度,调好后用开口销固定螺塞的位置,以防松动。

为了使转向直拉杆在受到向前或向后的冲击力时都有一个弹簧起缓冲作用,两端的压缩弹簧应装置在各自球头销的同一侧。

(3)转向横拉杆

汽车转向横拉杆如图4-9所示,横拉杆体用钢管制成,两端切有螺纹,一端为左旋,另一端为右旋,与横拉杆接头旋装连接。接头的螺纹孔壁上开有轴向切口且具有弹性,旋装到杆体上后可用螺栓夹紧。旋松夹紧螺栓以后,转动横拉杆体,可改变转向横拉杆的总长度,从而调整转向轮前束。

横拉杆两端的接头上装有球头销等零件组成的球形铰链。装配时上、下球头座凹凸部分互相嵌合。弹簧通过弹簧座压向球头座,保证两个球头座与球头的紧密接触,在球头和球头座磨损时能自动消除间隙,同时还起缓冲作用。弹簧的预紧力由螺塞调整。球铰上部有防尘罩,可防止尘土侵入。球头销的尾部锥形柱与转向梯形臂连接,并用螺母固定,插入开口销锁紧。

(4)转向节臂和梯形臂

汽车的转向节臂和梯形臂如图4-10所示,转向节臂和梯形臂带锥形柱的一端与转向节锥形孔相配合,用键防止螺母松动。另一端带有锥形孔,与相应的拉杆球头销锥形柱相配合,同样用螺母紧固后插入开口销锁住。

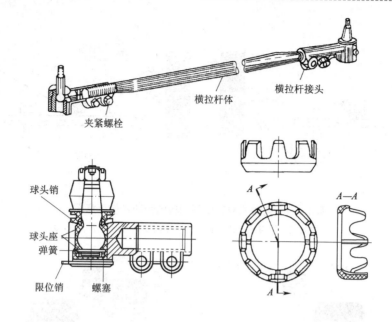

图 4-9　汽车转向横拉杆

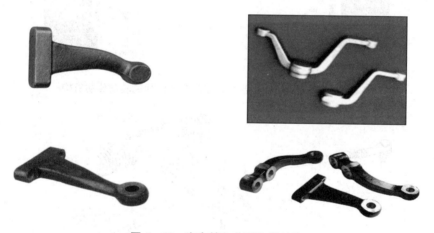

图 4-10　汽车转向节臂和梯形臂

6. 与独立悬架配用的转向传动机构

当转向轮采用独立悬架时，转向桥必须是断开式的。转向传动机构中的转向梯形也必须分成两段或三段。几种独立悬架配用的转向传动机构示意图如图 4-11 所示。其中，图 4-11（a）所示的机构与循环球式转向器配用，图 4-11（b）所示的机构与齿轮齿条式转向器配用。

与两端输出式齿轮齿条转向器配用的传动机构示意图如图 4-12 所示。与中间输出的齿轮齿条转向器配用的转向传动机构示意图如图 4-13 所示。横拉杆总成的内端通过托架和螺栓与转向器齿条的一端相连，外端通过球头销与转向节铰接。由于横拉杆体不能绕自身轴线转动，为了调整前束，在横拉杆体与球头销之间装有调节螺栓，螺栓两端的螺纹旋向相反，并各旋装一个锁紧螺母。当需要调整前束时，先拧松两端的锁紧螺母，然后转动调节螺栓，达到合理的前束值时，再将锁紧螺母锁紧。

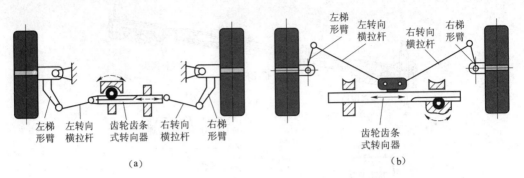

图 4-11 与独立悬架配用的转向传动机构示意图
(a) 两端输出齿轮齿条式转向器；(b) 中间输出齿轮齿条式转向器

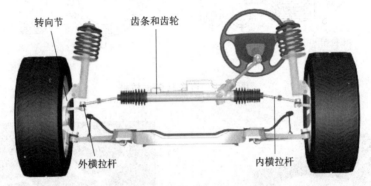

图 4-12 与两端输出的齿轮齿条转向器配用的转向传动机构

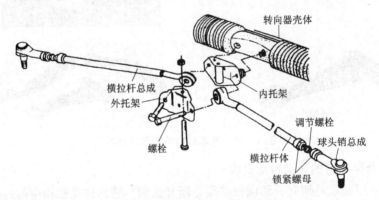

图 4-13 与中间输出的齿轮齿条转向器配用的转向传动机构

学习任务 4.1.3　汽车转向器

1. 转向器概述

(1) 转向器的功用与类型

转向器是转向系统中的降速增矩传动装置，其功用是增大由转向盘传到转向节的力，并改变力的传动方向。

按转向器中的传动副的结构形式，可以分为循环球式转向器、齿轮齿条式转向器、蜗杆曲柄指销式转向器、蜗杆滚轮式转向器等。

（2）转向器的传动效率

转向器的传动效率是指转向器输出功率与输入功率之比。当功率由转向盘输入，从转向摇臂输出时，所求得的传动效率称为正传动效率；反之，转向摇臂受到道路冲击而传到转向盘的传动效率则称为逆传动效率。

按传动效率的不同，转向器还可以分为可逆式转向器、极限可逆式转向器和不可逆式转向器。

可逆式转向器是指正、逆传动效率都很高的转向器。可逆式转向器有利于汽车转向后转向轮的自动回正，转向盘"路感"很强，但也容易在坏路行驶时出现"打手"，所以主要应用于在良好路面上行驶的车辆。

极限可逆式转向器是指正传动效率远大于逆传动效率的转向器。极限可逆式转向器能实现汽车转向后转向轮的自动回正，但转向盘"路感"较差，只有当路面冲击力很大时才能部分地传到转向盘，主要应用于中型以上的越野汽车、工矿用自卸汽车等。

不可逆式转向器是指逆传动效率很低的转向器，不可逆式转向器使驾驶员不能得到路面的反馈信息，没有"路感"，而且转向轮也不能自动回正，所以很少采用。

2. 转向器的结构和原理

（1）齿轮齿条式转向器

齿轮齿条式转向器分为端部输出式和中部输出式两种，如图4-14所示。

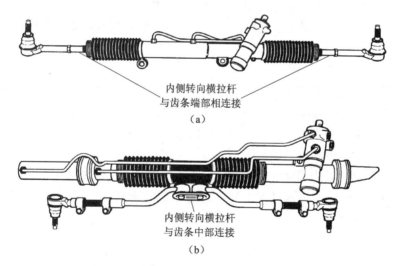

图4-14 齿轮齿条式转向器的两种输出形式
(a) 端部输出式；(b) 中部输出式

中部输出式齿轮齿条式转向器如图4-15所示。它主要由转向器壳体、转向齿轮、转向齿条等组成。转向器壳体用螺栓固定在车身（车架）上。作为传动副主动件的转向齿轮轴通过向心轴承和滚针轴承安装在转向器壳体中，其上端通过花键与万向节叉和转向轴相连。与转向齿轮相啮合的转向齿条水平布置，中部通过固定螺栓与转向横拉杆相连。压紧弹簧通过压块将转向齿轮压靠在转向齿轮上，以保证两者的无间隙啮合。压紧弹簧的预紧力可用调整螺塞来调整。压紧弹簧不仅起消除啮合间隙的作用，而且还是一个弹性支撑，可以吸收部分振动能量，缓和冲击。

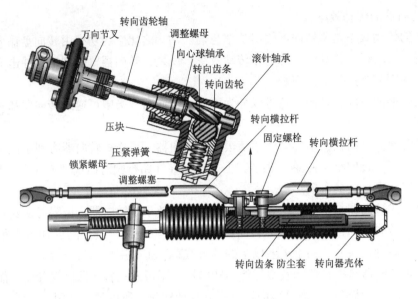

图4-15 中间输出式齿轮齿条式转向器

当转动转向盘时，转向齿轮轴转动，使与之相啮合的转向齿条沿轴向移动，从而使左、右转向横拉杆带动转向节转动，使转向轮偏转，实现汽车转向。

齿轮齿条式转向器结构简单、传动效率高、可靠性好，便于独立悬架的布置。同时，由于齿轮齿条直接啮合，转向灵敏、操纵轻便、质量轻，所以现在几乎所有轿车都采用齿轮齿条式转向器系统。

(2) 循环球式转向器

汽车的循环球式转向器如图4-16所示。它设有两级传动副，第一级为螺杆螺母传动副，螺杆为主动件，螺母为从动件，为了减少转向螺杆与转向螺母之间的摩擦，二者的螺纹并不直接接触，且期间装有多个钢球以实现滚动摩擦，所以传动件为循环球，用导流管封闭。第二级为齿条齿扇传动副，螺母的下平面加工成齿条与摇臂轴做成一体的齿扇相啮合，显然转向螺母既是第一级传动副的从动件，也是第二级传动副的主动件，第二级的从动件为齿扇（即摇臂轴）。转向螺杆转动时，转向螺母不能随之转动，而只能沿转向螺杆轴向移动，并驱使齿扇轴转动。

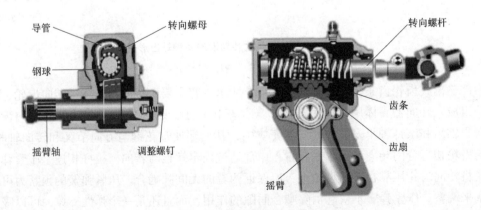

图4-16 循环球式转向器

转向螺杆支承在两个推力球轴承上（见图4–17），轴承的预紧度可用调整垫片调整。

当转动转向螺杆时，通过钢球将力传给转向螺母，使螺母沿螺杆轴向移动。随着螺母沿螺杆做轴向移动，其齿条会带动齿扇绕着转向摇臂轴做圆弧运动，从而使转向摇臂轴连同摇臂产生摆动，通过转向传动机构使转向轮偏转，实现汽车转向。

转向螺母下平面上加工出的齿条是倾斜的，与之相啮合的是变齿厚齿扇。只要使齿扇轴相对于齿条做轴

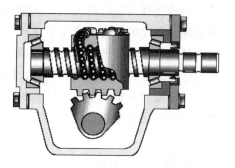

图4–17 循环球式转向器

向移动，便可调整二者的啮合间隙。调整螺钉旋装在侧盖上。齿扇轴靠近齿扇的端部切有T形槽，螺钉的圆柱形端头嵌入此切槽中，端头与T形槽的间隙用调整垫圈来调整。旋入螺钉，则齿条与齿扇的啮合间隙减小；旋出螺钉则啮合间隙增大，调整好后用锁紧螺母锁紧。

循环球式转向器的正传动效率很高（最高可达90%～95%），因此操纵轻便，使用寿命长。但其逆传动效率也很高，在坏路上行驶时容易将路面的冲击力传递到转向盘上，易出现转向盘打手现象。

(3) 蜗杆曲柄指销式转向器

蜗杆曲柄指销式转向器具有传动效率高、转向轻便、结构简单、调整方便等优点。但综合性能不及循环球式转向器，应用不广泛，有被逐渐淘汰的趋势。

汽车的蜗杆曲柄指销式转向器如图4–18所示，它主要由转向器壳体、转向蜗杆、转向摇臂轴、曲柄、指销、上下盖、调整螺塞和螺钉、侧盖等组成。

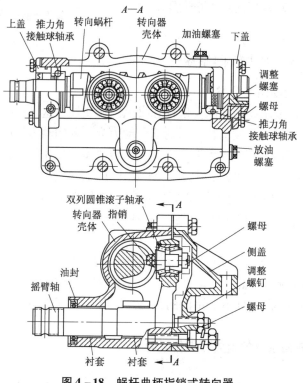

图4–18 蜗杆曲柄指销式转向器

转向器壳体内装有传动副，其主动件是转向蜗杆，从动件是装在摇臂曲柄端部的指销。有梯形截面螺纹的转向蜗杆支承在转向器壳体两端的两个向心推力球轴承上。转向器下盖上装有调整螺塞，用以调整向心推力轴承的预紧度，调整后用螺母紧固。

蜗杆与两个锥形的指销相啮合，构成传动副。两个指销均用双列圆锥滚子轴承支承在曲柄上，并可绕自身轴线转动，减轻蜗杆与指销传动时的磨损，提高传动效率。销颈上的螺母用来调整轴承的预紧度，使指销能自由转动且无明显轴向间隙为宜，调整后用锁片将螺母锁住。

曲柄与摇臂轴制成一体，摇臂轴用粉末冶金衬套支承在壳体中。转向器侧盖上装有调整螺钉，可以通过调整摇臂轴的轴向位置来调整指销与蜗杆的啮合间隙，从而调整了转向盘的自由行程，调整后用螺母锁紧。摇臂轴伸出壳体的一端通过花键与转向摇臂连接。

当汽车转向时，驾驶员通过转向盘转动转向蜗杆（主动件），与其相啮合的指销（从动件）一边自转，一边以曲柄为半径绕摇臂轴轴线在蜗杆的螺纹槽内做圆弧运动，从而带动曲柄及转向摇臂摆动，实现汽车转向，如图4-19所示。

蜗杆曲柄指销式转向器分为单销式和双销式两种结构，蜗杆曲柄双指销式转向器在中间及其附近位置时，其两指销均与蜗杆啮合，因此每个指销所受载荷比单指销式转向器所受载荷小，所以使用寿命长。当摇臂轴转角很大时，一个指销与蜗杆脱离啮合时，另一个仍可保持啮合，因此，双指销式的摇臂轴转角范围比单指销式大。但双指销式结构复杂，对蜗杆的加工精度要求也较高。

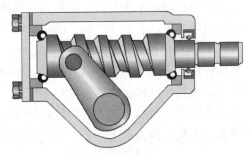

图4-19 蜗杆曲柄指销式转向器工作原理图

学习任务4.1.4 动力转向系统

1. 动力转向系统的功用和分类

转向系统最主要的要求是转向的灵敏性和操纵的轻便性。这是一对矛盾，为解决这一矛盾，越来越多的车辆采用了以发动机输出的部分动力为能源的动力转向系统。

动力转向系统是利用一定的动力助力方式，对转向器施加作用力，以减少驾驶员转动转向盘的操纵力，减轻驾驶疲劳的转向系统。其功用为：① 在汽车转弯时，减小对转向盘的操作力；② 限制转向系统的减速比；③ 原地转向时能提供必要的助力；④ 限制车辆高速或在薄冰上的助力，具有较好的转向稳定性；⑤ 在动力转向装置失效时，能保持机械转向系统有效工作。

常见动力转向系统按动力介质的不同可分为液压式和电动式两类。

液压式动力转向系统的优点是工作灵敏度高、结构紧凑、外廓尺寸较小、工作时无噪声、工作滞后时间短，而且能吸收来自不平路面的冲击。因此，液压式动力转向系统得到了广泛的应用。

2. 液压式动力转向系统的组成和工作原理

（1）组成

动力转向系统是在机械式转向系统的基础上加装一套动力辅助装置组成的，如图4-20

所示。它主要包括机械式转向系统、转向储油罐、转向油泵、转向控制阀和转向动力缸等。转向油泵安装在发动机上，由曲轴通过皮带驱动并向外输出液压油。转向油罐有进、出油管接头，通过油管分别与转向油泵和转向控制阀连接。转向控制阀用以改变油路。机械转向器和缸体形成左右两个工作腔，它们分别通过油道和转向控制阀连接。

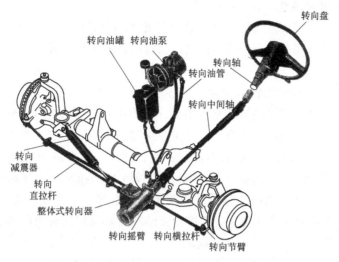

图 4-20　动力转向系的组成

（2）工作原理

在动力转向系统中，转向助力的大小取决于作用在转向动力缸活塞上的压力大小，如果转向操作力大，液压就会较高。转向动力缸中液压的变化是由连接在主转向轴上的转向控制阀来调节的。转向油泵是将液压油输送至转向控制阀。

滑阀式动力转向系统的工作原理如图 4-21 所示。当汽车直线行驶时，转向控制阀处于中间位置，将转向油泵出来的工作液与油罐相通，转向油泵处于卸荷状态，由于此时几乎不能产生压力，转向动力缸活塞两端的压力又相等，活塞不会向任何一个方向转动，动力转向器不起助力作用。当汽车需要向右转向时，驾驶员向右转动转向盘，转向控制阀也随之

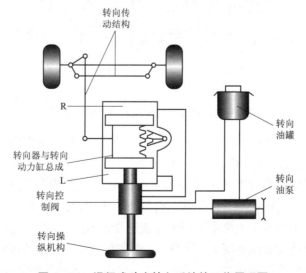

图 4-21　滑阀式动力转向系统的工作原理图

移动（或转动），从而关闭通向 L 腔的油路，这时通往 R 腔的油路开得大一些，使转向油泵泵出来的工作液与 R 腔接通，将 L 腔与油罐接通。由于液压油流量发生变化，同时产生压力。转向动力缸活塞两端产生压力差，在此油压差的作用下，动力缸活塞向下移动，通过传动结构使左、右轮向右偏转，从而实现右转向。当汽车需要向左转向时，情况与上述相反。

3. 液压式动力转向系统

液压式动力转向系统按液流形式可以分为常流式动力转向系统和常压式动力转向系统。按转向控制阀的运动方式又可以分为滑阀式动力转向系统和转阀式动力转向系统。其工作过程如下：

（1）液压常流滑阀式动力转向装置

液压常流滑阀式动力转向装置的基本组成，如图 4-22 所示。当汽车直线行驶时，滑阀保持在中间位置。转向控制阀保持开启，经油泵输送出来的油液进入阀体之后，分别流入动力缸的 R 腔和 L 腔，同时又经回油管道流回油罐。这时，动力缸左右腔油压相等，不起加力作用。当汽车右转向时，转向盘使转向螺杆向右转动（顺时针）。开始时，转向螺母暂时不动，螺杆在螺母的推动下轴向右移，带动滑阀阀芯右移，经油泵输送而来的油液经 C 流入动力缸的 L 腔，L 腔成为高压油区。R 腔油液经环槽 B 及回油管流回储油罐，动力缸的活塞右移，使转向摇臂逆时针转动，从而起助力作用。助力作用是随转向盘的转动而进行的，即转向轮的偏转角随转向盘转角变化而变化的，这就是所谓的"随动"作用。

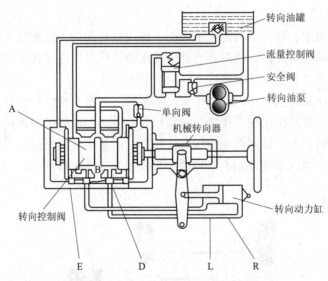

图 4-22　液压常流滑阀式动力转向装置

松开转向盘，滑阀在回位弹簧和反作用柱塞上的作用下回到中间位置，动力缸停止工作。转向轮自动回正，转向盘回到直线行驶位置。

液压常流滑阀式动力转向系统的转向油泵始终处于工作状态，但液压助力系统不工作时，转向油泵基本处于空转状态。由于其结构复杂、体积大，所以大多应用于大型货车、客车和工程机械上。而小型汽车上主要应用的是液压常流转阀式动力转向装置。

液压常压式动力转向系统如图 4-23 所示。其特点是无论转向盘处于中间位置还是转向位置，也无论转向盘保持静止还是运动状态，系统工作管路中总是保持高压

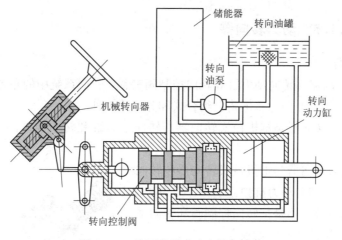

图4-23 液压常压式动力转向系统

（2）液压常流转阀式动力转向装置的工作过程

液压常流转阀式动力转向装置的基本组成，如图4-24所示，它是由转向油泵、转向动力缸、转向控制阀等组成。

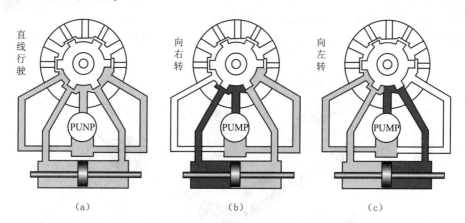

图4-24 液压常流转阀式动力转向装置
(a) 直接行驶时；(b) 向右转时；(c) 向左转时

进入的油液分别流到动力缸的左转向动力腔 L 和右转向动力腔 R。同时，经油管回到油罐中去，形成常流式油液循环。此时，齿条—活塞处于中间位置，动力转向器不工作。

当汽车左转向时，转动转向盘，阀体与阀芯产生相对角位移。动力腔产生油压差，产生助力作用。在转向过程中，有"快转快助，大转大助，不转不助"的作用。右转向与左转向正好相反。

当汽车直线行驶偶遇外界阻力使转向轮发生偏转时，动力缸上、下腔油压不等，产生与转向轮偏转方向相反的助力作用，可保证汽车直线行驶的稳定性。当液压动力转向装置失效后，该动力转向器将变成机械转向器。动力传递路线与机械转向系统完全一致。

总之，动力转向系统是由机械转向器、转向控制阀、转向动力缸以及将发动机输出的部分机械能转换为压力能的转向油泵、转向储油罐等组成。其主要功能是实现"渐进随动原理"，即"快转快助，大转大助，不转不助"。

学习任务 4.1.5 动力转向器

1. 动力转向器

根据机械式转向器、转向动力缸和转向控制阀三者在转向系统中的布置和连接关系的不同,液压动力转向装置可分为整体式、组合式和分离式 3 种。

1) 整体式动力转向器是把机械式转向器、转向动力缸和转向控制阀三者设计为一体,如图 4-25 所示。

2) 组合式动力转向器是把机械式转向器和转向控制阀设计在一起,转向动力缸独立。

3) 分离式动力转向器是把转向控制阀和转向动力缸设计为一体,机械式转向器独立。

动力转向器零件分解图如图 4-26 所示。转向器的结构与普通型桑塔纳轿车基本相同,动力转向器是在原机械式齿轮齿条转向器的基础上增加了液压阀结构,齿条端部增加了活塞,在转向器壳体上与活塞相配处增加了活塞缸。转向动力缸的助力直接作用在齿条上,齿条的动力由一端输出。

图 4-25 整体式动力转向器

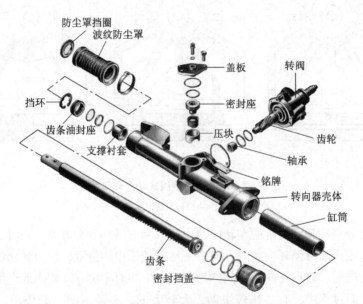

图 4-26 动力转向器零件分解图

如图 4-27 所示,当轿车行驶时,转向油罐的油液流入叶片泵产生压力油,并经过流量控制阀,流量控制阀与叶片泵做成一体,流量控制阀能调节油压与油液流量两个参数,因而又称为"压力与流量控制阀"。油液经控制阀后进入转阀阀体。

2. 转向油泵

转向油泵是动力转向装置的动力源,其功用是将发动机的机械能变为驱动转向动力缸工作的液压能,再由转向动力缸输出的转向力,驱动转向车轮转向。

知识领域 4　汽车转向系统和制动系统（ASB）

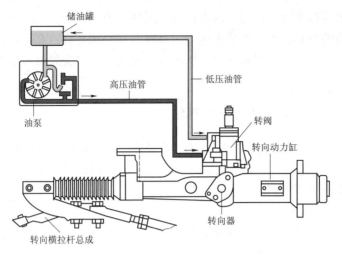

图 4-27　动力转向系统油路简图

转向油泵的结构类型有多种，常见的有齿轮式、转子式和叶片式转向油泵，应用最广泛的是叶片式转向油泵。双作用叶片式转向油泵主要由转子、定子、配油盘、壳体、驱动轴及组和阀（溢流阀和安全阀）组成。转子上均匀地开有径向叶片槽，槽内装有可径向滑动的叶片。在转子和定子的两个侧面上各有一个配油盘。两个配油盘和定子一起装在壳体内，不能移动或转动。两个配油盘与定子相对的端面上各开有对称布置的腰型槽，分别与进油口和出油口相连。转子、定子叶片和左右配油盘之间形成若干个密封的工作室。工作室容积大小随转子旋转实现"由小变大，由大变小；再由小变大，由大变小"，一直循环。

双作用叶片式转向油泵的工作原理，如图 4-28 所示。当发动机带动油泵逆时针旋转时，叶片在离心力的作用下紧贴在定子的内表面上，工作容积开始由小变大，从吸油口吸进油液，而后工作容积由大变小，压缩油液，经压油口向外供油。双作用式叶片泵，有两个工作腔，转子每转一周，每个工作腔都各自吸压油一次。

双作用卸荷式叶片泵的结构、原理如图 4-29 所示。溢流阀用以限定转向油泵的最大输

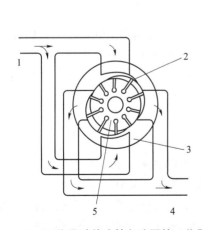

图 4-28　双作用叶片式转向油泵的工作原理
1—进油口；2—叶片；3—定子；4—排油口；5—转子

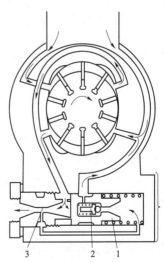

图 4-29　双作用卸荷式叶片泵结构、原理
1—溢流阀活塞（溢流阀）；2—安全阀；3—节流孔

出流量。当输出油量过大时,使部分油液在泵内循环流动,减少了出油量。安全阀用以限定转向油泵输出油液的最高压力。当输出压力过高时,安全阀开启,高压油流回进油腔,降低了输出油压。当这两个阀出现弹簧过软、折断或不密封时,将会导致油泵油压和流量不足而出现故障。

学习任务4.1.6　电控助力转向系统

为了在各种行驶条件下转向盘上所需要的力都是最佳值,采用电子控制动力转向系统。电子控制动力转向系统可分为:电动式动力转向系统、电控液力式转向系统、电动液力式转向系统。

1. 电动动力转向系统概述

(1) 电动动力转向系统的组成

如图4-30所示,电动动力转向系统通常由转矩传感器、车速传感器、电动机、电磁离合器、减速机构、电子控制单元等组成。

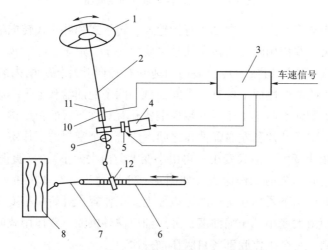

图4-30　电动动力转向系统的组成

1—转向盘;2—输入轴(转向轴);3—电子控制单元;4—电动机 5—电磁离合器;6—转向齿条
7—转向横拉杆;8—轮胎;9—输出轴;10—扭力杆;11—转矩传感器;12—转向齿轮

(2) 电动动力转向系统的工作原理

当操纵转向盘时,装在转向轴上的转矩传感器不断测出转向轴上的转矩,并由此产生一个电压信号。该信号与车速信号同时输入电子控制单元,电子控制单元根据这些输入信号进行运算处理,确定助力转矩的大小和转向,即选定电动机的电流和转向,调整转向的助力。电动机的转矩由电磁离合器通过减速机构减速增矩后,加在汽车的转向机构上,使之得到一个与工况相适应的转向作用力。

(3) 电动动力转向系统的部件结构及工作原理

扭转角θ和输入电压U_i成比例,从而可知道转向轴上的转矩。转矩传感器的安装位置及结构如图4-31所示,操作转向盘时,通过转向主轴把转向转矩施加到转矩传感器输入轴上。检测环1和2定位在输入轴(转向轴一侧)上,而检测环3则定位在输出轴(转向机一侧)上,输入轴和输出轴通过拉杆连接。同时,检测环外周没有外接触检测线圈,以便形成激励电路。当产生转向转矩时,扭转拉杆,在检测环2和3之间产生一个相位差。根据相位差，把与输入转矩成正比的信号输出到电子控制模块中。根据此信号，电子控制模块计算出当前车速，电动机的辅助转矩并驱动电动机。其优点是便于安装。

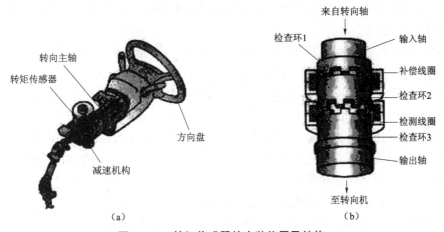

图 4-31 转矩传感器的安装位置及结构
（a）转矩传感器安装位置；（b）转矩传感器结构

电动动力转向的控制系统，如图 4-32 所示。该系统的核心是一个有 4K ROM 和 256RAM 的 8 位微机。

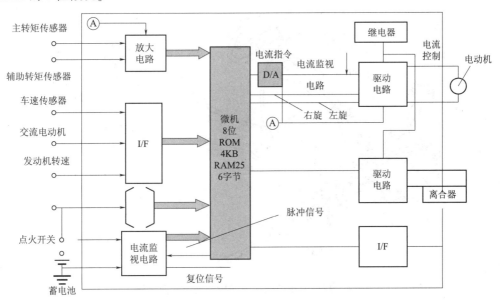

图 4-32 电动动力转向的控制系统

转向盘转矩信号和车速信号经过输入接口送入微机，随着车速的升高，微机控制相应地降低助力电动机电流，以减少助力转矩。发动机转速信号也被送入微机，当发动机处于怠速时，由于供电不足，助力电动机和离合器不工作。因此，电动动力转向工作时，电子控制单元必须控制发动机处于高怠速工作状态。点火开关的通断（ON/OFF）信号经 A/D 转换接口送入微机。当点火开关断开时，电动机和离合器不能进入工作。微机输出控制指令经 D/A 转换接口送入电动机和离合器的驱动放大电路中，控制电动机的旋转转向和离合器的离合。电动机的电流经驱动放大回路、电流表 A、A/D 转换接口反馈给微机，即电动机的实际电流与按微机指令应给的电流相比较,调节电动机的实际电流,使两者接近一致。当发动机还未发动时,该系统不能工作。

当点火开关接通时,电源加于电子控制单元上,检测到发动机处于起动状态时,动力转向系统转为工作状态。

行车时,电子控制单元按不同车速下的转向盘转矩,控制电动机的电流,并完成电子控制转向和普通转向控制之间的转换。当车速高于 30 km/h 时,则转换成普通的转向控制,电子控制单元没有离合器信号和电动机电流输出,离合器处于分离状态。当车速低于 27 km/h 时,电子控制单元又输出离合器信号和电动机电流,普通转向控制又转换为动力转向的工作方式。

电子控制单元还具有自我修正的控制功能。当电动动力转向系统出现故障时,可自动断开电动机的输出电流,恢复到通常的转向功能;同时速度表内的电动动力转向报警灯点亮,以通知驾驶员,动力转向系统发生故障。

2. 电控液力式动力转向系统的基本结构和工作原理

根据控制方式的不同,又可分为流量控制式、反力控制式和阀灵敏度控制式 3 种形式。

(1) 流量控制式

典型流量控制式电子控制动力转向装置(EHPS),如图 4 – 33 所示。该系统主要由车速传感器、转角传感器、电磁阀、整体式动力转向控制阀、动力转向油泵和电子控制单元等组成。

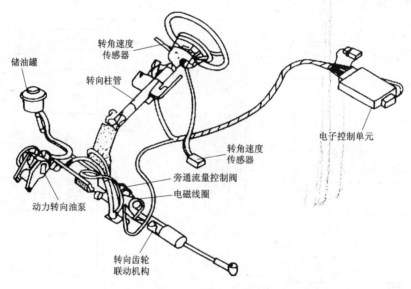

图 4 – 33 流量控制式电子控制动力转向装置

流量控制式动力转向系统的工作原理,如图 4 – 34 所示。电磁阀安装在通向转向动力缸活塞两侧油室的油道之间,当电磁阀的阀针完全开启时,两油道就被旁通流量控制阀旁路,使得动力缸活塞两侧压力差减小,助力减小;反之,则助力增大。

流量控制式动力转向系统就是根据车速传感器的信号,控制电磁阀阀针的开启程度,从而控制转向动力缸活塞两侧油室的旁路液压油流量,来改变转向盘上的转向力。当车速越高时,流过电磁阀电磁线圈的平均电流值越大,电磁阀阀针的开启程度越大,旁路液压油流量越大,液压助力越小,使转动转向盘的转向力也随之增加;反之,当车速较低时,助力作用加大,使转向轻便。

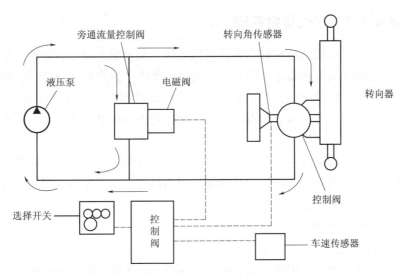

图 4-34 流量控制式动力转向系统的工作制原理

流量控制式（EHPS）是一种通过车速传感器信号来调节动力转向装置的压力油，进而改变压力油的输入、输出流量，以控制转向力的方式。

流量控制式的优点是在原有液压动力转向功能上再增加压力油流量控制功能，所以结构简单，成本较低。但是，当流向动力转向机构的压力油降低到极限时，对于快速转向会产生压力不足、响应较慢等缺点，因此使它的推广应用受到限制。

（2）反力控制式

反力控制式（EHPS）的组成如图 4-35 所示。它主要由转向控制阀、分流阀、转向动力缸、转向油泵、储油箱、车速传感器及电子控制单元等组成。

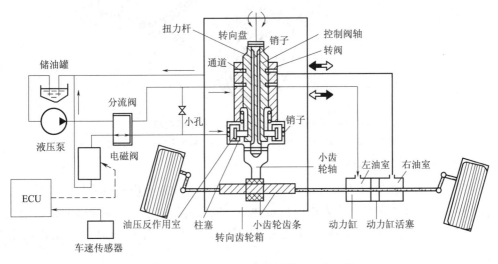

图 4-35 电控液力式动力转向系的组成

反力控制式（EHPS）的工作原理是在转向时根据车速变化，由电磁阀控制油压反力，调整动力转向器，从而使汽车在各种行驶条件下转向盘上所需的转向操纵力都达到最佳状态。所以，也把反力控制式称为渐进型动力转向系统。

学习任务 4.1.7　四轮转向系统

四轮转向系统使汽车低速行驶转向并且转向盘转动角度很大时，后轮相对于前轮反向偏转，并且偏转角度随转向盘转角增大而在一定范围内增大。如在汽车急转弯、调头行驶、避障行驶或进出车库时，使汽车转向半径减小，转向机动性能提高。汽车在高速行驶转向时，后轮应相对于前轮同向偏转，从而使汽车车身的横摆角度和横摆角速度大大减小，使汽车高速行驶时的操纵稳定性显著提高。

按后轮转向装置的控制方法，四轮转向系统可分为转角随动型四轮转向系统和车速感应型四轮转向系统。转角随动型四轮转向系统都采用机械式，而车速感应型四轮转向系统有液压式、电子控制液压式和全电子控制式。

1. 机械式四轮转向系统

（1）机械式四轮转向系统的组成

机械式四轮转向系统主要由转向盘、前轮转向器、后轮转向取力齿轮箱、后轮转向传动轴、后轮转向器等组成，如图 4-36 所示。后轮转向也是绕转向节主销偏转的，其结构与前轮相似。

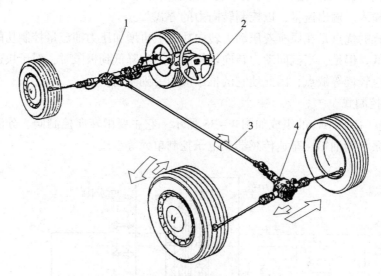

图 4-36　机械式四轮转向系统的组成
1—后轮转向取力齿轮箱；2—转向盘；3—后轮转向传动轴；4—后轮转向器

（2）后轮转向取力齿轮箱

后轮转向取力齿轮箱的结构如图 4-37 所示。后轮转向取力齿轮箱中只有一对齿轮-齿条传动机构，其齿条与前轮转向器中的齿条共用，取力齿轮固定在与后轮转向传动轴相连的齿轮轴上，齿轮轴通过衬套支撑在齿轮箱壳的轴承孔中，后轮转向取力齿轮箱固定在车架上。

后轮转向取力齿轮箱的工作原理是：当转动转向盘使前轮转向时，后轮转向取力齿轮箱中的齿条在前轮转向器中转向齿条的带动下左、右移动，驱动与其啮合的取力齿轮旋转，并带动后轮转向传动轴旋转，转向盘的转向操纵力的方向、大小、快慢，由后轮转向传动轴传给后轮转向器。

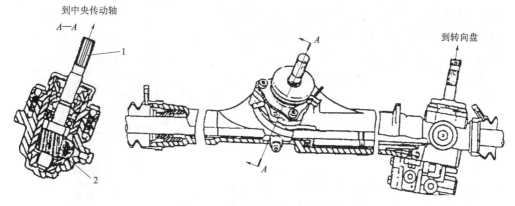

图 4-37 后轮转向取力齿轮箱

1—小齿轮输出轴；2—齿条

（3）后轮转向器

后轮转向器的功用是利用后轮转向传动轴传来的转向操纵力驱动后轮偏转并实现后轮转向。另外，还要控制后轮在转向盘的不同转角下，相对于前轮做同向或异向偏转。

后轮转向器的结构如图 4-38 所示，主要由偏心轴、齿圈、行星齿轮、滑块、导向块、转向横拉杆和后轮转向器壳等组成。

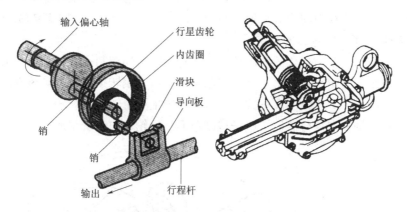

图 4-38 后轮转向器的结构

后轮转向传动轴输入的转向操纵力驱动偏心轴转动，使行星齿轮公转，同时行星齿轮还自转，偏置在行星齿轮上的偏心销穿过滑块的中心孔并带动滑块运动，滑块的水平运动通过导向块传给转向横拉杆，驱动后轮做转向运动。

当转向盘转角很大时（行驶速度很低，处于急转弯状态），后轮相对于前轮反向偏转，汽车转向半径减小，转向机动性能提高。当转向盘转角很小时（高速调整行车方向或移线行驶），后轮与前轮同向偏转，汽车高速行驶的操纵稳定性显著提高。

2. 液压式四轮转向系统

（1）液压式车速感应型四轮转向系统的结构

液压式车速感应型四轮转向系统的结构如图 4-39 所示，主要由前轮动力转向器、前轮转向油泵、控制阀及后轮转向动力缸、后轮转向油泵等组成。

后轮转向系统由控制阀、后轮转向油泵和后轮转向动力缸组成。控制阀的左、右油腔分别与前轮转向动力缸的左、右油腔相通，阀芯的位置由前轮动力缸内的油压进行控制。后轮转向油泵由后轴差速器驱动，其输出油量只受车速影响。前轮为齿轮－齿条式动力转向器，其结构与普通液压动力转向系统相同。

液压式四轮转向系统的特点是低速时汽车只采用两轮转向，只在汽车行驶达到一定车速（50 km/h）后才进行四轮转向。

（2）液压式车速感应型四轮转向系统的工作原理

如图 4－39 所示，当向左转动转向盘时，前轮动力缸工作。同时，后转向控制阀的阀芯右移，移动量受前轮动力缸左右腔压力差以及转向盘操纵力大小的控制，后轮转向动力缸活塞左移，使后轮与前轮同向偏转。当向右转动转向盘时，情况则与上述相反，后轮与前轮仍同向偏转。因后油泵送油量与车速成正比，高速时送油量大，反应快，后轮转角也大，在低速或倒车时，则不产生作用。当油压系统发生故障时，控制阀柱塞会保持在中间位置，保持两轮转向。

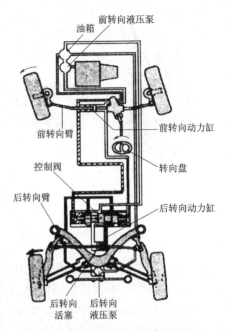

图 4－39　液压式车速感应型四轮转向系统的结构

3. 电子控制液压式四轮转向系统

由于采用机械和随车速变化的油压控制，后轮偏转角的控制不够精确。在电子控制液压式四轮转向系统中，由于采用了电子相位控制系统，后轮偏转角度控制更精确。

如图 4－40 所示，电子控制液压式四轮转向系统主要由转向盘、转向油泵、前动力转向器、后轮转向传动轴、车速传感器、电子控制单元、后轮转向系统组成。

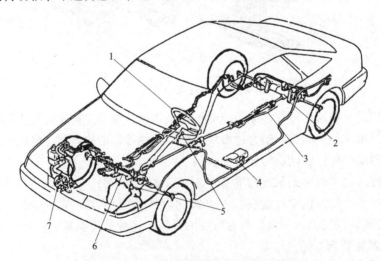

图 4－40　电子控制液压式四轮转向系统

1—转向盘；2—后轮转向系统；3—后轮转向传动轴；4—电子控制单元；5—车速传感器；6—前动力转向器；7—转向油泵

前轮转向器为齿轮齿条式，但将齿条加长，与固定在后轮转向传动轴上的小齿轮啮合。当转动转向盘使齿条水平移动时，齿条一方面控制前轮转向动力缸工作，推动前轮转向，另一方面将转向盘转动的方向、快慢和转动的角度传给后轮转向传动轴，驱动该轴转动，以控制后轮转向，如图4-41所示。

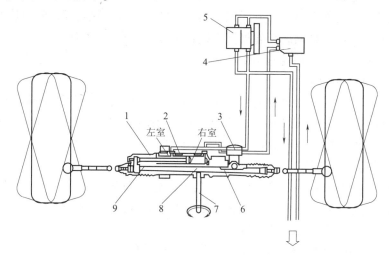

图4-41 前轮转向器

1—转向动力缸活塞杆；2—转向动力缸；3—转向控制阀；4—转向油泵；5—储油罐；
6—转向齿条；7—后轮转向传动轴；8—转向齿轮；9—连接板

后轮转向传动轴的结构如图4-42所示。

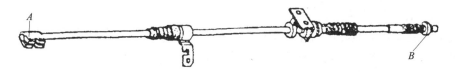

图4-42 后轮转向传动轴的结构

A—接前轮转向系统；B—接后轮转向系统

4. 电子控制式四轮转向系统

电子控制式四轮转向系统利用转向盘的转动速度、汽车行驶速度和前轮转向角的信息来计算并控制后轮转向角，其系统组成如图4-43所示。

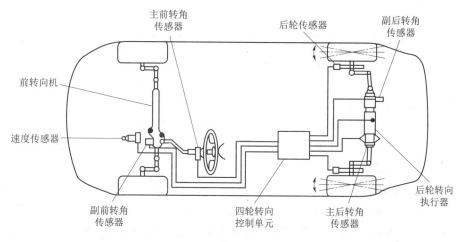

图4-43 电子控制式四轮转向系统的组成

(1) 后轮转向执行器

后轮转向执行器采用电动形式,它包含一个通过循环球螺杆机构驱动转向齿条的电动机。转向横拉杆从转向执行器连接到后轮转向臂和转向节处,执行器内的回位弹簧在点火开关断开或4轮转向系统失效时将后轮推回直线行驶位置。在后轮转向执行器的顶端安装有一个后轮转角主传感器和一个后轮转角副传感器。

(2) 后轮转角主传感器

后轮转角主传感器位于后轮转向执行器的左侧,它包含一个随循环球螺杆旋转的脉冲环,电子霍尔传感元件直接安装在脉冲环的上部。当循环球螺杆与脉冲环旋转时,霍尔传感元件向ECU发出脉冲数字电压信号,显示后轮转角。

(3) 后轮转角副传感器

后轮转角副传感器安装在后轮转向执行器上,处于与后轮转角主传感器位置相对的一端。后轮转角副传感器内有一只连接在齿条轴上的锥形轴,锥形轴与齿条一同水平移动。后轮转角副传感器的触棒与锥面弹性接触。当锥形轴水平移动时,锥面使传感器触棒来回移动。这根触棒的运动使传感器产生模拟电压信号,将转角信息传送到ECU。

(4) 转向盘转向传感器

转向盘转向传感器也称转向盘转动传感器,它安装在组合开关下方的转向柱上。转向盘转向传感器一般采用霍尔效应原理结构,它能够检测转向盘的转动方向、转动速度和转动角度。转向盘转动时,转向盘转向传感器向ECU传送前轮转动的相关信号。

(5) 前轮转角传感器

前轮转角传感器安装在前齿轮齿条转向器内,用于向ECU发送与前轮转角相关的信号。其副传感器包含与后轮转角副传感器相似的锥形轴。

(6) 后轮轮速传感器

后轮轮速传感器安装在每个后轮上,它们与防抱死制动系统(ABS)以及4轮转向系统相连接,资源共享。每个后轮毂上安有一只带齿槽的环,后轮轮速传感器直接安装在这些带槽的环的上方。后轮轮速传感器包括一只绕有线圈的永久磁铁,当后轮转动时,带槽的环上的齿经过后轮轮速传感器,从而在传感器内产生电压。以Hz为频率单位的电压信号经计算机处理确定轮速。

(7) 车速传感器

车速传感器将与汽车速度(来自变速器)相关的电压信号送到四轮转向系统ECU,这个汽车速度信号还将被送到自动变速器ECU。

(8) ECU

发动机工作时,四轮转向系统ECU不断地从所有的输入传感器处收到信息。如果转向盘转动,四轮转向系统ECU就会对车速传感器、转向盘转向传感器、前轮转角传感器、后轮转角主(副)传感器传来的信号进行分析计算,并控制适当的后轮侧偏角,将蓄电池电压输送到后轮转向执行电动机,使后轮转向。

5. 汽车线控转向系统

线控(X – By – wire)技术最初应用在航空航天领域,是利用电气信号的形式,通过电缆实现人对操作对象的运动进行控制的一门新技术。就汽车转向系统而言,如果去掉传统转向系统中的传动机构,如转向柱等,而将驾驶员转动转向盘的操作与转向车轮的偏转之间通过电气信号及控制器连接起来，从而实现驾驶员对汽车行驶方向的控制。这就是汽车线控转向系统（Steering—By—Wire System，简称 SBW）。

汽车线控转向系统由转向盘总成、转向执行总成和主控制器（ECU）三个主要部分以及自动防故障系统、电源等辅助系统组成。

（1）系统构成

1）转向盘。转向盘总成包括转向盘、转向盘转角传感器、力矩传感器、转向盘回正力矩电动机。转向盘总成的主要功能是将驾驶员的转向意图（通过测量转向盘转角）转换成数字信号，并传递给主控制器；同时接收主控制器送来的力矩信号，产生转向盘回正力矩，以提供给驾驶员相应的路感信息。

2）转向执行总成。转向执行总成包括前轮转角传感器、转向执行电动机、转向电动机控制器和前轮转向组件等。转向执行总成的功能是接收主控制器的命令，通过转向电动机控制器控制转向车轮转动，实现驾驶员的转向意图。

3）主控制器。主控制器对采集的信号进行分析处理，判别汽车的运动状态，向转向盘回正力矩电动机和转向电动机发送指令，控制两个电动机的工作，保证各种工况下都具有理想的车辆响应，以减少驾驶员对汽车转向特性随车速变化的补偿任务，减轻驾驶员的负担。同时控制器还可以对驾驶员的操作指令进行识别，判定在当前状态下驾驶员的转向操作是否合理。当汽车处于非稳定状态或驾驶员发出错误指令时，线控转向系统会将驾驶员错误的转向操作屏蔽，而自动进行稳定控制，使汽车尽快地恢复到稳定状态。

4）自动防故障系统。自动防故障系统是线控转向系统的重要模块，它包括一系列的监控和实施算法，针对不同的故障形式和故障等级做出相应的处理，以求最大限度地保持汽车的正常行驶。作为应用最广泛的交通工具之一，汽车的安全性是必须首先考虑的因素，是一切研究的基础，因而故障的自动检测和自动处理是线控转向系统最重要的组成系统之一。它采用严密的故障检测和处理逻辑，以更大地提高汽车的安全性能。

5）电源。电源系统承担着控制器、两个执行电动机以及其他车用电器的供电任务，其中仅前轮转角执行电动机的最大功率就有 500~800 W，加上汽车上的其他电子设备，电源的负担已经相当沉重。所以要保证电网在大负荷下稳定工作，电源的性能就显得十分重要。

（2）系统特点

1）提高汽车安全性能。去除了转向柱等机械连接，完全避免了撞车事故中转向柱对驾驶员的伤害；智能化的 ECU 根据汽车的行驶状态判断驾驶员的操作是否合理，并做出相应地调整；当汽车处于极限工况时，能够自动对汽车进行稳定控制。

2）改善驾驶特性，增强操纵性。基于车速、牵引力控制以及其他相关参数基础上的转向比率（转向盘转角和车轮转角的比值）不断变化，低速行驶时，转向比率低，可以减少转弯或停车时转向盘转动的角度；高速行驶时，转向比率变大，获得更好的直线行驶条件。

3）改善驾驶员的路感。由于转向盘和转向车轮之间无机械连接，驾驶员"路感"通过模拟生成。可以从信号中提出最能够反映汽车实际行驶状态和路面状况的信息，作为转向盘回正力矩的控制变量，使转向盘仅向驾驶员提供有用信息，从而为驾驶员提供更为真实的"路感"。

知识单元 4.2　汽车制动系统

知识目标

1. 了解汽车制动系统的功用、要求和类型；
2. 熟悉汽车制动系统的基本组成；
3. 掌握汽车制动系统工作原理。

学习任务 4.2.1　汽车制动系统概述

1. 汽车制动系统的定义与功用

对汽车起制动作用的只能是作用在汽车上且方向与汽车行驶方向相反的外力，而这些外力的大小都是随机的、不可控制的，因此汽车上必须装设一系列专门装置以实现上述功能。汽车制动力矩源自于汽车制动系统，同时还受到车轮与路面的附着力的影响。一套完整的汽车制动系统包括行车制动（可以降低汽车的行驶速度）和驻车制动（使已停驻的汽车保持不动），图4-44所示汽车制动系统的主要组成部分。现今许多新型汽车还装备了防抱死系统，大部分汽车也装有牵引力控制系统。

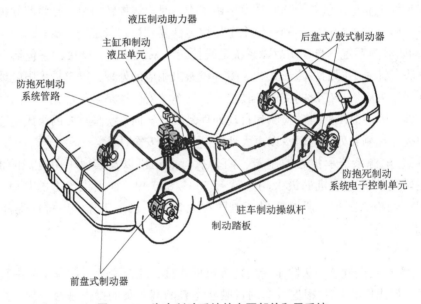

图4-44　汽车制动系统的主要部件和子系统

汽车制动系统是指为了在技术上保证汽车的安全行驶，提高汽车的平均行驶速度等，而在汽车上设置的一套（或多套）能由驾驶员控制、产生与汽车行驶方向相反外力的装置。

汽车制动系统的作用是使行驶中的汽车按照驾驶员的要求进行适时地强制减速甚至停车；使已停驶的汽车在各种道路条件下（包括在坡道上）稳定驻车；使下坡行驶的汽车速度保持稳定。

行车制动装置的功用是使正在行驶中的汽车减速或在最短的距离内停车。而停车制动装置的功用是使已经停在各种路面上的汽车保持不动。但是，有时在紧急情况下，两种制动装置可同时使用而增加汽车制动的效果。有些特殊用途的汽车和经常在山区行驶的汽车，长期而又频繁地制动将导致行车制动装置过热，因此在这些汽车上往往增设各种不同形式的辅助制动装置，以便在下坡时稳定车速。

2. 汽车制动系统的组成

根据国家标准《乘用车制动系统技术要求及试验方法》（GB 21670—2008）和《商用车辆和挂车制动系统技术要求及试验方法》（GB 12676—2014）中的相关释义，汽车制动系统一般由控制装置、传输装置和制动器三个主要部分组成。

（1）控制装置

控制装置是指由驾驶员直接操纵向传输装置提供制动或控制所需能量的部件，包括产生制动动作和控制制动效果的各种部件，如制动踏板，如图 4-45 所示。

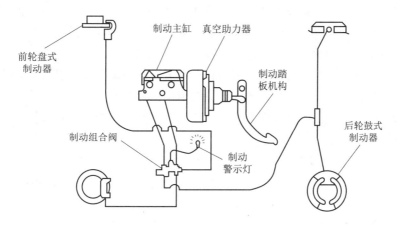

图 4-45 汽车制动系统组成示意图

（2）传输装置

传输装置是指处于控制装置和制动器之间并使二者实现功能连接的零部件组合，包括将制动能量传输到制动器的各个部件及管路，如制动主缸、轮缸及连接管路，如图 9-2 所示。

（3）制动器

制动器是指产生与车辆运动趋势相反的力的部件，汽车所使用的制动器都是摩擦制动器，也就是阻止汽车运动的制动力矩来源于固定元件和旋转工作表面之间的摩擦。

3. 汽车制动系统的分类

1）汽车制动系统按功用可分为行车制动系统、驻车制动系统、第二制动系统、辅助制动系统。

行车制动系统是使行驶中的汽车减速或在最短的距离停车的一套专门装置，在行车过程中经常使用，是由驾驶员用脚来操纵的，故又称脚制动装置。驻车制动系统是使已经停在各种路面上的汽车驻留原地不动的一套装置，一般是由驾驶员用手操纵的，故又称手制动装置。第二制动系统是在行车制动系统失效的情况下保证汽车仍能实现减速或停车的一套装置，在许多国家的制动法规中规定，第二制动系统也是汽车必须具备的。辅助制动系统是指经常在山区行驶的汽车以及某些特殊用途的汽车，为了提高行车的安全性和减轻行车制动系性能的衰退及制动器的磨损,在汽车下长坡时用以稳定车速的一套装置。行车制动系统和驻车制动系统作为每辆汽车制动系统的最低装备,只有部分汽车还设有辅助制动系统和第二制动系统。

2）按制动能源可分为人力制动系统、动力制动系统、伺服制动系统、组合式制动系统。

人力制动系统以驾驶员的体力作为制动能源；动力制动系统以发动机动力所转化的气压或液压作为制动能源；而伺服制动系统则是兼用人力和发动机动力作为制动能源。同时采用两种以上传能方式的制动系统称为组合式制动系统。

3）按制动能量传输方式,制动系统可分为机械式、液压式和气压式等。

4. 汽车制动系统的工作原理

不制动时,制动鼓的内圆柱面与摩擦片之间保留一定的间隙,使制动鼓可以随车轮一起旋转；制动时,驾驶员踩下制动踏板,推杆便推动制动主缸活塞,迫使制动油液经油管进入制动轮缸,油液压力使制动轮缸活塞克服复位弹簧的拉力推动制动蹄绕支撑销传动,上端向外张开,消除制动蹄与制动鼓之间的间隙后压紧在制动鼓上,这样不旋转的制动蹄摩擦片对旋转着的制动鼓就产生一个摩擦力矩,其方向与车轮旋转方向相反,其大小取决于制动轮缸活塞的张开力、制动蹄鼓间的摩擦系数及制动鼓和制动蹄的尺寸。

放松制动踏板,在复位弹簧作用下,制动蹄与制动鼓的间隙又得以恢复,从而解除制动。

5. 对汽车制动系统的基本要求

1）具有良好的制动性能,包括制动效能、制动效能的恒定性、制动时的方向稳定性3个方面。

2）操纵轻便。

3）制动平顺性好。制动力矩能迅速而平稳地增加,也能迅速而彻底地解除。

4）对有挂车的制动系统,还要求挂车的制动作用略早于主车；挂车自行脱钩时能自动进行应急制动。

6. 典型的汽车制动系统的主要部件和子系统

现代汽车制动器是从马车制动发展而来,最早的汽车制动器就是将制动片通过杠杆连接到木制车轮的实心轮胎的外面。现代制动踏板装置也具有相同的原理,即将制动片的力增加后,传递到实心轮胎上。直到20世纪前10年之后,汽车上才开始使用盘式制动器或内部不断膨胀的鼓式制动器。

（1）鼓式制动器

随着鼓式制动器的演变,鼓式制动器现已成为一般标准。早期的鼓式制动器是由杠杆机械操作的,如图4-46所示。豪华轿车,如杜森堡模型A就是首批具有液压鼓式制动器的轿车。液压制动在20世纪20年代中叶首先出现在低价车克莱斯勒的轻型车中,也就是后来的普利茅斯,直到1938年福特汽车

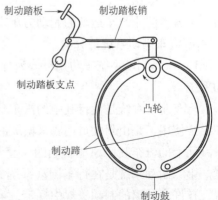

图4-46 简单的机械式鼓式制动器

公司开始使用机械制动器。

鼓式制动器的制动效能比早期的盘式制动器的制动效能要好，它能够实现汽车在高速行驶制动时具有良好的制动效能。进入 20 世纪 60 年代中后期，具有液压驱动的四轮鼓式制动器，对于大多数轿车而言仍然是标准的制动系统。到了 20 世纪 70 年代，随着机动车安全标准的推出，制动系统必须通过具体的性能测试，这使得前盘式制动器成为一般规则。然而，甚至在 21 世纪初，鼓式制动器仍然用在许多轿车和轻型客车的后轮制动器中。

（2）盘式制动器

盘式制动器的制动效能在汽车低速行驶时是稳定的，当有较高的制动力时就会失去其效力。盘式制动器的伺服运动，在高制动力和高车速时往往使制动失效。另一个盘式制动器的相关问题是，污垢、水的破坏和外部制动盘的摩擦损失，以及由于制动盘过热和膨胀太多都会有增加制动器锁死的趋势。盘式制动器也会由于制动盘和制动鼓过热，而产生制动力的衰退。

现代汽车盘式制动器是由第二次世界大战中的飞机制动器开发而来的。众所周知，原本作为"点"刹车，盘式制动器的工作是由连接到轮毂上的两个制动盘施加压力实现制动的，这两个制动盘是关于对立面的旋转转子对称的，卡钳中的液压力使制动块压向制动盘，如图 4-47 所示。盘式制动器的制动盘安装在旋转转子的卡钳上，卡钳可以是固定安装的或者是不固定安装的。对于固定安装的卡钳，液压压力将活塞在两个方向上施加力，使制动盘作用于转子，固定卡钳活塞两侧的液压力相等，如图 4-48 所示。对于不固定安装的卡钳，液压压力只适用于活塞内侧。这使得内侧的制动盘压向转子，并驱动卡钳向外侧移动，使两个制动盘夹紧转子，移动式卡钳中的液压力使活塞一侧向一个方向运动，使活塞另一侧向另一个方向运动，总的运动迫使摩擦块压向制动盘，如图 4-49 所示。

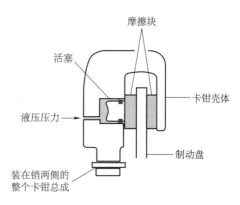

图 4-47 卡钳与制动盘

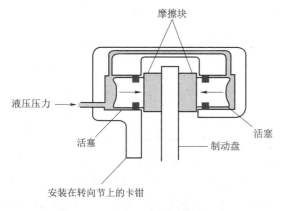

图 4-48 卡钳活塞两侧的液压力

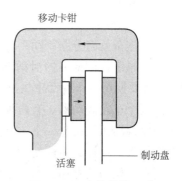

图 4-49 摩擦块的运动

在由高速行驶制动时，盘式制动器所有的摩擦组成部分都可以接触到空气，这有助于冷却制动零件和保持制动的效能，这也使盘式制动器具有较长寿命和较好的恢复能力。盘式制动器不采用鼓式制动器所使用的机械伺服运动。然而，在与鼓式制动器产生相同的制动效能时，盘式制动器需要更大的液压压力和更大的驱动力，这些压力和驱动力都是可以实现的，但是需要较大的卡钳活塞和电力制动的助推器。因为盘式制动器的优势远远超过其任何不利因素，所以自20世纪70年代以来，盘式制动器已成为轿车和轻型卡车前制动器普遍的选择。此外，四轮盘式制动器已成为高性能汽车，休闲车和一些轻型卡车的标准装备。

（3）液压制动系统

行车制动的液压操作成为一般设计已超过60年，完整的液压系统包括主缸、管路、橡胶软管、各种压力控制阀，该制动装置适用于每个车轮。

主缸是液压制动系统的起始装置，它实际上是一个圆筒形泵，缸盖密封在一端，动力推杆延伸到另一端。主缸带有两个活塞，并通过管路将液压力输送到前、后制动器中，如图4-50所示。该推杆使活塞进行泵油运动，当制动踏板杠杆推动推杆时，它使活塞将流体从油箱压入主缸，活塞的运动使流体在压力的作用下流向制动管路。

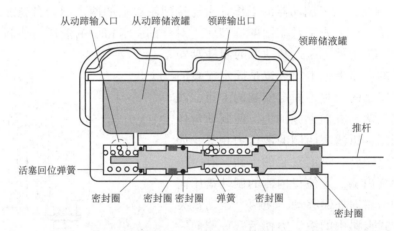

图4-50　主缸与主缸活塞

具有双活塞以及泵油机构的汽车主缸如图4-51所示，汽车安全标准要求双制动系统提供液压系统操作，以防止车轮制动时通过胶管和管路流失大量液体。因为制动液压系统是密封式设计，所有管路和气瓶在任何时候都充满流体介质，当主缸产生系统压力时，流体的流量只是很少的一部分。

（4）分路系统

现代汽车具有分路制动系统，20世纪70年代早期的汽车是由单一的液压系统作用于4个车轮，系统任何地方的泄漏都会导致整个制动失效。分路系统的设计可以防止总系统故障，这需要使用一个双活塞主缸和并联的阀门。分路式液压系统是一个主缸液压回路连接到汽车的两个车轮制动器。有两种分路系统：对角分路式液压系统和前/后轮分路式液压系统。对角分路式液压系统是一个主缸液压回路连接到左前轮和右后轮制动器（见图4-51），另一个液压回路连接到右前轮和左后轮制动器的液压系统。前/后轮分路式液压系统一个输出口供两个后轮制动器用，另一个供两个前轮制动器用，如图4-52所示。两种分路式液压系统都有其优缺点，但每种都可以防止单回路系统的失效。

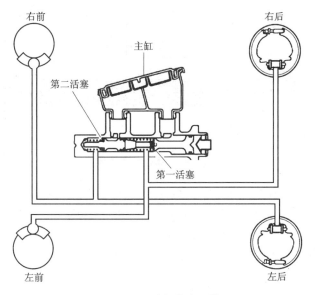

图 4-51 对角分路系统

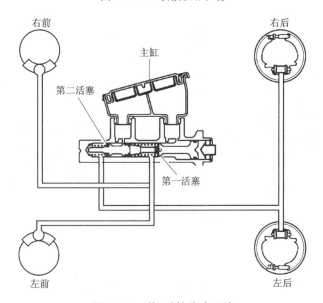

图 4-52 前/后轮分路系统

(5) 制动管路

液压制动系统的制动钢管是由铁管组成，制动软管是车轮和车架之间的柔性连接，如图 4-53 所示。在每个车轮的前制动器上有一个橡胶软管，起导向作用。后制动器在每一个车轮上可能有单独的软管，如果汽车有刚性的后轴，那么后制动器将有单一的软管连接到车体的管路上。制动管路将高压力制动液输送到车轮主缸和活塞。

从 1967 年起，几乎所有的液压制动系统都有一个，甚至更多的阀体还控制系统压力。计量阀和比例阀用来调节输送到前制动盘和后制动鼓的液体压力，使制动顺利并减少抱死的趋势。压差开关是大多数系统中使用的一种阀，当一个液压系统的压力减小时，仪表板上的报警灯会提出警告。

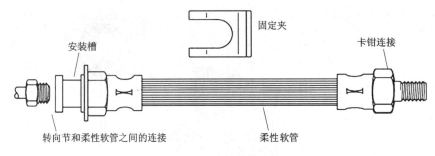

图 4-53 柔性软管连接

液压系统有各种功能的单独阀和组合阀（见图 4-54），尽管压力控制阀成为制动系统一部分已经超过 40 年了，但是防抱死系统可能会取代一些阀体。一个防抱死系统的电子控制模块的制动效能，比具有计量阀和比例阀的普通制动系统的制动效能要好。随着防抱死系统的发展，一些液压阀功能可能会被电子控制所取代。

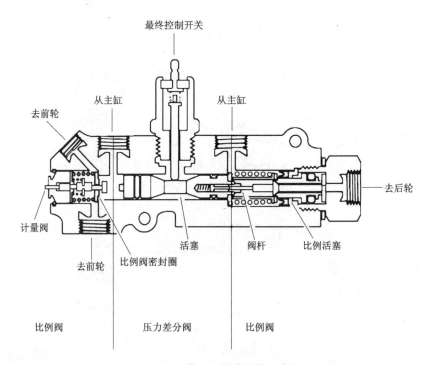

图 4-54 带有 3 种功能的组合阀

（6）轮缸和卡钳活塞

鼓式制动器的轮缸和盘式制动器的卡钳活塞都是从动缸，因为它们都是响应主缸的运动。每个车轮上的液压气缸将液压压力转换成机械力，以适应制动的变化。

现代的大多数鼓式制动系统的每个车轮都有一个单一的、双活塞的轮缸，如图 4-55 所示。液压压力通过活塞进入轮缸，使力作用在制动蹄上。当制动蹄向外膨胀时，内摩擦片与制动鼓接触使汽车制动。

盘式制动器的卡钳活塞也是响应进入卡钳腔中的液压压力。在固定卡钳中的液压压力推动卡钳每一边的一个或两个活塞将摩擦片压向转子。压力作用于可移动卡钳的单一活塞内侧,促使内侧摩擦片压向转子,液压压力在密闭腔内各个方向上都相等,这些相等的压力将使卡钳外侧向内缩紧,这将使两侧的摩擦片都压向转子。

(7) 助力器

现代大多数制动系统都有助力器,它可以增加驾驶员踩下的踏板力,如图4-56所示。大多数轿车和轻型货车采用真空助力器,它是联合真空发动机和空气压力的共同作用来增加踏板力。一些汽车采用液压助力器,它是一种可以使制动系统分离开并且通过助力操纵系统提供制动液,也可以是制动系统的一部分,并通过电子发动机驱动。

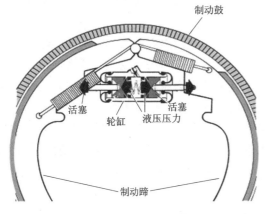

图4-55 轮缸工作示意图

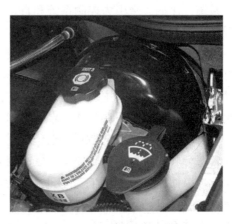

图4-56 制动助力器

(8) 驻车制动器

驻车制动器的作用是使车辆停下来之后保持其不动。驻车制动器常被误以为是"紧急制动器",但它不是用来在紧急情况下将车制动的。驻车制动的有效制动能力比行车制动小得多,因为驻车制动仅有两个车轮或一个驱动线路参与制动,摩擦表面的减少使制动能量也相应减少。驻车制动只有在少数情况下的液压失效时才能用到,但是这种操作一定要十分小心,并且操作者还要具有防止汽车打滑和旋转的能力。

(9) 电子制动系统

电子制动系统涵盖了从防抱死制动系统到牵引力控制系统的所有系统。然而,不同的制造商对于相同的操作却会采用不同的制动方式,所有带有电子传感器和制动器的操作都是采用零输入系统。VVS是第一批发展起来并应用于实践的系统,但是这样的系统不久就在大多数汽车上成为标准配置,它们在接下来的几年时间里将变得更复杂更普遍。

当制动采用很高的压力时,车轮停止的时候会完全停止旋转,这种情况称为抱死或者消极的车轮拖滑,这不仅不能够帮助汽车制动,反而会使汽车轮胎失去与地面间的摩擦力而产生打滑现象。当轮胎打滑时,汽车的制动就会失控,驾驶员就会处在一个很危险的状况,有经验的驾驶员会通过液压快速踩下和松开制动踏板来防止车轮抱死,这种制动时的液压压力可以使驾驶员在紧急制动时也能够很好地控制操作系统。

大多数现代的汽车都装有防抱死系统,防抱死系统产生的功效和有经验的驾驶员的操作是一样的,只不过它进行得更加快速和精确,当车轮即将抱死拖滑时它会产生一个信号,并且快速中断这个车轮上的制动压力。在车轮上的速度传感器随时监控车轮的速度并将信号输入给中央控制器,当车轮即将抱死时中央控制器会控制防抱死系统,从而减小车轮制动器的压力,以防止车轮抱死。

(10) 主动制动

大规模主动制动系统在1999年被福特公司首先引用。在这里,"主动"的意思是制动系统在执行一些功能操作时,不用从操作者那里得到输入。防抱死系统可以被看作是第一种主动制动系统,但是它只是在驾驶员想要执行制动操作或在特殊情况下才会执行,例如,车轮的拖滑。今天的主动制动系统在此基础上又进行了发展。主动制动系统的组成来源于防抱死系统,比如,牵引力控制系统和自动行驶系统,大多数都是由车轮速度传感器、偏航传感器、传动装置和共享线路组成的。

牵引力控制系统控制车轮打滑,或者当汽车急加速或地面附着系数小时确保车轮不出现打滑现象。它是通过将动力从打滑的车轮上转换到有更大牵引力的车轮上,或者通过减少发动机的动力来实现。主动制动系统、防抱死制动系统和牵引力制动系统的共同之处是都有车轮速度传感器和液压调节器。牵引力制动系统是由防抱死制动系统发展而来的。

自动控制行驶系统是一种电子悬浮系统,它可以给乘客提供一个舒适的行驶环境,并且在转弯行驶时可以给车轮提供更好的控制,从某种程度上来说,它可以减小发动机的动力,因此可以使汽车减速。自动控制行驶系统和主动制动行驶系统主要的共同部分是偏航传感器。

主动制动系统接收来自共享组成部分的信号,并进行一定的计算。可以在没有任何输入的情况下,将制动力传送到一个或几个车轮上,这可以在转弯或某些驾驶情况下帮助驾驶员控制汽车。随着电子行驶系统越来越有效和在系统中的合作,使主动制动的效能大大提高。

学习任务4.2.2　车轮制动器

盘式制动系统的基本零件是制动盘、轮毂和制动卡钳组件,如图4-57所示。制动盘为停止车轮转动提供摩擦表面。车轮通过双头螺栓和带凸缘的螺母装到制动盘毂上。毂内有允许车轮转动的轴承,制动盘的每一面有加工过的制动表面。

图4-57　制动盘和毂组件的零件

液压元件和摩擦元件装在制动卡钳组件内。制动卡钳装到车辆上时,它跨骑在制动盘和轮毂的外径处。进行制动时,靠主缸的液压力,制动卡钳内的活塞被迫外移。活塞压力通过摩擦块或制动蹄夹住制动盘。

1. 制动盘、轮毂和轴承

盘式制动器的制动盘有两个主要部分：轮毂和制动表面，如图4-57所示。轮毂是安装车轮的部位，内装有轴承。制动表面是制动盘两侧的加工表面，它被加工得很仔细，为制动摩擦块提供摩擦接触面。整个制动盘一般由铸铁铸成，铸铁能提供优良的摩擦面。制动盘装车轮的一侧称为外侧；另一侧朝向车辆中心，称为内侧。

制动盘制动表面的大小由盘的直径决定。大型车需要较多制动动能，它的制动盘直径达12 in或更大些。较小、较轻的车用较小的制动盘。通常，在保持有效的制动性能的情况下，尽可能将零件做得小些、轻些。

制动盘内侧面有一个金属挡泥板，用螺栓固定到转向节上（见图4-58），保护制动盘防泥水飞溅。制动轮外侧由车轮作防护，挡泥板和车轮对引导空气到制动盘帮助冷却也是很重要的。

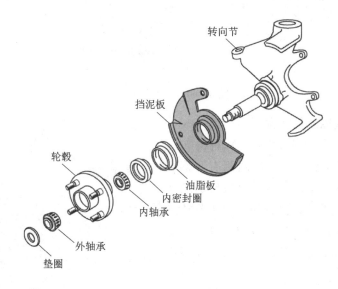

图4-58 转向节挡泥板

2. 固定和浮动制动盘

按轮毂结构分类，制动盘可以分成固定式（整体式毂）和浮动式（分离式毂）。固定式制动盘的轮毂和制动盘的其余部分制成单件体，如图4-59所示，被普遍称为单片式制动盘。

浮动式轮毂与制动盘制成两个独立件，如图4-60所示。轮毂用轴承装到车轴上。车轮凸耳螺栓通过轮毂、再通过制动盘毂法兰配装，这种形式的制动盘称为无毂制动盘。其优点是制动盘较便宜，制动面磨损超过加工极限能很容易更换。

3. 复合式制动盘

以前，制动盘和制动鼓一样，被做成单件的铁铸件。随着浮动式制动盘的发展，汽车质量的需要推动了复合式制动盘的发展。复合式制动盘由不同材料组成，通常是铸铁和铸钢，用来减轻质

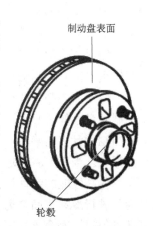

图4-59 单片式制动盘

量。摩擦表面和轮毂由铸铁构成，但是制动盘的支撑部分则是由较轻的钢模制品组成。钢和铁部分是在高温高压下合成为一个整体，如图4-61所示。复合式制动盘可能是带有内毂式的复合制动盘，也可能是安装有独立毂件的浮动式制动盘。由于复合式制动盘的摩擦表面是铸铁，因此磨损标准和重修方法与其他制动盘相同。

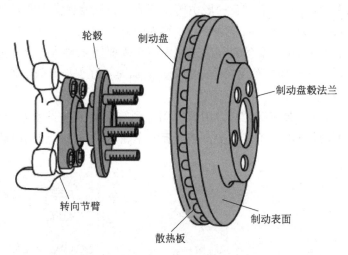

图4-60 浮动制动盘

4. 整体式和通风式制动盘

制动盘分为整体式和通风式两种，如图4-62所示。整体式制动盘是由两侧有摩擦表面的金属整体组成。整体式制动盘较轻、结构简单、造价较低，并且制造容易。由于整体式制动盘不需要通风式制动盘的冷却条件，因此它用于中等性能的小型汽车或后盘式制动器用汽车中。

通风式制动盘在两个制动表面之间铸有冷却叶片。这种结构使制动盘铸件显著地增加了冷却面积。车轮转动时，盘内扇形叶片的旋转增加了空气循环，有效地冷却制动器。

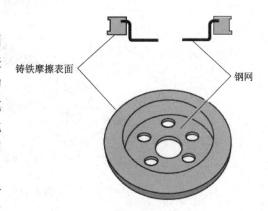

图4-61 铸铁复合式制动盘

虽然通风式制动盘比整体式制动盘更大、更重，但是它的冷却能力和散热能力却很好。一些较重的通风式制动盘可能在它的扇形叶片上有重物，以维持制动盘的平衡。

一些通风式制动片有一些冷却扇形叶片或以一定的角度安装在轮毂中央。这些扇形叶片增加制动盘上的离心力，增加空气流量，以使热量散失。这些制动盘叫作单向制动盘，因为只有当制动盘单向旋转时，扇形叶片才能很好地工作。因此，汽车上的左右单向制动盘不能彼此呼唤，当从上看扇形叶片时，安装扇形叶片也必须使它指向前面。

一些高性能的运动型汽车的整体式制动盘，在其摩擦表面钻有孔，这些钻孔的制动盘不是为了进行冷却，而是为了减少制动盘表面的水和热气，以防止水衰退和气体衰退。钻孔的制动盘很轻，寿命也很短，因此它们主要用在赛车上和高性能汽车上。

知识领域 4 汽车转向系统和制动系统（ASB）

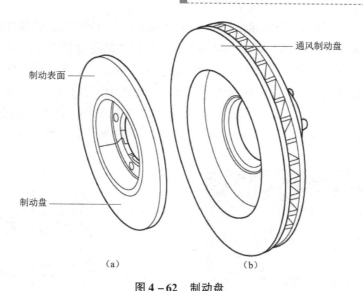

图 4-62 制动盘
(a) 小直径整体制动盘；(b) 大直径通风式制动盘

5. 圆锥形毂和轴承

圆锥滚柱轴承安装在轮毂内，常用在后轮驱动汽车中的前轮和前轮驱动汽车的后轮中。圆锥滚柱轴承有两个主要零件：锥轴承内圈和外圈。锥轴承内圈由若干淬火钢制圆锥滚柱组成，滚柱骑在内圈上，并由保持架保持在一起。外圈压装在毂内，锥轴承内圈装入外圈。这样提供两个表面，即内圈和外圈，供滚柱滚动。

大多数的前轮驱动汽车中有双排球轴承安装在前轮毂中（见图 4-63），这种轴承不需要定期维修，当需要时可以拆卸下来。轴承安装在轮毂的内圈上，并由保持架固定。前轮驱动车轴穿过轴承的内部，典型的密封轴承可以持续 100 000 in。

6. 制动摩擦块

每个制动卡钳包括两个制动摩擦块组件。摩擦块是盘式制动系统的制动摩擦表面，它们的作用与鼓式制动器的制动蹄一样。摩擦块装在卡钳内，位于制动盘两侧。制动卡钳活塞推压制动摩擦块的摩擦材料压紧制动盘的制动表面使车辆停车。

制动摩擦块由两部分组成，即锻压成形的金属底板（有时称为蹄）和铆接的摩擦衬片。摩擦衬片用铆接、粘接或者组合使用铆接和粘接办法附着在金属底板上，摩擦材料分为非金属有机物、半金属和金属，一些先进系统中使用人工合成纤维材料、纳米材料等。

7. 制动卡钳

制动卡钳的作用是提供推动摩擦块压紧制动盘制动表面所需的液压力，它也安放和支撑摩擦块。制动卡钳装在制动盘上，如图 4-64 所示。虽然卡钳有很多设计上的不同，但是所有的卡钳都包含以下一些主要部分：卡钳壳体、卡钳液压通道和管路、活塞（一个或多个）、活塞密封圈、制动卡钳防尘罩和装配销（螺栓）。

图 4-63 大多数汽车中的双排球轴承

图 4-65 所示为制动卡钳的剖面图，来自主缸的制动管与制动卡钳壳体相连。制动时，来自主缸的压力液进入卡钳壳体。制动卡钳至少有一个装在活塞缸筒内的大液压活塞。制动期间，活塞右面的液压力增加，作用在活塞底部和缸筒底部的压力是相等的。施加到活塞的压力传递到内制动摩擦块，迫使衬片压紧制动盘内表面。由于卡钳的设计不同，液压压力可以通过制动卡钳的外表面作用于活塞，或者液压压力作用在主缸的底部，迫使卡钳向内部移动，如图4-66 所示。不管在哪种情况下，作用在制动盘上的制动块两侧产生的使汽车的制动力是相等的。

图 4-64　卡钳用螺钉固定在卡钳支架上

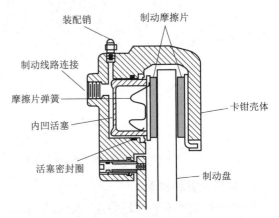

图 4-65　制动卡钳剖面图

（1）卡钳壳体

卡钳的壳体为 U 形壳体，跨骑在制动盘的两侧，如图 4-67 所示。几乎所有的卡钳壳体都由铸铁制成。单作用活塞卡钳通常只有一层铸铁，而双作用活塞壳体的内表面和外表面都分别有铸铁层，并用螺栓连接起来。

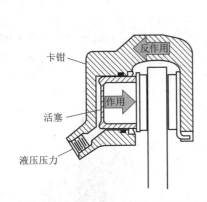

图 4-66　浮动式滑动活塞中的运动

图 4-67　制动卡钳跨骑在制动盘上

前制动器的制动卡钳安装在卡钳支架上，或者作为转向节内部的一部分。转向节为车轮的旋转提供主销，转向节与车辆的悬架系统相连接。单转向节和卡钳支架结构是最简单、最经济的制造这些零部件的方法。大多数前制动器的制动卡钳支架都制造成独立的部分与转向节相连接。后制动器的制动卡钳安装在卡钳支架上，卡钳支架用螺钉安装在后悬架上或转向轴上。

大多数的卡钳壳体上都铸有两个较大的开孔，从孔中可以检查出摩擦片的厚度。虽然从开孔中可以检查出摩擦片的厚度，但这并不是开孔的主要作用。卡钳壳体上的开孔可以减轻质量并且提高制动性能,减少由于不平衡的热膨胀而引起的铸铁变形。一些卡钳壳体没有开孔,是因为它们在结构上不需要这样设计。

(2) 卡钳液压通道和管路

制动管路的接头安装在卡钳壳体的内表面,装配螺栓几乎总是安装在卡钳壳体的顶部。其内表面有一个或两个活塞的,可移动卡钳将液压通道通向卡钳壳体的内表面。固定式卡钳,其内表面和外表面都有活塞,因此它需要有环形的液压管路通到其外表面。当卡钳壳体是由螺栓连接时,通常需要有密封圈将其密封,如图4-68所示。然而对于一些固定式卡钳,其内部有钢管将制动液输送到外表面活塞。

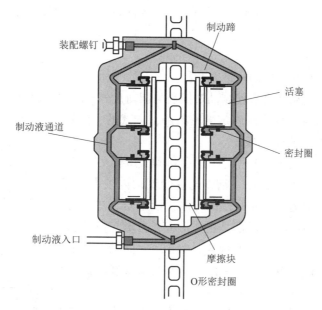

图4-68 固定式卡钳的制动液环形通道的剖面图

(3) 卡钳活塞

根据卡钳的设计不同,卡钳可以有一个、两个、三个或四个活塞,到目前为止,单个活塞的卡钳应用最普遍。活塞在活塞缸筒内工作,而活塞缸筒是铸到卡钳壳体上的,如图4-68所示。活塞将液压力传递到制动摩擦块,为了达到这样的目的,活塞必须能够承受几千磅的液压压力,并且能够耐腐蚀和耐高温。

活塞的内表面与卡钳活塞缸筒内的制动液接触,而外表面承受制动摩擦块的力。制动摩擦块工作时的温度可能会超过制动液的沸点,而活塞必须使制动液的温度维持在沸点温度以下。与制动摩擦块相接触的活塞表面呈凹形或皮碗形,这可以减轻质量,同时减少与摩擦块的接触面积,有利于活塞吸收热量。活塞材料在设计和制造时需要考虑的两个重要的问题是吸热和不将热量传递给制动液的能力。典型的卡钳活塞材料是由钢、铸铁、酚醛树脂塑料和铝制成。

含有部分铸铁和钢制的活塞是最常见的。铸铁活塞用在早期的盘式制动器中,但是在现代的设计中广泛采用钢制活塞。钢制活塞的强度较高,并且热稳定性好,但是它要比现代汽车制动时所需要的质量重些,并且会将额外的热量传递给制动液。酚醛树脂塑料活塞硬度高、质量轻,是良好的绝热材料,能够防腐蚀,并且制造的经济性好。另外,塑料表面不会像铁盘表面那样滑,并且活塞的密封性要比钢制活塞的密封性好。

酚醛树脂塑料活塞也有其缺点，它们的内部比钢制活塞的磨损快，更容易产生刻痕。早期的设计将活塞缸筒固定，以防止卡钳的滑磨和腐蚀。然而，防尘罩和密封圈可以减少这些问题，但是如果操作错误，同样会使酚醛树脂塑料活塞损坏。

由于铝的质量较轻，被认为是制造卡钳活塞的良好材料。实际上，铝被用在一些质量是其主要问题的高性能汽车的制动卡钳活塞中，也有一定的缺点，限制了铝在乘用车和轻型货车制动器中的使用。

铝比钢和铁膨胀得快，因此在制造时，要使铝制活塞和卡钳活塞缸筒之间留有更多的间隙。然而，这额外的间隙增加了液体泄露的可能性，使铝制活塞更易被刻画和腐蚀。铝制活塞最主要的问题是传递热量的能力。铝的绝热性较差，这会增加制动液达到其沸点的危险性。

（4）卡钳活塞密封圈

制动卡钳需要有密封圈以防止活塞和缸筒之间的制动液泄出。但是，卡钳活塞密封圈还有其他的功能。盘式制动器没有使制动摩擦块与制动盘分离的回位弹簧，这是由卡钳活塞密封圈完成的。可移动的卡钳使用固定的密封圈；老式的、固定式的卡钳使用一种边缘密封圈，这种密封圈叫作变量密封圈。

1）固定式密封圈。固定式密封圈用在移动式卡钳中，它安装在卡钳活塞缸筒内圈的凹槽中。活塞与密封圈的内表面相接，并可以在密封圈内自由运动。密封圈的外周仍固定安装在卡钳活塞缸筒内。大多数密封圈的剖面都是正方形或长方形，但是仍有一些其他的密封圈的剖面是其他形状的。由于密封圈的形状不一致，所以在选择安装时，要确认密封圈的形状与要安装的位置是否匹配。

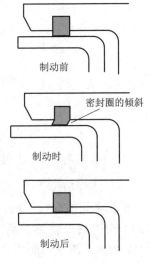

图 4-69 制动剖面图

在制动时，活塞密封圈会在液压压力的作用下产生偏斜或弯曲。当制动力释放时，密封圈又会放松或者缩回，并将活塞拉离制动盘。图 4-69 所示为活塞及其密封圈从制动力释放到施加制动力，再到制动力释放时的剖面图。虽然密封圈能够柔性地承受制动盘的压力，但是在制动摩擦块和制动盘之间仍然需要 0.001 in 的微小间隙。密封圈紧贴在活塞上，并保持活塞所在的位置不变。由于密封圈安装在卡钳活塞缸筒端部的外表面，它可以防止灰尘和水蒸气进入活塞和活塞缸筒内，这减少了卡钳活塞和活塞缸筒的腐蚀和损坏。

当制动摩擦片磨损时，活塞能够向制动盘移动，以弥补其磨损量。然而，密封圈也将移动同样的距离。虽然活塞可以向外移动，但是其内部的运动却由于密封圈的柔性而被限制。这种运动为盘式制动器内部提供了自调节能力，通过制动摩擦片的寿命、踏板的高度和形成将保持不变。

钢制活塞使用固定式密封圈，可以使其与活塞缸筒之间的间隙很小。制造商通常取间隙的值为 0.002~0.005 in。酚醛树脂塑料活塞由于其较多的膨胀量，因此需要更多的间隙，一般在 0.005~0.010 in。在活塞缸筒内的活塞密封接头以及在制动摩擦块和制动盘之间的间隙能够阻止活塞在卡钳中向上移动，并能够减小由于制动盘的磨损或扭曲而引起的撞击现象，活塞与缸筒之间的间隙也能够防止密封圈变形严重，使其在凹槽内摆动。

2）低拖滞卡钳密封圈。低拖滞卡钳在制动力释放时能够增加在制动摩擦块和制动盘之间的间隙，增加的间隙能减小摩擦，提高燃油里程数。在低拖滞卡钳中，固定式密封圈的凹槽有锥形的外边缘，能够在制动时，使密封圈产生更大的柔性变形量。制动时增加的向外的柔性变形量与制动释放时产生的向内的柔性变形量是相等的。结果是在制动摩擦块和制动盘之间产生更大的间隙。

低拖滞卡钳需要一种快充气式主缸，快充气式主缸在初踩下制动踏板时，需要更多的制动液来快速充满制动摩擦块和制动盘之间的间隙。低拖滞卡钳和快充气式主缸的组合使制动踏板高度和行程保持不变。

3）变量密封圈。老式的、固定式盘式制动器卡钳活塞的密封圈使用变量式密封圈。变量式密封圈与边缘密封圈相似，安装在活塞的后面，如图4-70所示。变量式密封圈安装在活塞上并随活塞运动，而不是像固定式密封圈一样安装在卡钳活塞缸筒内的凹槽内。密封圈的密封作用是由密封圈边缘来提供的，密封圈的变形倾斜与固定式密封圈的工作方式相似。带有变量式密封圈的活塞，其间隙要比固定式密封圈的活塞间隙略大。

由于变量式密封圈是安装在活塞的后面，因此如果防尘罩失去功效，卡钳活塞缸筒就会暴露在水蒸气和灰尘中，会造成活塞缸筒壁的划痕，并且当活塞在缸筒内运动时也会产生泄漏。变量式密封圈能够为活塞提供较小的支撑力，允许活塞在缸筒内产生轻微的上升和倾斜。如果活塞在它的缸筒内倾斜，当制动摩擦块返回时，会撞击活塞使其回缩，那么在下次制动时，活塞的行程将会增加。活塞被击回会产生额外的、不一致的踏板行程。由于变量式密封圈会使卡钳受到腐蚀、产生泄漏、增加额外踏板行程的这些缺点，限制了变量式密封圈在现代汽车制动器中的应用。

（5）制动卡钳防尘罩

在每一个卡钳活塞外都有一个橡胶罩，用来防止灰尘和水蒸气进入卡钳活塞缸筒，如图4-71所示。防尘罩的中心开孔环绕在活塞末端的外表面。防尘罩的外圈可能通过卡钳的保持环连接在卡钳壳体上或者将其安置在活塞缸筒的凹槽内。

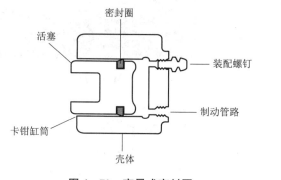

图4-70 变量式密封圈

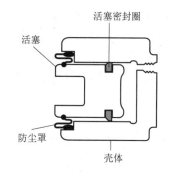

图4-71 防尘罩

学习任务4.2.3 液压制动系统

汽车制动时间的延长，降低了汽车的制动效能，从而影响了汽车的行驶安全性。汽车的制动时间包括四部分：驾驶员反应时间、制动器作用时间、最大制动力作用时间和制动释放时间。其中制动器作用时间作为汽车制动系统工作情况的评价参数，包括制动器反应时间和制动力持续增长时间。

图 4-72 所示典型的液压系统的工作示意图。主缸推杆连接到主缸内的活塞上，活塞前面有制动液。踩下踏板，主缸活塞向前推动。主缸及整个液压系统内的液体是不可压缩的，主缸活塞作用的力由液体传递到整个系统的内表面。此刻，只有鼓式制动轮缸内的活塞与盘式制动卡钳的活塞能自由移动。由于液体是不可压缩的，活塞外移迫使制动蹄压紧制动鼓，摩擦块压紧制动盘。

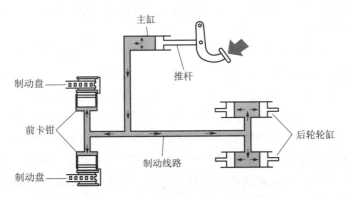

图 4-72 主缸和液压系统工作示意图

1. 制动主缸

汽车制动主缸有两个主要的部分组成：储液罐和主缸体，如图 4-73 所示。储液罐为主缸提供工作时的制动液。现在所有的储能罐都是分体设计，即两个独立的活塞有两个独立储液区域。分体设计分别为前轮或后轮，或一个前轮和一个后轮的液压系统供液，以防一个液压系统失效影响另一个液压系统。

储能罐可与缸体铸成一个整体，或者可能是单独的尼龙模压件，或用玻璃纤维加强的塑料容器（见图 4-74），所有储液罐都有可打开的盖以方便加制动液。整体储液罐有一个盖，用卡箍把盖卡住。尼龙或玻璃纤维加强的塑料储液罐有两个带螺纹的盖，旋紧在储液罐顶上。

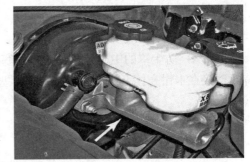

图 4-73 主缸

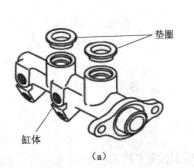
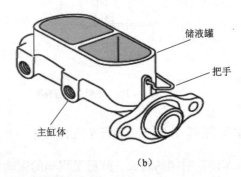

图 4-74 汽车主缸和右侧的整体式主缸
(a) 制动主缸；(b) 体式主缸

所有主缸的盖上都有通风孔,以防止储液罐液面下落时形成真空锁。储液罐顶部的柔性橡胶膜片装在螺旋盖的里面。膜片将制动液与空气隔开,而又能随液面的变化而自由上下移动。膜片有防止空气中的水分进入到制动液中的作用。制动液内的水分会使其沸点下降。

前轮为盘式制动器而后轮为鼓式制动器的汽车形成了分路式的制动系统,前轮制动器为一个液压系统,后轮制动器为另一个液压系统。盘式制动器的储液罐比鼓式制动器的储液罐大。当盘式制动器的摩擦片磨损时,卡钳活塞将在其腔内移动更大的距离,为了保持系统的液压力,则需要更多的制动液由主缸输送到卡钳中。鼓式制动器不管制动衬片的磨损量为多大,轮缸活塞都能够完全回缩到缸中,这样制动液的容量不会因为衬片的磨损而增加。四轮都为盘式制动器或采用对角分路式液压系统的汽车常采用大小相等的储液罐,因为这两种系统所需要的制动液量是相等的。

塑料储液罐常常是半透明的,因此不需要将储液罐盖打开就可以看到制动液线。虽然这样可以判断制动液的量,但是不可以仅靠观察来确定制动液量。因为在制动液内的污染物可能会干扰制动液线,而且不打开储液罐盖是看不到内部的污染物的。

主缸的油口有不同的命名,有时不同的油口有相同的名字。有些厂家将出油口叫作补偿口,将大部分厂家称为注油口的也叫作补偿口,这就产生了歧义。但是,不管这些油口叫什么名字,最重要的是我们要清楚它们的作用和工作原理。图4-75所示为主缸的各种油口。

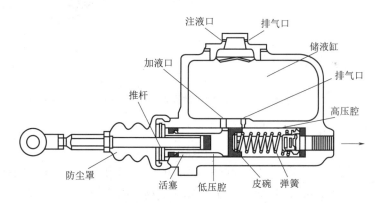

图4-75 出口和加油口图

(1)主缸的结构

图4-76所示为主缸的结构,图4-77所示为主缸结构的分解图。单活塞缸筒内包含两个活塞组件。主缸后部的活塞组件称为第一活塞,主缸前部的活塞称为第二活塞。每个活塞的前面都有一个回位弹簧。第一活塞的前面有个加长螺钉,它在液压失效时起作用。两个活塞前面都有一个皮碗,后部也有皮碗密封。皮碗在主缸内的作用是密封住液体,防止制动液从前缸渗漏到后缸,或者从后缸渗漏到前缸。

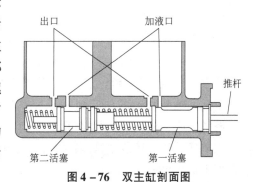

图4-76 双主缸剖面图

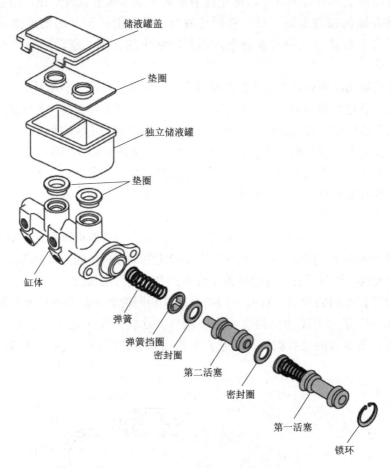

图 4-77 主缸腔内的两活塞和相关部件

每个储油罐的底部都有两个油孔：一个叫作补偿孔；另一个叫作旁通孔或进液孔。在操作中补偿孔和旁通孔允许油液在压力室和储液罐中流动。

主缸体内有两个线轴形活塞组件。线轴形活塞的结构如图 4-78 所示。活塞的一端有活塞头，另一端有一个装 O 形密封圈的槽。密封圈紧贴缸筒，防止制动液漏过活塞。活塞中部直径较小的是线轴区。线轴区允许制动液流过活塞头部的后面。

每个主缸活塞同橡胶皮碗一起工作，皮碗装在活塞头前部，如图 4-79 所示。皮碗有柔性的唇缘紧贴在主缸壁上，皮碗唇缘密封住活塞头前面的液体压力，也能弯曲使后面的液体由周边流过。活塞装有小螺旋弹簧（见图 4-80），当制动踏板松开时，弹簧使活塞回到适当位置。有时弹簧与活塞相连，有时它们是分开的零件。

典型的双输出主缸有两个活塞总成：一个活塞称为第一活塞；另一个称为第二活塞。每个活塞供一套独立的液压系统给前制动器和后制动器，或者给对角分路式液压系统。两个输出孔连接到液压管路。装在主缸内的零件用卡环卡住，环绕主缸后部及推杆装有橡胶防尘罩，防止尘土进入主缸。

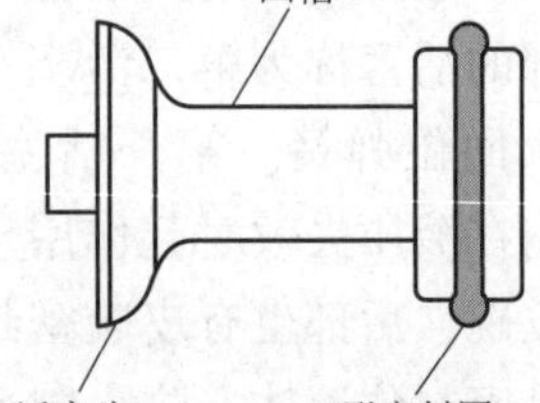

图 4-78 线轴形活塞的结构

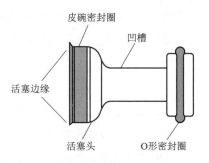

图 4-79 主缸活塞的皮碗形密封圈和 O 形密封圈

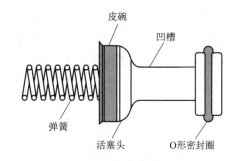

图 4-80 活塞回位弹簧

双主缸的零件如图 4-81 所示。这种主缸的研制是为了降低主缸总成的质量。主缸体用铝制造，因为铝比铸铁轻。铝缸内孔通过阳极处理以防磨损。可拆卸的尼龙或塑料储液罐也比铸铁罐轻很多。由于主缸用两种材料制成，常被称为复合主缸。复合主缸内的活塞、皮碗和弹簧实质上与整体式是相同的，其工作方法也相同。

(2) 主缸的基本工作过程

主缸的第一活塞和第二活塞的工作基本相同，如图 4-82 和图 4-83 所示。第二活塞是通过前面的第一活塞产生的压力而向前运动。每一个活塞在其前端都有一个填塞，当系统有泄露时，活塞仍然可以产生压力。由此可知，第二活塞和第一活塞的工作是相同的。

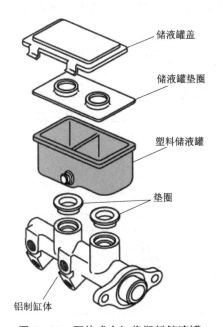

图 4-81 两片式主缸将塑料储液罐安装在铝制缸体上

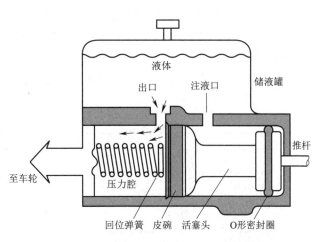

图 4-82 双活塞主缸中的独立活塞的基本部分

驾驶员未踩下制动踏板时储液罐充满制动液。从储液罐流到主缸之间有两个孔。补液孔是两个孔中较小的孔，刚巧位于活塞皮碗的前面。制动液从储液罐流进活塞皮碗前面的压力室；排液孔是较大的孔，位于活塞线轴区上方。活塞上的 O 形密封圈防止液体从主缸后部露出。当制动器松开时，活塞和皮碗前的回位弹簧使活塞回位。

驾驶员踩制动踏板时，推杆向前推动主缸活塞（见图4-84），这项操作称为向前行程。当活塞向前移动时，活塞推皮碗经过补液孔，补液孔立即被盖住，液体被封在皮碗的前面。压力液通过输出管路到车轮制动器，导致制动器制动。

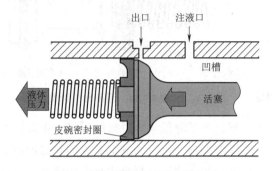
图4-83 皮碗密封圈关闭出口

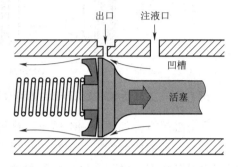
图4-84 活塞回位，制动液流动

当驾驶员放松制动踏板时，主缸开始回位行程。回位弹簧迫使活塞返回到其制动接触时的位置。当活塞往回移动时，脱离液体的速度，快于液体从制动管路回到压力室的速度。如果发生这种情况，活塞前面将造成一个低压区。

活塞必须迅速移回原位，这样可以为下一个向前行程做好准备。当活塞往回移动时，低压区必须补充液体。图4-85所示为向低压区补充制动液的通道，通过第一皮碗的保护垫圈、穿过活塞头部一系列小孔，或者通过活塞头和缸壁间的足够间隙，液体流过活塞和皮碗的唇缘四周到达压力室，这股液流很快解除了低压状况。

从线轴区流向压力室的液体必须及时补充。从储液罐出来的液体经过排液孔流入线轴区，如图4-85所示。

当活塞完全回到它的静止位置，活塞前面的空间充满制动液。活塞皮碗再次密封住活塞头部。同时，液压系统其余部分的制动液开始返回到压力室。如果不能排掉这些过多的制动液，制动器就不能松开。流回来的液体通过补液孔流回到储液罐，如图4-86所示。除了活塞在它的静止位置外，补液孔总是被活塞皮碗所覆盖。

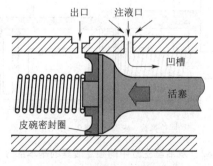
图4-85 注液口注入制动液

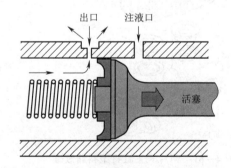
图4-86 高压区的制动液流回储液罐

排液孔还有另外重要的用途。当车轮制动器及液压管路内制动液的数量需要补充时；当盘式制动器摩擦块磨损，制动卡钳内空间增加需补充制动液时；当鼓式制动器摩擦衬片磨损，自动调整期工作前，车轮轮缸需要更多制动液时；盘式制动系统维修，空气占有制动系统空间，要补充更多制动液以压出空气时需多次使用排液孔。

在活塞前面要得到更多液体，同样可用防止活塞前面低压区。在回位行程，液体流过活塞头部和皮碗的唇缘，如图 4-87 所示。当活塞回移，补液孔开启。从车轮制动器与液压管路没有多少液体流回，所以较少的制动液经过补液孔流回储液罐。如果鼓式制动器调整后，或盘式制动器装了新的摩擦块，液压系统会在下一个活塞循环自动补偿需要的制动液量。

（3）主缸的类型

1）快充式主缸和快速回缩主缸。快充式主缸和快速回缩主缸能够将来自储液罐的液体快速充满活塞的线轴区，并使"零拖滞"盘式制动卡钳内活塞密封件回缩。"零拖滞"盘式制动卡钳中摩擦块和制动盘的距离比普通制动卡钳中的距离要大，这将减少摩擦块与制动盘的摩擦，从而增加单位燃料英里里程数。

如果"零拖滞"盘式制动器采用常规的内径相等的双主缸，则需要排出大量制动液去消除鼓式制动蹄回位弹簧和盘式制动卡钳内活塞回缩密封件的空程。为了克服这个问题，快充主缸和快速回缩主缸在踏板力进一步加大时，能够产生大量的制动液。

区分快充主缸和快速回缩主缸可以根据铸造时主缸量内径是凸出还是呈阶梯状来判断，如图 4-88 所示。在这些直径不相同的主缸中，第一活塞后部的缸径尺寸比其前部要大。在主缸的内部，由快充阀和快速回缩阀代替普通主缸活塞中的传统阀和补液孔，如图 4-89 所示。一些四轮驱动的盘式制动器的第二活塞中也常采用快速回缩阀。

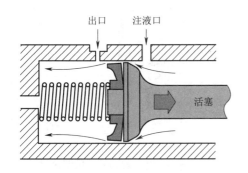

图 4-87 制动液通过密封圈流入

图 4-88 快充式主缸

快速回缩主缸有一个称为快速回缩阀的快充阀，此阀位于储液罐与第一活塞之间。它有一个小球或具有唇形密封的针形单向阀。针阀与唇缘密封控制液体从储液罐到主缸腔的流动。在第一活塞前和第二活塞前的主缸内腔称为高压室；活塞的线轴区称为低压室。以下将介绍快速回缩阀的工作。

当制动器未工作时，主缸的两个活塞都是回缩的，并且所有的阀和补液孔也都是打开的。流经第一活塞油孔的油也应该流过针阀座的凹槽。

当制动开始时，第一活塞被推入，由于第一活塞的直径大于第二活塞的直径，当第一活塞移动到第二活塞时，将使主缸中的液体缩减。因为制动液的不可压缩性，过多的液体必须去除。它环绕第一活塞皮碗的唇缘进入高压室，再到两个车轮处，如图 4-90 所示。

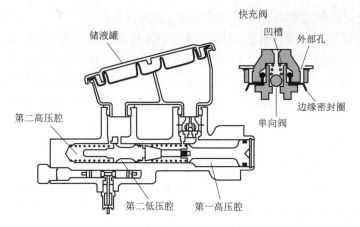

图4-89 低拖滞卡钳的第一活塞的快充阀

快速回缩阀的单向阀在预置压力下保持开启，在大缸径处的过多液体流回储液罐。起初将有一小部分液体通过旁通凹槽流经小球，但是这种小流量产生的压力不会形成快速回缩。

如果继续制动时，这种压力将达到70~100 psi[①]。这时快速回缩的阀将打开，使液体流回储液罐，如图4-91所示。第一活塞前面和后面产生的压力是相等的，这将使第二活塞加速。对于第二活塞而言，这种运动较小。

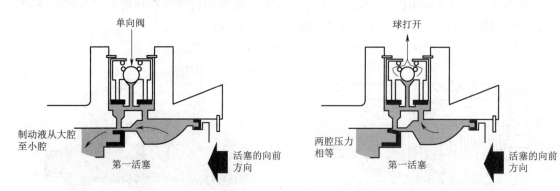

图4-90 第一活塞的制动液从大腔流向小腔　　图4-91 制动液流回储液罐

以上描述的内容适用于前盘式制动器的第一活塞或鼓式制动器的第二活塞。如果液压系统是对角分路式，或者汽车是四轮"零拖滞"盘式制动器，那么两个活塞中的快速回缩液体的量必须适当。一些主缸的第二活塞外有一个快速回缩止回阀，所需要的其他的制动液则是通过主缸本身提供的。只要第一活塞中的快速回缩止回阀是关闭的，那么流经第一活塞皮碗的液体将使第二活塞移动得更远。这将使两个活塞的位移相同，并在系统中产生相等的压力。当快速回缩止回阀开启时，两个活塞便一起运动，如其他的主缸一样。

当驾驶员释放制动踏板时，两个活塞的弹性力都恢复原状。压力室中的压力下降，流经活塞皮碗的液体将被密封住。密封住的液体压力降低，使储液罐中的液体在大气压力的作用下流入密封的快速回缩止回阀中，如图4-92所示。储液罐中的液体接下来将流入阀体和补液孔中以使其压力相等。

---

① 1 psi = 0.006 895 MPa。

当松开制动踏板时，流经第二活塞的液体将进入普通的补液孔中，除非第二活塞也有一个快速回缩止回阀，这样它的工作和第一活塞的快速回缩止回阀是一样的。

2) 中央阀主缸。在ABS中的主缸，其活塞头部有中央止回阀。当主缸在防抱死制动时提供压力，那么这个系统将由一个电动泵驱动，主缸活塞在防抱死制动时将来回移动，这将产生踏板的额外振动，甚至当活塞运动到阀孔时还会造成磨损。

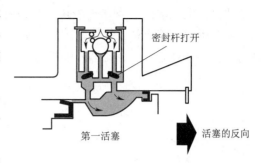

图4-92　低压区使制动液流回凹槽

为了防止活塞的磨损和踏板的振动，需要在活塞的头部安装弹性的止回阀，如图4-93所示。当制动松开制动踏板时，液体将从补液孔通过开启的中央止回阀流入压力室中。当踩下制动踏板时，中央止回阀关闭以保证压力室中的液压。当再次松开制动踏板时，中央止回阀将打开，使液体重新通过活塞回到凹槽储液罐中。

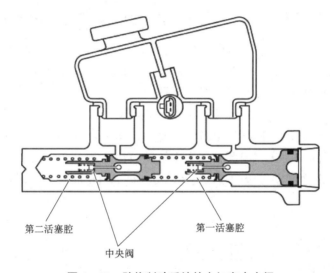

图4-93　防抱制动系统的主缸有中央阀

这种类型主缸上的中央止回阀将提供额外的液体，使在压力室和凹槽之间的液体来回移动。这和不是ABS中的液体原理没有什么太大的区别，但是它将产生活塞和踏板的振动。

2. 制动踏板和推杆

当驾驶员推动制动踏板，制动动作开始。制动踏板（见图4-94）实际上是一端绕销轴转动的杠杆，主缸推杆连接到踏板接近销轴的一端。这样杠杆配置，通过推杆施加到主缸活塞上的力是施加到踏板上的力的几倍。

推杆是制动踏板总成的非常重要的部件。推杆的一端连接到主缸活塞，另一端连接到踏板杆件。推杆是可调节的，能伸能缩。调整推杆长度将在车间手册内解释。

制动踏板和主缸必须相互靠近，以便踏板推杆能操作主缸。制动踏板有两种基本安装方式：较老式汽车和有些近代货车采用车架安装踏板，制动踏板的销轴装到车架上，主缸也装到车架上，但是这种安装方式的缺点是检查和维修比较困难；大部分近代汽车用的踏板如图4-95所示。踏板总成装到制动器支架上，而支架连到发动机罩隔板的内侧。连接踏板杆系与主缸的推杆通过一个孔进入隔板内。

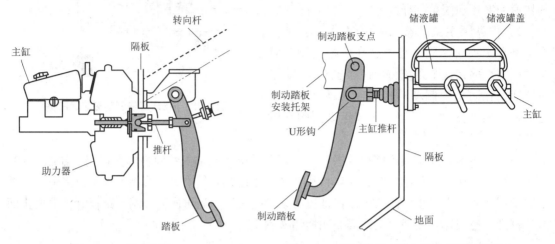

图4-94 制动踏板　　　　　　　图4-95 主缸踏板安装在发动机机舱隔板上

主缸装在机舱内隔板的对面。如果汽车有手动制动器，主缸将直接装在隔板上。如果使用真空助力器，真空助力装置装在隔板上，主缸则装到真空助力装置上，如图4-96所示。这样配置的优点在于主缸的检查或维修都较方便。

在制动踏板连接装置中，主缸活塞和推杆之间都有自由行程。自由行程使主缸活塞能够在其腔内回缩。主缸的自由行程通常比较小，大概 1/16 in（1.5~2.0 mm）。制动踏板的自由行程则要乘以踏板的传动比。因此，如果主缸的自由行程是 1/16 in（1.5 mm），制动踏板的传动比为4:1，那么制动踏板的自由行程将是 1/4 in（6 mm），如图4-97所示。

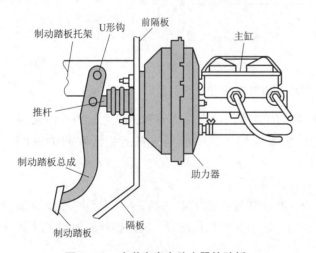 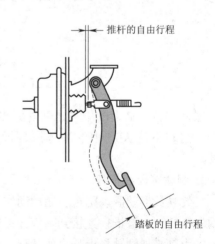

图4-96 安装有真空助力器的踏板的自由行程　　　图4-97 主缸推杆的自由行程乘以传动比即为踏板自由行程

踏板的自由行程是由厂家规定的，是校验的一项。踏板的自由行程在有些装置中是可以调节的，有些则是不可调节的。大多数可调节自由行程的都是通过调节安装在推杆U形叉上的放松螺母，或者调节推杆的长度。

真空助力制动器有另外一个推杆，它在主缸和助力器之间传递动力。助力器推杆要求为可调节的制动踏板推杆。

从1999年起，福特公司在它的两款车型中研究踏板调节系统。从那时开始，很多汽车公司也开始在它们的汽车中安装踏板调节系统。通常这仅用在制动踏板和加速踏板中。第一次将踏板调节系统安装在运输车辆中的是戴姆勒克莱斯勒。

APS 是一种可以调节制动踏板和加速踏板到合适位置，以使较高或较矮的驾驶员都能感觉到舒服。对于大多数驾驶员来说，APS 的另外一个优点是它的安全性。对于一些较矮的驾驶员，胸部离安全气囊太近，当安全气囊工作时会引起一些严重的损坏。同样，对于较高的驾驶员，胸腔与安全气囊的距离又太远，这减小了安全气囊的保护作用。

只有一种电动机可以直接调节制动踏板，并用一个灵活的调节杆调节加速踏板上的调节螺钉，如图 4 - 98 所示。开关是部分固定的，并且具有记忆功能，能够记忆一个或多个驾驶员最适宜的踏板位置，并在需要时重新设定。踏板被看作一个单元，踏板和电动机安装在踏板座上。

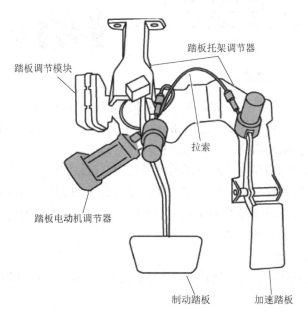

图 4 - 98 踏板调节系统总成

3. 剩余压力止回阀

鼓式制动器主缸压力室有一个被称为剩余压力止回阀的附加装置。止回阀（见图 4 - 99）可安装在压力室内或主缸的出口管道上。止回阀是用在制动系统中最老式的一种阀。在老式的四轮鼓式制动系统和一些近代汽车中都可以找到。

止回阀通常安装在主缸通向鼓式制动器的出口处。当制动踏板松开时，在管路内将形成 6 ~ 25 psi 的剩余压力。剩余压力止回阀的用途是保持管路内有不大的剩余压力，以使活塞皮碗的唇缘紧贴主缸内壁。当制动踏板松开时，主缸中的剩余压力止回阀可以产生一个压力。如果压力很小时，那么皮碗的唇缘与轮缸之间将形成缝隙，使空气进入鼓式制动器轮缸。剩余压力可以防止空气进入鼓式制动器轮缸，但是它不会克服制动蹄的弹性压力。主缸压力室的压力使止回阀保持开启,所以液体能流到管道中去。剩余压力能缩短制动所需的时间。盘式制动系统不用此阀,因为剩余压力在制动器松开时引起摩擦块在转盘上拖滞。

剩余压力止回阀由弹簧加载阀构成。主缸压力室的压力使止回阀保持开启,所以液体能流到管道中去,管道内的液体也能回到压力室。当压力降到一定值时则止回阀关闭,防止液体回到主缸压力室,这样能防止管道压力降到剩余压力止回阀设置压力以下。

剩余压力止回阀曾经用在几乎所有的制动系统中,但是自从 20 世纪 80 年代,随着活塞皮碗膨胀装置的使用它的使用就减少了。活塞皮碗膨胀装置被广泛应用在轮缸上,以使皮碗紧贴在缸壁上,防止空气进入,如图 4-100 所示。皮碗膨胀装置比剩余压力止回阀更简单、更便宜并且更可靠。

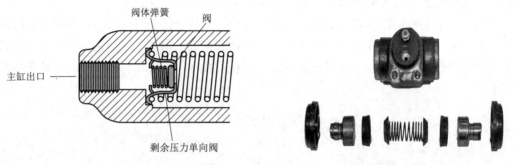

图 4-99　主缸保持液压力　　　　　图 4-100　皮碗膨胀器

对角分路制动系统是另外一个使剩余压力止回阀减少使用的原因。对角分路制动系统通常是由盘式制动器和鼓式制动器共同组成的液压系统。盘式制动器不能使用剩余压力止回阀,剩余压力在制动器松开时将引起摩擦块在转盘上拖滞。

虽然在很多系统中剩余压力止回阀都被限制使用,但是它们仍然用在某些系统中。很多的主缸都是通过标准铸造而成的,铸造完的主缸是否有止回阀是由要安装的汽车所决定的。当需要更换主缸时,检查汽车是否需要安装剩余压力止回阀是很重要的。主缸的错误安装会引起错误的制动操作,也会使制动失效。

(1) 单活塞主缸系统

图 4-101 所示为单活塞主缸零件图,它们多由铸铁制成。储液罐和主缸体是整体式结构,加液盖通常是个带螺纹的金属盖。

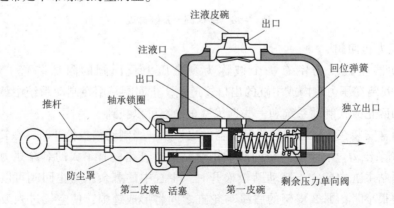

图 4-101　单活塞主缸零件图

在活塞的前部有第一个皮碗，活塞后部常用第二皮碗密封；回位弹簧和剩余压力止回阀位于活塞前面，主缸后部的卡环将主缸内元件卡住；可调推杆和防尘罩位于主缸后部；主缸前的出口向所有车轮制动器提供液压力；补液孔位于储液罐底部。单活塞主缸的工作与前述例子相似。

20世纪80年代中期，一些装有ABS的汽车仍然使用单活塞主缸，这种系统依靠具有安全旁通特性的比例阀。假如后制动系统失去压力，则比例阀关闭，停止向后轮提供压力，准备用前轮安全停车。

（2）分路式液压系统

双主缸有两个独立的液压系统。两个液压系统可以分别连接前轮制动器和后轮制动器，也可以连接对角线上的制动器。

前/后轮分路式液压系统是最老式的分路式系统，这种系统有两个输出口，如图4-102所示。一个输出口供两个后轮制动器用，另一个供两个前轮制动器用。

尽管这种系统提供两个独立的液压系统，但是也有其缺点。如前所述，前制动系统担负整个制动工作的60%~70%。如前液压系统失效，则所有的制动工作都由后轮承担。这意味着，汽车不得不只用30%~40%的后轮制动功率完成整车制动停车。

大多数现代的汽车都采用对角分路式液压制动系统。对角分路式液压系统（见图4-103）用一条主缸回路连接左前轮制动器和右后轮制动器。用另一条主缸回路连接右前轮制动器和左后轮制动器。可与主缸输出口直接连接，或者用阀在外部连接。这种系统的优点是，如果有一个液压系统失效，另一个液压系统仍用一个前制动器和一个后制动器来停车。驾驶员会感觉到制动向左或向右侧偏移。

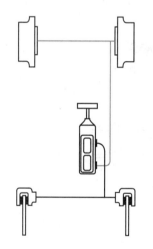
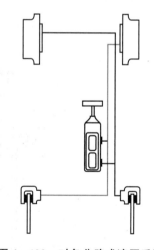

图4-102　前/后分路式液压系统　　　　图4-103　对角分路式液压系统

当制动踏板松开时，第一活塞和第二活塞的皮碗没有盖住补液孔。在正常的操作下，当踩下制动踏板时，第一活塞向前运动，由于液压压力的连接作用，第二活塞也向前运动。当活塞都向前运动时，补液孔立即被盖住，液体被封在皮碗的前面。压力液体通过输出管路到车轮制动器，导致制动器制动。

如果由第二活塞产生的液压失效（见图4-104），那么在制动时两个活塞都将向前运动，如正常情况一样，但是第二活塞却不产生液压压力。这样，只由第一活塞产生的液压压力的量是很小的，直到第二活塞运动到主缸底部时才能使第一活塞产生的液压压力达到足够的数值，以产生单制动液压系统的制动力。

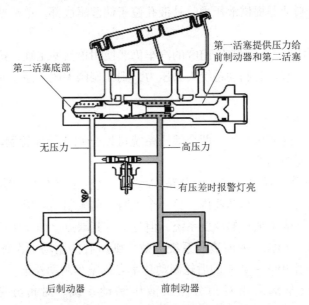

图 4-104　前管路的双活塞主缸操作

图 4-105 所示为第一活塞产生的制动液压线路失效，这时，第一活塞虽然向前运动，但是不产生液压压力。第二活塞只产生很少的液压压力，直到第一活塞的活塞杆与第二活塞连接。这样，推杆力就会直接与第二活塞相连，并产生足够的液压压力来进行制动操作。

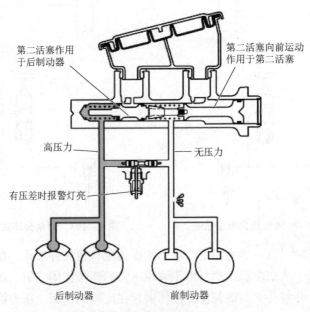

图 4-105　后管路的双活塞主缸操作

4. 制动管路

液压管路由钢管和软管组成，它们用来在主缸和每个车轮制动器之间传递有压力的制动液,如图 4-106 所示。在液压系统内采用几个开关和阀作为安全装置,所有制动系统中都采用了可打开警告灯的故障警告开关。有些装有前盘式制动器的车辆为改善前盘式制动器和后鼓式制动器之间的制动平衡还采用了计量阀与比例阀。

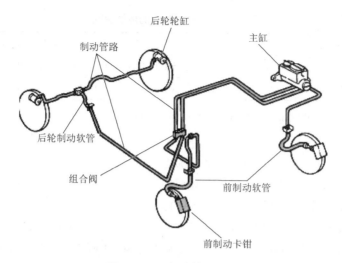

图 4-106 制动管路组成

制动管路包括钢管和柔性软管,用接头连接到一起。汽车上绝大部分的制动管路是钢管,管路必须用柔性管的地方除外。在底盘与前轮之间以及底盘与后轮之间,柔性管是必需的。SAE 和 ISO 规定了制动管路的标准。

对于汽车制动管路的一般标准有以下几点:对于氯化物的抗腐蚀性能好;强度高,高耐压极限,高疲劳极限;能够允许无阻力流动的光滑内壁;表面抗腐蚀性和高硬度;较好的经济性;较好的工艺性。

5. 制动液

制动液由交通部评定等级,并进行编号,常见的等级是 DOT3、DOT4 和 DOT5。数字越大,制动液的沸点越高,要求越严格。

制动液需要具备的特点是:在低温和高温下能自由流动;有高的沸点(超过 400°F 或 204℃);有低的凝固点;不能损坏金属或橡胶件;润滑金属和橡胶件;能吸收进入液压系统的水分。

选择合适的制动液,并不是 DOT 等级越高越好。大多数的汽车制造商选用的制动液都为 DOT3 标准,而福特公司由于需要较大的承载能力,所以虽然采用的是 DOT3 标准,但是制动液的沸点可以达到 DOT4 的标准。所以,有些制造商将 DOT3 和 DOT4 之间又划分了一个标准。

DOT3 和 DOT4 制动液都是聚乙二醇类化合物。液体颜色的范围从透明色到轻微黄色。DOT5 等级的制动液一般为硅树脂类,因为目前为止,只有硅树脂类能够达到 DOT5 的标准。现代大部分的汽车都不需要用 DOT5 等级的制动液。虽然这三种制动液具有兼容性,但一般不将这三种制动液混合使用。尤其是 DOT5 等级制动液,一般不用来替代其他类型的制动液。因此,在选择制动液时应该遵照汽车制造厂家的建议,不要将不同类型的制动液混合使用。

制动液的沸点是很重要的,因为制动时产生的热量能进入液压系统。如果温度升得太高,制动液沸腾,在制动管路中形成蒸汽,蒸汽是可压缩的,由于液压系统的工作是建立在液体不可压缩的基础上,有蒸汽则导致液压系统工作不正常。表 4-1 所示为五种制动液的最低沸点。

表 4-1　五种制动液的最低沸点

沸点	DOT3	DOT4	DOT5	DOT3/4	DOT5.1
干	401℉（205℃）	446℉（230℃）	500℉（260℃）	500℉（260℃）	585℉（307℃）
湿*	284℉（140℃）	311℉（155℃）	356℉（180℃）	347℉（175℃）	365℉（185℃）

注：1. DTO5.1 长寿命型的具有相同的干、湿沸点,均为 424℉（218℃）。
　　2. *湿是指水饱和溶液。

干沸点是指没有被污染的制动液的最低沸点。但是由于制动液中水分的增加会引起制动液沸点的下降,聚乙二醇类制动液又具有吸湿性,它会吸收空气中的水蒸气,而制动系统不是完全密闭的,有些制动液是暴露在空气中的,所以制动液不可避免地要吸收一部分水蒸气。SAE 标准的 R11 显示,使用一年的汽车制动系统中的制动液包含 2% 的水分。虽然这个比例比较小,但是足以将 DOT3 等级的制动液沸点由 401℉降至 320℉。对于 DOT4 等级的制动液将比 DOT3 等级的吸收较少的水分,沸点下降得也较小。

由于 DOT3 和 DOT4 制动液会吸收空气中的水蒸气,所以通常要将装有制动器的容器盖盖紧,在用过之后要立刻将其密封。通常制动液容器的容积为 12 OZ[①] 到 5 gal[②],如图 4-107 所示。买小容积的制动液对于其密封是很明智的。减少制动液中空气的含量可以减少金属的腐蚀和橡胶的退化,同时也可以保证制动液处于高沸点。

制动液的 DOT 等级将在制动液容器外面有标注,如图 4-108 所示。车辆维修手册和驾驶员手册中都有汽车正确的制动液等级,不要采用比推荐等级低的制动液。

图 4-107　罐装制动液

图 4-108　制动液的等级数标注

在相同的条件下,DOT3 等级比 DOT4 等级制动液的有效期长,也就是说,如果系统是在干净、密封的理想状态下,DOT3 可以用较长的时间,而 DOT4 等级则需要每 1~3 年更换一次。但是实际上制动液每 2~3 年就要更换一次,因为系统都不是理想的。

---

① 盎司,1 OZ = 28.41 mL。
② 加仑,1 gal（英）= 4.546 092 L。

人造制动液具有较高的干沸点和湿沸点。这使它们在制动时的耐用度更高。DOT3/4 的制动期限大概是 2 年，DOT5.1 为 5 年，而高耐用度的 DOT5.1 则可以使用 10 年。

制动液不仅需要有较高的沸点，同时也需要使制动液的温度保持在一个稳定的范围之内。当在高温环境中时，制动液必须也保持较高的沸点。同时，制动液也必须有一定的凝固点和蒸发量，在低温时仍能保证一定的黏度。如果在低温时，制动液的密度较低，也会影响其制动性能。

同时，制动液还要通过防腐蚀测试。制动液不能对橡胶轮胎进行腐蚀，还应具有抗氧化能力。此外，制动液还应对主缸活塞和主缸内腔以及其他液压系统进行润滑。

虽然 DOT3、DOT4、DOT5 和硅树脂类制动液的性能不相同，但这 4 种不同类型的制动液却具有一定的兼容性。尽管不同类型的制动液不建议混合使用，但是即便混合使用也不会对制动系统产生破坏。

如果将 DOT3 和 DOT4 制动液混合使用，那么 DOT4 的沸点将下降，下降的比例与混合溶液中 DOT3 的比例相同。而且，整个制动系统的制动性能也将在两种制动液制动性能之间。DOT 制动液具有一定的相容性，但并不是相同性。两种制动液混合之后不会形成某一种制动液，除非是同一种制动液相混合。

硅树脂类 DOT5 制动液比聚乙二醇类制动液具有更小的地心引力。如果将这两种制动液相混合，那么它们将不会溶合在一起，硅树脂类制动液将分离出来，并在聚乙二醇类制动液上方。因此，用户如果想用硅树脂类液体作为制动液，则需要将所有的聚乙二醇类制动液隔离，并且更换硅树脂制动液最好是在整个制动系统检查时进行。

虽然人造制动液和 DOT3 与 DOT4 具有兼容性，但是如果不是在紧急的情况下，最好不要这样做。尽管这两种制动液会相互混合，但是制动性能会有所下降，下降的比例与聚乙二醇基类制动液所占比例相同。如果用户要求采用人造制动液，最好换掉所有的聚乙二醇基类制动液，同时，还应该检查制动密封件是否损坏。如果制动液在系统中已有几年没有更换，那么，最好也将所有的制动密封件换成灵活的且固定性好的密封件。

6. 制动液压阀

在 1967 年以前，当大多数制动系统为四轮鼓式制动，并且主缸为单缸时，液压操作已经能很好地工作了。盘式和鼓式制动的结合，要求液体压力能够在某些情况下做出调节。对于双缸主缸和分路液压制动系统还要有能够操作报警灯的控制阀和开关。在制动系统中可能用到的控制阀有计量阀、比例阀、高度传感比例阀和压力差分阀。另外，一些主缸还设有剩余压力控制阀，很多系统也有由上述控制阀构成的组合阀。

（1）计量阀

有些车辆采用前盘式制动器和后鼓式制动器，为达到前/后轮之间平衡制动，在液压系统内安装了计量阀和比例阀。图 4 - 109 所示为液压系统中安装在前盘式制动器中的计量阀和安装在后鼓式制动器中的比例阀。

计量阀（见图 4 - 110）位于通向前制动器的管路中，由液压力控制，是常闭的。踩下制动踏板时，制动液先流到后制动器。当后制动器开始工作时，系统内压力上升足以开启计量阀，让液压力传递到前制动器。计量阀一旦开启，它就不再起作用。能感觉到计量阀的作用只是在整个制动的开始阶段和轻微制动的持续时间。

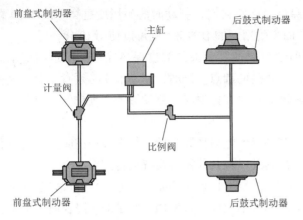
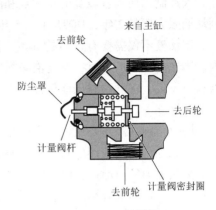

图 4-109　计量阀和比例阀　　　　　图 4-110　计量阀

当踩下制动踏板时，液压压力由 3 psi 增加到 30 psi，并且要迅速关闭阀杆前面的控制阀，以阻止制动液流向前制动器。此时液压压力只作用于后制动器，直到压力增大到足以克服弹性拉力而使制动蹄工作。制动主缸中不断增大的液压压力用来克服作用在计量阀活塞上的弹性压力。这需要 75~300 psi 的压力，具体取决于制动系统的特性。这时，液压压力将作用于卡钳活塞，使前制动器工作。

（2）比例阀

比例阀是 1969 年开始使用的，它用在带有盘式和鼓式制动器的汽车中，用来平衡前轮和后轮的压力。计量阀用来调节前轮制动器的压力；比例阀用来调节后轮制动器的压力。

在制动中，由于惯性和动力将会使重量向前移动。重量的移动也将按比例的影响制动力和减速度。在急制动时，重量的移动不会作用在后轴上，并减小了轮胎和地面间的牵引力。由于牵引力的减小，后轮可能抱死，将使汽车侧滑。然而，通过调节作用在后轮中的制动液压力可以避免后轮抱死。制动时应该在前后轮胎与地面之间保持相等的摩擦系数。

为了保持轮胎的相等的制动力，盘式制动器比鼓式制动器需要更大的液压压力。鼓式制动器使用机械伺服装置来增加作用在制动蹄上的力。由于伺服装置的作用，鼓式制动器保持制动力的大小比所施加的制动力要少，而盘式制动器则需要与制动力相等的压力。因此，盘式制动器比鼓式制动器需要更大的液压压力。比例阀的作用正如它的名字一样，它是按比例将液压压力分配给盘式制动器和鼓式制动器，来保持轮胎相等的制动力。

比例阀通常用在前盘式制动器和后鼓式制动器联合使用的汽车中。最早的比例阀是单独的部件，它安装在到后鼓式制动器去的液压管路中，如图 4-111 所示。

现在的四轮盘式制动器中，也常在后盘式制动器中使用比例阀。制动系统的效能也是保持前后轮与地面间相同的摩擦系数。为了达到这个目的，通常要调节汽车的后盘式制动器的压力来防止车轮抱死。

比例阀的一端有入口通道通向主缸，另一端有个通过螺母到后制动器的出口。比例阀总成内部零件包含一个一头活塞面积小和另一头活塞面积大的阀。活

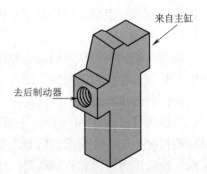

图 4-111　前/后分路式制动系统的后轮管路比例阀

塞用阀杆与阀连接,装有弹簧对活塞加压。

当正常制动时,比例阀并不工作。制动液绕小阀和活塞流过入口,从出口流到后制动器,如图4-113所示。比例阀外侧的活塞为面积较大的活塞。当阀外侧的压力增大时,它将比内侧产生更大的力,从而推动活塞向阀内运动,当推动活塞的力克服弹簧压力时,活塞移动阀杆。这个动作将减小施加到后制动器的压力,如图4-112所示中的3。

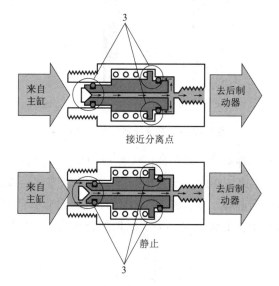

图4-112 用于独立后制动器的比例阀

比例阀关闭时的压力叫作分流点,因为在这一点,较大的压力流向前盘式制动器,较小的压力流向后鼓式制动器。当主缸中的液压压力继续增大时,阀内的压力将克服大头活塞的压力,重新打开活塞。制动液重新流过阀的中央,使大头活塞处的压力升高,阀再次被打开。阀开启和关闭每秒要循环几次。

比例阀活塞的来回移动将使后鼓式制动器的压力增大,但是速率比前盘式制动器小。在分流点处流向后鼓式制动器所增加的压力叫作比例阀的静特性。静特性是后鼓式制动器的压力占系统总压力的比。如果后鼓式制动器的压力占总压力的一半,那么静特性的比例即为1:2或50%。释放制动踏板时,压力将会下降,弹簧将推动比例阀活塞,这将使比例阀开启,使制动液迅速流向主缸。

(3) 高度传感比例阀

在20世纪80年代早期,高度传感比例阀首先应用于小型运货卡车中。货车的后轴所承受的载重量可以由空载变到满载,由于载重量的极限变化将影响制动平衡,同时载重量的不同也将使后鼓式制动器需要不同的液压压力,而且货车后轴载重的变化也将引起汽车高度的变化,这时,需要有一种比例阀能够根据汽车高度的变化,通过自身的调节来提供变化的液压压力,以控制后制动器。高度传感比例阀应运而生。

高度传感比例阀的一种普通形式是利用装在车轴上的托架(见图4-113),比例阀装在车辆底盘上,用弹簧连接托架和比例阀端的杆件。当猛烈制动时,重量转移将底盘抬高。发生这种情况时,弹簧拉伸,拉动杆件,杆件机械地移动比例阀内的阀杆,减小到后制动器的压力。根据底盘相对于车轴的运动,液压力将自动地调整。

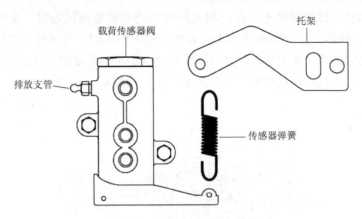

图 4-113 高度比例阀的安装位置

另一种高度传感比例阀在称为"G"阀的阀总成中采用一个称为"G"球的大圆球（见图 4-114），这个总成装在比例阀的端部。球的前、后移动与车后部的倾斜有关。猛烈制动时，车后部抬高，使得球向前移，靠向球阀。于是球阀通过弹簧降低通向后制动器的压力，控制比例阀的工作。这种系统的优点是不需要机械的连杆装置装到比例阀上。

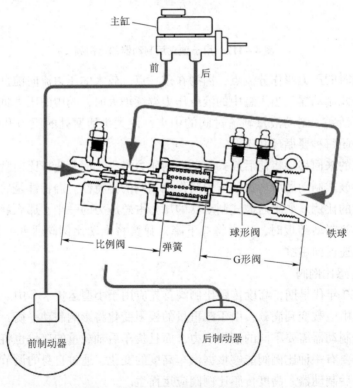

图 4-114 "G"球高度传感比例阀

虽然高度传感比例阀最早是用在货车中，但是现在许多乘用车也开始使用这种阀。对于四轮驱动的乘用车，当车中只有一个驾驶员到坐满乘客的载重变化与货车从空载到满载的变化是相似的。高度传感比例阀可以通过自身的调节，根据不同的载荷量分配鼓式制动器的制动力。此外，一些轿车还安装了两个高度传感比例阀。

(4) 压力差分阀（故障警告灯开关）

压力差分阀是液压控制开关，当制动系统出现故障时，将向仪表板上的警告灯提出警告。差分阀两侧的压力分别连接到液压系统的一部分（主缸的一个缸）。每个主缸活塞向前/后轮或对角分路式液压系统提供液压力。如果有一个液压系统出了故障，制动踏板行程将增加，将需要更多踏板力来迫使车辆停驶。如果液压系统出故障，仪表板上的警告灯会提出警告。图4-115所示为压力差分阀和警告灯开关的工作图。警告灯开关为接地开关，它将灯光信号连接到地面。

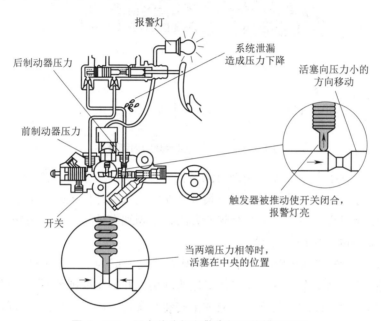

图4-115 压力差分阀和警告灯开关的工作图

如果有一侧液压系统失去压力，相反一侧的液压力将活塞推向没有压力的一侧。活塞离开中心，其肩部与电路接头接触，这样，警告灯电路接地、警告灯亮。

(5) 组合阀

组合阀的使用是在20世纪70年代，它可以减少花费并可以使制动液压系统更简单。含有组合阀的系统有较少的接头和较短的钢管，因此可以减少泄漏的位置和可能性，并可以减少元件的花费。

正如它的名字一样，组合阀的一个阀有两个或三个功能。最常见的类型是具有三个功能的组合阀，如图4-116所示。三功能阀有三个独立部分，如图4-117所示，组合阀一端装有计量阀，另一端是比例阀，中间部分装有压力差分阀（制动故障警告开关），这三部分的工作与叙述过的独立部件的工作完全相同。

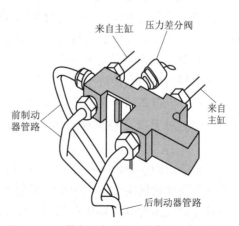

图4-116 带有压力差分阀的典型组合制动阀

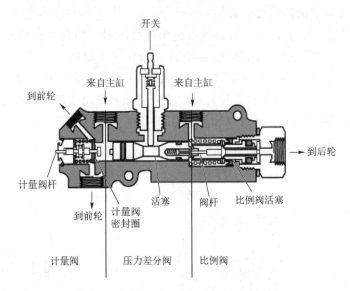

图 4-117 三功能组合阀的内部零件

双功能组合阀有压力差分阀（制动故障警告灯开关）。有些型号把这种开关与比例阀或计量阀组合在一起，识别这种双功能组合阀可借助比例阀端部保留的大螺母；另一型号把警告灯开关与计量阀组合，识别这种组合阀的方法是该阀端有计量阀罩或阀杆。

（6）无控制阀的液压压力控制

自从 1987 年 ABS 在汽车中的使用，防抱死系统已经成为汽车的标准配置。防抱死系统的操作原理很简单：当某车轮减速比其他车轮速度快，并即将要抱死时，可通过调节分配到该车轮中的液压压力，以防止其抱死。ABS 由安装在车轮上的速度传感器和处理这些速度信号的中央控制器，通过电子操控阀和高速泵来控制液压压力。

防抱死系统中的压力调节和动力分配与计量阀和比例阀的压力调节相同。事实上，ABS 的压力控制比一般液压或机械的计量阀和比例阀的压力控制更精准。随着防抱死系统在汽车中的广泛应用，工程师在设计时，可以用一个中央控制系统来代替某些液压阀。

7. 制动电子警告系统

制动电子警告系统由压力差分阀构成的警告灯开关、驻车制动指示灯和开关、主缸液位传感开关、制动摩擦块磨损传感器、制动灯开关和电路以及制动灯组成。

（1）驻车制动指示灯和开关

驻车制动是用来使汽车静止不动的，如果在汽车行驶时，驻车制动系统也部分地工作，那么它将产生很高的热量，使摩擦材料变得光滑，制动鼓的尺寸也将膨胀变大，并且增加踏板的行程。对于带有整体驱动器的后盘式制动系统，这将使摩擦块失效并缩短制动盘的寿命。

通常关闭的、单级的单线式（SPST）开关用来将仪表板上红色制动灯电路接地。这个开关安装在棘轮机构中，用来将驻车制动锁在适当的位置。

带有白天运行灯（DRL）的汽车使用驻车制动开关构成一个电路，当驻车制动工作时，前灯停止工作，当驻车制动被释放时，DRL 将正常工作。

不论是国内的还是国外的汽车制造商都在一些盘式制动盘的汽车中使用了电子磨损指示灯，当制动盘的磨损达到一定程度时，红色的警告灯将提示驾驶员引起注意。

在一些系统中的制动盘摩擦材料上安装有小球，当制动时，它将使红色警告灯电路接地。制动盘的每一侧都有小球，并都产生接地的电路。在其他系统中，小球连接一系列的电子电路。当小球磨损时，它将使电子电路工作，红色警告灯亮。这个系统将一直对制动盘的磨损进行检测。

（2）主缸液位传感开关

由于制动液的液位对安全制动非常重要，因此很多汽车都有液位传感开关，安装在储液罐中。当制动液液面下降到规定点以下时，传感器就接通仪表板上红色制动指示灯。由于压力差分阀在储液罐中的油液泄露将产生液压警告失效，因此很多汽车中都使用液位传感开关来替代压力差分阀。液位传感开关的另一个优点是，当由于操作的疏忽和错误的维修而引起的较低的油液高度时，它可以及时提醒驾驶员。

液位传感器固定安装在储液罐的侧壁或储液罐盖上，其中一种开关是由浮子机构组成，其上有带有开关的传感器杆，如图4-118所示。如果液位低于预定液位时，一组触点出点闭合，触点为红色制动指示灯提供接地电路（见图4-118），另一种开关是在浮子装置中安装磁铁。当液位低于预定液位时，磁铁将使触点关闭，形成接地电路。这为制动系统警告灯提供了接地电路，如图4-119所示。

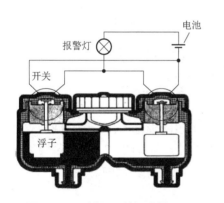

图4-118 浮子开关示意图

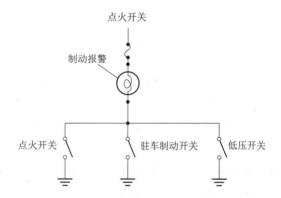

图4-119 驻车制动开关电路示意图

很多欧洲汽车的低制动液位开关有独立的指示灯和电路。如奔驰、宝马、捷豹和保时捷等都是使用电子模块来控制特殊的指示灯。

（3）制动灯开关和电路

制动灯开关可以由液压和机械操控。液压开关用在老式汽车中，它安装在主缸的高压腔内，通过系统的压力控制；机械开关安装在制动踏板杆上，由制动踏板杆的运动控制。

机械式开关很多年来都被广泛应用，因为当踏板运动很小时，它也可以使制动灯亮。而液压开关若想关闭警报灯电路，则需要一定量的液压压力。另外，双活塞主缸需要有两个液压开关，所以机械式制动灯开关更简单、更经济、更可靠。

制动灯开关可能是单功能或多功能的。单功能制动开关只有一组开关触点，这组触点控制车辆后部制动灯的电流；多功能制动灯开关有一组触点是控制制动灯的，至少还有一组触点用于变矩器、恒速控制、ABS、BCM（车身控制单元）和PCM（能量控制单元）。有些多功能制动开关包含所有这些功能的触点。

制动灯触点常常通过转向信号和危险警示开关与制动灯相连接。制动灯触点为常开触点（见图4-120），其他功能的触点可以是常开的，也可以是常闭的。另外，具有变矩器、恒速控制和ABS的汽车常有独立的制动踏板开关。配线图表能够准确反映制动踏板开关及其功能。

（4）制动灯

制动灯安装在车尾两边。自从1986年起，汽车开始使用高位制动灯（CHMSL），它安装在汽车后玻璃下3 in之内的汽车中心线位置（也可以为6 in）。

3灯泡式尾灯包含了3个独立的功能：尾灯、转向灯和制动灯。在3灯泡式系统中，制动灯直接由制动灯开关控制，如图4-121所示。在这个系统中一共有6个灯泡。

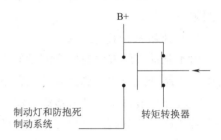

图4-120 制动灯开关控制警告灯电路

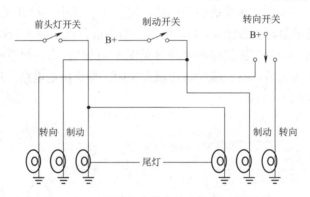

图4-121 尾部灯安装将独立控制三个电路

制动灯开关是常开的、瞬时接触的开关。开关是通过踏板臂和开关杆之间的空隙与制动踏板相连，如图4-122所示。当驾驶员踩下制动踏板时，开关闭合，使电路接通，制动灯亮。在制动中，通过车轮传感器监测的ABS也是由相同的电路控制的。

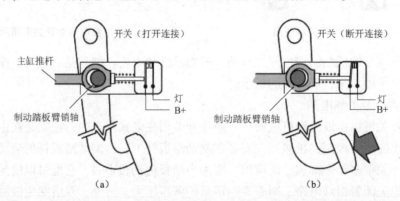

图4-122 机械式制动灯开关安装在制动踏板臂上，并由主缸推杆末端驱动
(a) 未制动时；(b) 制动时

制动灯开关是通过熔断丝直接获得电池组的电压的。因此，当点火装置关闭的时候警告灯也能工作。当常开的开关关闭时，制动灯两端作用于电压。汽车两侧的制动灯和CHMSL

是并联连接的。

很多汽车还有另外一组开关触点，安装在制动踏板的连杆上。这组触点是常闭的，当踩下制动踏板时将打开。这组触点将为巡航控制和扭矩转换离合器（TCC）提供电能。当制动时，TCC 和巡航都将脱离。一些汽车使用独立的开关来控制这些系统，还有一些新型汽车中装有计算机网络，如 BCM，内部和外部的警告灯控制电路。虽然经历了设计上的变化，而制动灯电路的变化却很小。当驾驶员接触连接在制动踏板连杆上的开关时，要参考配线图表识别开关的类型、功能和安装位置。

一些老式汽车中使用液压驱动的制动灯开关。这种开关是常开的，安装在制动线路中，通常是靠近主缸的前制动线路。当踩下制动踏板时，制动线路中的液压压力将使开关闭合，制动灯亮。开关可以正常工作，但是也会出现一些潜在的问题，如泄漏的可能性。在双液压系统中，需要有两个相互并联的开关。少数的乘用车和轻型货车使用这种类型的制动灯开关。

学习任务 4.2.4　制动操纵系统

许多车辆都用助力制动系统减轻驾驶员用于制动的力。助力制动系统可以减轻驾驶员的疲劳，增加制动力输入，增加安全性。

有四种方法可以减小制动所需的踏板压力，或者帮助驾驶员通过主缸施加力。

1）让驾驶员用力踩下制动踏板。使用这种方法是有一定限制的。一个 120 lb[①] 重的驾驶员的脚力比一个 220 lb 重的驾驶员的脚力小，但是制动汽车所需要的制动力并不会因为驾驶员的质量而有所改变。因此，驾驶员的力量成为汽车制动的限制因素。

2）机械式（杠杆）。它是利用杠杆增加通过主缸的制动力的，这种方法只有在给定支点上一定的踏板比后才能增加力。踏板臂的长度要与汽车相匹配，踏板臂越长，踏板的行程越大。

3）液压式（增力）。就像踏板增加通过主缸的力一样，液压活塞的大小也可以用来增加通过主缸的液压力，输送到轮缸和卡钳活塞中。然而，液压增力也有其局限性。如果为了获得更大的力而将轮缸和卡钳活塞做得较大，那么，主缸的行程也会增加制动踏板的行程。所有的制动系统都使用液压增力式来增加制动力，但是它和踏板杠杆一样具有局限性。

4）在系统中安装助力器。助力器有三种主要形式：第一种是使用带有反作用杆的单膜片，通过杆件装置提供力到制动踏板；第二种是使用来自液压泵的液压压力操作主缸上的液压；第三种助力器其实不是真正的制动助力器，它是使用电子来控制制动液压。在这个系统中，制动踏板中的传感器通过共用 ABS 和汽车稳定系统的信号来控制每个车轮，这是通过一定的方式来实现的。一种方式是使用传感器和控制电脑；另一种是通过制动液压管路或各个车轮的电子阀。每一种方法都可以控制每个车轮的液压压力，产生较好的制动性能和较好的车辆控制性能。

1. 真空助力系统

助力器是制动系统中的附加装置，因此，它并不会改变基本的制动系统。如果助力器出现问题，制动系统仍然可以进行制动。所有的助力器都有动力辅助装置，当动力损失时，保证至少有一个助力器可以工作。由于现代制动系统的设计包括助力器的优点，所以如果动力

---

①　磅，1 lb = 0.453 59 kg。

损失时，踏板增力有很重要的意义。

图 4-123 所示为典型助力器的空气系统。空气从踏板推杆的防尘罩内通道吸入，通过称为消声器的细网材料。消声器的作用是降低空气流速，减小嘶嘶声。防尘罩组件在车内，有点噪声在车内都能听清。然后空气经过过滤器，除去尘土（任何一点尘土都能损坏阀组件），最后流进通向空气阀的助力活塞通道。

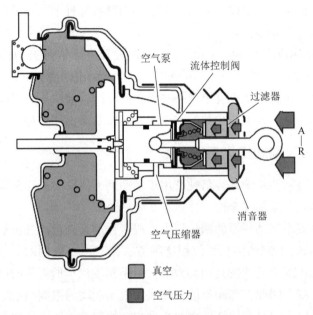

图 4-123　助力器的空气系统

许多助力制动系统用的真空由发动机进气歧管供给的。在老式车辆上，一根真空软管从进气歧管直接到助力器。单向阀用来防止助力器损失真空。这种系统的问题是进气歧管真空的增加随发动机加速或减速而发生变化。发动机磨损后真空也开始下降。

许多用进气歧管真空作为助力器动力源的车辆采用真空罐系统，如图 4-124 所示。真空罐在系统内储存真空，所以经常可以得到真空，与进气歧管内真空水平的上下波动无关。

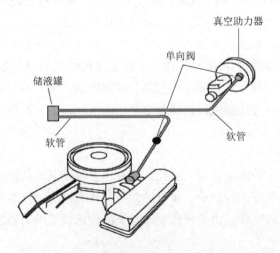

图 4-124　带有真空罐与单向阀的进气歧管真空系统

在进气歧管和真空罐之间有个单向阀。在油门全开时，单向阀的作用是防止空气进入真空罐。单向阀还可以作为安全装置，避免管路漏气、真空丧失或别的真空供给失效事故。单向阀一般装在助力器前，真空软管连接处。

当真空是由辅助真空泵供给时，真空在膜片间的运动和进气歧管真空一样，只是真空的来源不同。

(1) 单向阀

不论助力制动系统含有一个真空助力器还是含有一个真空助力器和一个真空罐，它都需要一个或者更多的真空单向阀。当管路中的压力高于助力器或真空罐的压力时，真空单向阀使用弹簧或者盘形阀将真空线路关闭。

真空单向阀如图4-125所示，这种真空阀有个小的盘形阀，背面有弹簧撑着。进气歧管内的真空拉住盘形阀，并使它离开其阀座，允许真空进入膜片壳体。当真空下降到弹簧标定以下，弹簧使盘靠向阀座。当盘座在阀座上之后，真空阀关闭，不允许真空露出系统。单向阀的另外一个功能是防止燃油蒸汽进入真空助力器。如果没有单向阀，当发动机进气真空进入节流阀时，燃油蒸汽可能进入助力器中与真空混合。为了安全起见，一些系统中在进气歧管和真空单向阀之间装有木炭过滤器，在燃油蒸汽进入助力器之前将其吸收。

大多数的汽车将单向阀安装在真空助力器的入口处，如图4-123和图4-124所示。然而有一些汽车在真空的线路中也装有单向阀。如果助力制动系统中还有像助力器一样的真空罐，那么它将有两个单向阀：一个单向阀安装在助力器的入口处；另一个安装在进气歧管和真空罐之间，如图4-124和图4-126所示。

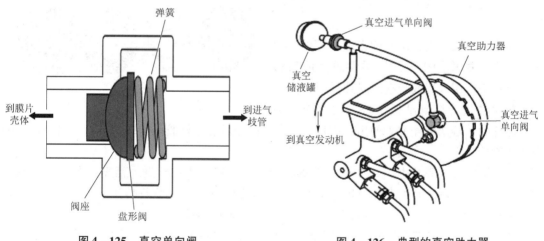

图4-125 真空单向阀　　　　　　图4-126 典型的真空助力器

最初助力制动引进后，人们称它为一种安全的装置，因为它能够为那些不能踩下足够踏板力的驾驶员提供助力。当十几年之后，盘式制动器的出现，使助力器成为一种有效的安全装置。

在20世纪50~60年代初期，双伺服鼓式制动器使用领从蹄的自增力运动来增加驾驶员的踏板力。而在20世纪60年代中期，随着盘式制动器的出现，不再使用之前的鼓式制动器的自增力运动。虽然盘式制动器能在车轮上产生较大的制动力，但是仍然需要驾驶员较大的制动力。盘式制动器使一些助力装置成为汽车中的必须装置。

(2) 真空助力器

真空助力制动器虽然有不同的形状,但它们都以同样的方式工作。助力膜片总成位于机舱隔热板上的主缸后面。真空助力器装在制动踏板推杆与主缸之间,如图4-127所示。进气歧管和膜片组件之间用软管连接,如图4-128所示。

图4-127 安装在汽车中的真空助力器

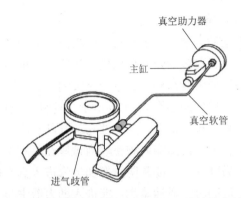

图4-128 连接进气歧管和真空助力器的真空软管

1) 真空助力器的结构。许多真空助力器基本上有相同的零件。典型的真空助力器结构如图4-129所示,各零件包容在分成前后两半的钢壳体中。用联锁凸耳将壳体的两半装在一起。后壳体有安装螺栓,将助力器固定在隔板上。

膜片由橡胶制成,是大的半球形零件。在压力和真空的作用下,允许柔性膜片前后移动。膜片中心用金属或塑料的膜片托板支撑。

制动踏板连接到踏板推杆。助力器组装后,推杆的一端从后壳中心伸出。推杆与壳体之间区域有个橡胶防尘罩。推杆的另一端与助力活塞连接。

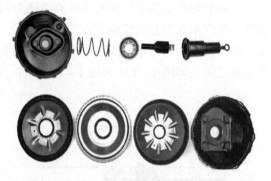

图4-129 典型的真空助力器结构

助力活塞装在膜片中心,常说成活塞"悬挂"在膜片中心。助力活塞内装有真空阀和空气阀,它们控制膜片的工作。助力活塞将膜片的助推力通过活塞杆传送到主缸。由于踏板推杆是与助力器机械连接的,所以真空损失不会引起制动失效。

活塞杆也可附接到另一杆上,该杆称为反作用杆。前壳体与助力活塞/膜片组件之间装有一个大的螺旋弹簧。当驾驶员松开制动踏板时,回位弹簧使膜片和活塞回到不制动时的位置。

踏板膜片上装有两个阀:一个叫作空气阀,控制空气进入助力器的一侧;另一个叫作真空阀,控制助力器两侧的真空。这两个阀都连接在推杆上,并由推杆操纵。

真空助力器和助力膜片的结构通常被叫作真空悬挂或空气悬挂,大部分汽车上所使用的制动助力器都有真空悬挂膜片。这就是说当制动踏板释放而发动机在工作时,膜片两侧都将有真空。当踩下制动踏板时,大气压力将进入膜片后壳中,以产生助力。

在老式汽车中,真空助力器含有空气悬挂膜片。当释放制动踏板时,膜片两侧将有大气压力。当踩下制动踏板时,真空进入膜片的前壳以产生助力。然而,空气悬挂膜片与真空悬挂膜片相比,有较多的缺点,因此限制了它的应用。

当发动机不工作时,空气悬挂助力器没有提供制动动力的真空罐。而真空悬挂助力器在发动机不工作仍可以提供2~3次的中等动力助力制动或至少一次的剧烈制动。同样,如果空气悬挂助力器的真空较低,那么它将产生比平时较少的助力。因此,空气悬挂助力器系统应该有真空罐。

真空罐也用在一些真空悬挂助力器中用来确保有足够的真空,用以操作大量的真空操纵装置,如排放控制和空气调节。但是,对于真空悬挂助力器,真空罐并不是必不可少的。

2) 真空助力器的类型。真空助力器有三种常用的类型(见图4-130):有反作用杆的单膜片、带有反作用盘的单膜片、带有反作用盘的串联膜片。

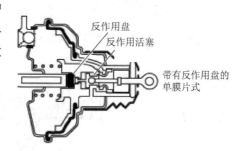

带有反作用杆的单膜片通过杆件装置提供力到制动踏板;带有反作用盘的单膜片通过橡胶反作用盘提供助力到制动踏板;串联膜片有两个膜片共同工作来提供力。下面将介绍带有反作用杆的单膜片助力器的工作。其他两种类型助力器的操作与其相似。

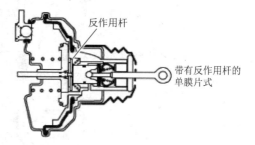

3) 真空助力器的操作。当未踩下制动踏板时,输入推杆的回位弹簧使推杆和空气阀在助力活塞后面,如图4-131所示。空气阀座后部关闭空气口。活塞同时压缩空气阀使其克服弹簧力打开真空口。阀的运动关闭了助力器的空气通道,同时打开了在助力器前后壳之间的通道。膜片的两侧产生相等的真空。助力活塞的回位弹簧使膜片在后面,不产生推杆和主缸的助力。

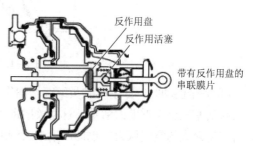

① 刚开始制动时:当驾驶员踩下制动踏板时,踏板压力克服输入推杆回位弹簧的力使推杆和空气阀向前运动,如图4-132所示。

图4-130 真空助力器的三种形式

弹簧压力使空气阀移动,关闭后壳的真空口。当空气阀继续移动时,它将打开后壳的空气口。助力器的前壳仍然有较低的真空。后壳的压力较大,产生的压力差使膜片和助力活塞移动,克服回位弹簧的弹力,以增加主缸推杆的力。

② 持续制动时:当驾驶员不改变作用在踏板上的制动力时,输入推杆将不运动。膜片和助力活塞将继续向前运动直到活塞座的空气阀作用在真空阀活塞的后面,关闭空气口,如图4-133所示。这些运动都是很迅速的,只要空气口关闭,膜片将不运动,它是由助力器前后壳固定的压力差悬挂的。助力器总是寻找当踏板力不变时的位置。

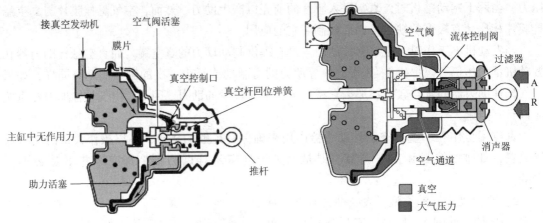

图 4-131 真空膜片空气阀关闭　　　图 4-132 空气阀向前运动

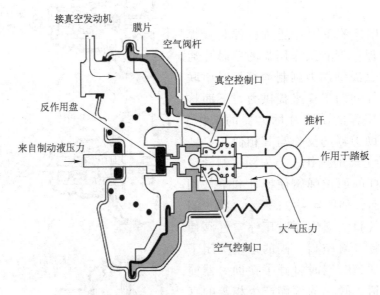

图 4-133 空气口关闭

③ 完全制动时：如果驾驶员继续增加作用在踏板上的制动力时，他/她将作用足够的力使空气阀活塞完全靠近助力活塞。这将关闭助力器后壳的真空口，并完全打开空气口。助力器后壳将产生最大的空气压力，也即产生最大的助力，这种情况通常叫作助力器真空完全散失点。在这一点上，主缸可以产生额外的制动力，但是它必须完全来自踏板上的制动力。由于在这一点上产生的助力是最大的，所以驾驶员额外附加制动力时会感觉很难踩下制动踏板。

④ 制动停止时：当驾驶员释放制动踏板时，输入推杆弹簧将使推杆和空气阀回到助力活塞后面。空气阀的后面将关闭空气口，打开真空口。真空便进入后壳中，膜片两侧的压力相等。

较大的回位弹簧使膜片、助力活塞和输出推杆向后运动。助力器将回到助力踏板释放的位置。

4）串联助力器。真空助力器膜片的大小直接关系到制动能力的大小。采用较小膜片意味着助力器产生较少的助力。要解决这个问题，可以采取设计较小的壳体，用两个较小的膜片进行串联。助推力的大小与膜片面积成正比，即两个 10 in^2 膜片与一个 20 in^2 膜片能提供相同动力。

串联膜片助力器的结构如图 4-134 和图 4-135 所示。前后壳体与单膜片用的相同，

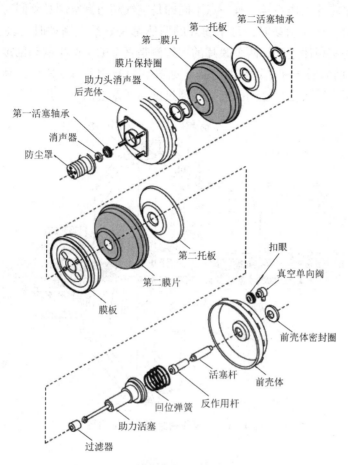

图 4-134 串联膜片真空助力器分解图

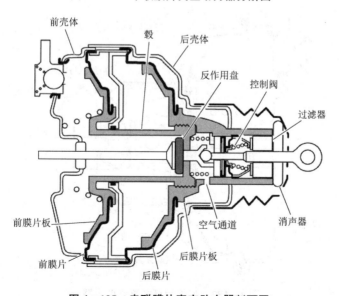

图 4-135 串联膜片真空助力器剖面图

都有两个独立膜片，两个都有托板。有的助力器在膜片之间用分隔板，有的则不用。两膜片都与助力活塞连接。采用的反作用盘或杆组件与单膜片助力器的相似。

串联膜片与单膜片工作一样，有一点不同的是空气阀与真空阀必须同时控制两个膜片上的真空与大气压力。松开制动时，每个膜片的两侧都是真空。制动时，真空阀与空气阀工作，在两个膜片的踏板侧进气。两个膜片的主缸侧是真空的，产生制动助推力。

5）杆式真空助力器。杆式真空助力器（见图4-136和图4-137），利用杆件机构将力反作用于制动踏板，踏板推杆之间的连接是通过助力活塞上的反作用板和反作用杆。

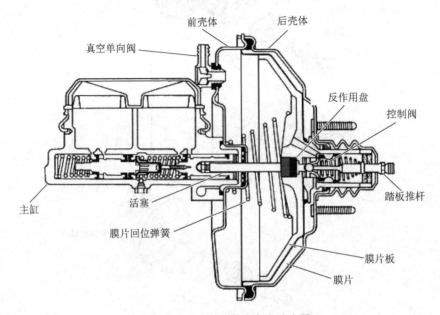

图4-136　反作用盘式真空助力器

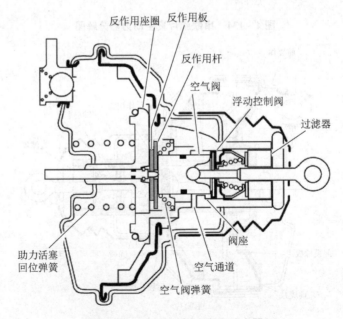

图4-137　反作用杆式真空助力器

刚开始进行制动时，每个杆件的固定端与助力活塞接触，另一端弹簧加载、自由移动。在制动踏板上回馈到驾驶员脚上的力很小。当继续进行制动时，各弹簧变形到足以使杆件的可动端与真空阀及空气阀接触。空气阀和真空阀开始工作，在膜片的踏板侧泄出真空，加进大气压力，返回到踏板的反作用力增加。反作用杆与反作用板提供阻力，对踏板的反馈相似于没有助力制动系统。

(3) 制动踏板反馈

制动助力器一定要给驾驶员某种踏板阻力，这种踏板阻力叫作制动踏板反馈。如果没有踏板反馈，助力器将会产生突然的助力，影响制动力的控制。同时，如果没有踏板反馈，当助力器在某一位置时，驾驶员只会感觉到踏板的反作用力，而不是事实上的主缸的反作用力。实际上，很多早期的制动助力系统的踏板反馈较差。

现代真空助力器的踏板反馈是由反作用盘或反作用板和反作用杆提供的。反作用力就是驾驶员作用在踏板上的力，通过主缸助力器又以相反的方向作用给踏板。驾驶员通常能够感受到这种作用在踏板上的大小相等、方向相反的助力。同样，当尽量用力踩下制动踏板时，它将停住。这就是说反作用力与作用在踏板上的最大作用力相等。

使用反作用力提供踏板反馈有一定的要求。如果助力器有上百磅的助力反作用给驾驶员的脚，那么制动器将不会达到助力器的真空散失点，也就是说，助力器可能使踏板作用在不能产生制动力的位置。为了解决这些问题，助力器使用反作用盘或反作用板和反作用杆，使作用在踏板上的反作用力为助力的 20%～40%。这样，踏板反作用力将比助力小，但通常这也是有比例的。不管作用在主缸上的助力是 100 lb 还是 400 lb，踏板反作用力都是助力的固定百分数。

带有反作用盘的真空助力器，输入推杆和真空阀活塞承受橡胶盘。反作用盘安装在助力活塞上，通过踏板力压缩。当踩下制动踏板时，由于反作用盘的可压缩能力使它能够吸收来自主缸的反作用力。当反作用盘被压缩时，它将反作用于踏板。它可以通过空气阀和真空阀的运动来调节作用在膜片上的压力。作用在踏板上的力越大，反作用盘的压缩量越大，踏板反馈越强。

(4) 辅助真空泵系统

现代车辆上许多元件采用真空作动力。以真空为动力的如空调和采暖控制系统、恒速装置、电子点火提前系统以及排放系统，诸如废气再循环。车上用真空操作的元件越多，可作为助力制动的真空越少。另外，客车上装用柴油发动机，柴油机在进气歧管并不产生真空。这些问题导致辅助真空泵的介入。

辅助真空泵由发动机附属的皮带、齿轮或凸轮驱动，或电动机驱动。皮带或发动机驱动是最老的形式，电动机驱动用于现代的车辆上。真空泵装在托架上，支撑在发动机前面。真空泵驱动轴上装有带轮，由发动机附属的驱动带驱动。有些带系统不直接驱动真空泵，泵装在发电机后面，如图 4 - 138 所示。发电机由皮带驱动，真空泵由发电机轴的延长部分驱动。泵的工作与电动机驱动的相似。

真空泵可由发动机直接驱动。该泵装在

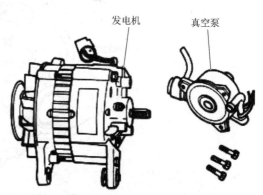

图 4 - 138　辅助真空泵

发动机侧面,就像老式机械燃油泵一样。泵内膜片上装有杆,由发动机内的凸轮驱动。凸轮的转动引起杆的上下运动,这种上下运动造成膜片的上下移动,从而产生真空。

电动真空泵位于发动机舱内任意方便位置,它有两个主要部分,控制器总成与汽车配电线束相连,由助力器内低真空开关得到电力输入,或由车上计算机控制。控制器的电气元件诸如通断开关,计时器/继电器,控制电动机工作。电动机从控制器取得电源。电动机驱动叶片泵或膜片泵,膜片泵移动膜片产生真空。叶片泵有一组叶片在偏心的腔内转动,叶片将腔内空气排出,产生真空。真空泵的进出口都与软管相连。

2. 液压助力器

柴油车没有进气歧管真空作为动力源,汽油机因带有许多真空操作设备,进气歧管的真空也非常低。解决这种真空问题的方法有两种:一种方法是加个辅助真空泵;另一种方法是消除以真空作为动力源,代之采用液压力。

液压式助力器有三种主要形式:

1) 液压助力器系统的压力由助力转向泵产生,这种装置是邦迪克斯汽车公司设计的,称为液压助力器。

2) 液压助力系统有独立的液压动力源。这种装置也是通用汽车公司设计的,称为"独立动力"助力装置。

3) 由电磁铁操控制动液流动和压力的系统,称为电液系统。

(1) 液压助力原理

本狄克斯设计的液压助力系统用于轻载的柴油机上,这种柴油机由于排放控制的使用减少了真空歧管。

液压助力器(见图4-139)装在与真空助力器相同的位置,在制动踏板与铸钢之间。它的作用是放大驾驶员踩到踏板上的力。

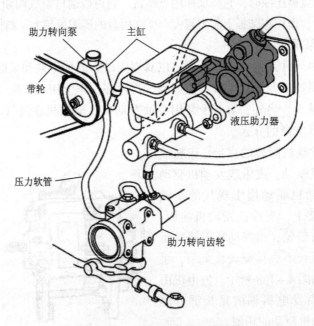

图4-139 液压助力器安装位置

动力转向和动力制动的液压系统是彼此独立的液压助力系统。液压制动系统将根据汽车制造商的规定使用 DOT3 或 DOT4 制动液。动力转向系统将使用汽车制造商规定的动力转向液。这两种液体不能混合使用也不能彼此替代使用。

液压助力系统与助转向系统共用液压助力如图 4-140 所示。助力转向泵产生的液压力沿管路送到液压助力器，助力器帮助驾驶员将力施加到铸钢推杆。助力器有个大滑阀，它控制液体的流动。当进行制动时，滑阀将压力导入助力室。助力室内的活塞对此压力做出反应，向前移动并提供力到主缸第一活塞。主缸的工作和传统的主缸一样。液压助力器内活塞做的工作与真空助力器内真空膜片及助力活塞做的工作相同。

蓄能器是一种被压缩的储液罐。助力转向系统的损失意味着液压助力器的损失。蓄能器能提供足够的助力，能使用 1~3 次。

蓄能器也可以用作液体减震器或液压转换器。弹簧或密封膜片后的压缩气体将为蓄能器提供压力。

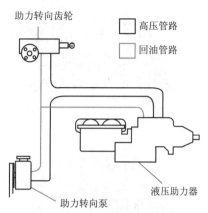

图 4-140　液压助力系统与助力转向系统共用液压助力

（2）液压助力器的操作

1）未制动时。未制动（制动踏板松开）时的助力器工作如图 4-141 所示。来自助力转向泵的压力液通过壳体中的泵口进入助力器，经过内部通道流到滑阀。滑阀的位置是：密封带与环槽使来自泵的压力液离开助力器直接回到转向器。滑阀还开一个通道，将助力腔中的液体排回到储液罐。助力腔没有任何压力，所以没有力能施加到输出推杆上。

2）刚开始制动。当驾驶员踩下踏板时，运动和力从踏板杆经输入杆传到助力活塞。活塞的回位弹簧止住助力活塞，和该活塞连接的销不再向前移动。杠杆将滑阀推进滑阀套筒。由于滑阀移动，关闭了储液罐口。滑阀打开泵口，让液体流入助力活塞后的助力腔。助力活塞后面压力升高，使其向前移动。活塞的运动通过输出推杆施加到制动器。

滑阀的移动也将限制液体流向转向器。关闭出口，限制液体流向转向器，这将使制动助力器的压力升高。滑阀移动的距离越长，未流入转向器的液体越多，助力器内的压力就越大。助力器最大的液压力可达到 1 400 psi。

3）持续制动。当驾驶员保持踏板力不变时，输入推杆将不移动。当压力不变时，助力活塞将向前移动，使杠杆以销为支点转动。这将使滑阀移动到后助力腔，关闭液体入口，重新打开流向转向器的通道入口。然而出口保持关闭，这样可以保证助力腔内的压力不变。当踏板力不变时，助力器将寻找合适的持续作用力位置。

这些动作都是非常迅速的，当助力器压力升高时，液体将通过一个小口进入反作用杆后面，这将产生一个反作用力使杠杆向右移动，同时也将使滑阀向右移动，减轻作用力。反作用杆与真空助力器的反作用盘或反作用杆提供相同比例的制动踏板反馈。

4）制动停止。当制动踏板松开时，滑阀移动到不制动位置，泄掉压力腔的压力。助力活塞、回位弹簧和杠杆都快速地使各元件回到不制动时的位置，同时将阻止液体通过入口流入助力腔，使液体通过助力器，流入转向器。液压助力器返回到如图4-142所示的不制动位置。

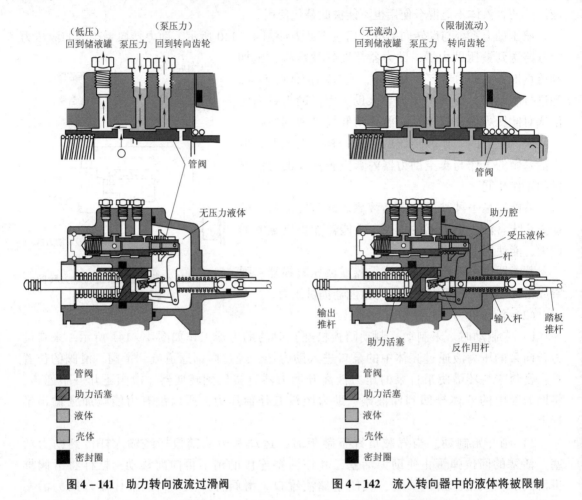

图4-141 助力转向液流过滑阀　　　　图4-142 流入转向器中的液体将被限制

5）备用制动。助力转向系统出现诸如软管破裂、助力转向泵驱动带破裂、转向泵失效等故障都能造成液压助力系统压力丧失。液压助力器有个备用系统，它允许使用2~3次助力制动。当需要蓄能器的压力时，弹簧或气体压力使压力液流向需要压力液的地方。

装在助力器内的蓄能器活塞（见图4-143）正常工作时，泵压力充满蓄能器活塞前的蓄能器压力腔，活塞压缩蓄能器弹簧。通向蓄能器的通道内装有单向球阀和柱塞组件，它们只允许液压力进入，但防止其泄出，弹簧保持被压缩或加载状态。如果转向泵失去压力，需开一个通道使蓄能器储存的压力通向助力腔，以帮助驾驶员进行制动。蓄能器内有足够进行2~3次制动的能量。

失去来自液压助力器的液压助力意味着驾驶员失去助力，但并不意味丧失制动能力。从制动踏板经过踏板杆、输入杆、助力活塞到输出推杆有机械连接，驾驶员踩踏板的力将增加很多，制动器将也依旧工作。早期的液压助力器是由弹簧承载的蓄能器。现在使用的蓄能器是由氮增压的。

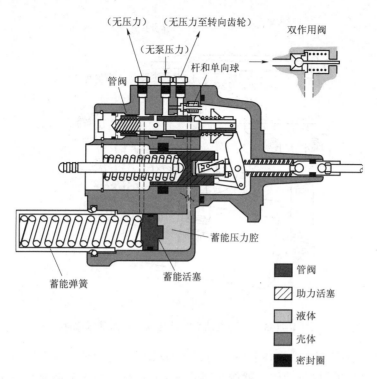

图 4-143　转向泵和液体回流口

3. 带有制动助力的真空助力器

带有电子传感器的现代真空助力器将在汽车急刹车时进行快速制动，如图 4-144 所示。制动助力单元被加在真空助力器中。这个单元将检测制动踏板的速度，也就是说，检测驾驶员踩下制动踏板的速度。在急刹车时，驾驶员会本能地快速踩下制动踏板，以使制动快速进行。在这种情况下，BA 将更加迅速地起动制动助力器或者将信号传给电子制动系统（EBS）的液压单元，制动液压压力将会迅速升高。制动器也几乎是同时进行制动的。尽管有无 BA 单元的制动只相差不到 1 s，但是在汽车的控制和产生事故的可能性上将产生很多不同。

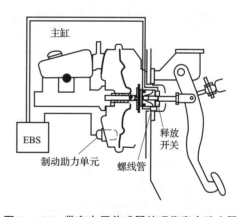

图 4-144　带有电子传感器的现代真空助力器

因阻力制动系统与助力转向系统共用一套液压系统产生了各种问题，故助力制动系统采用独立的液压系统，这种液压系统称为"独立动力"（Power Master）。"独立动力"系统采用装在主缸内的独立助力器系统。它不用转向泵作为液压动力，它有自己的电动泵。这种系统需要 DOT 制动液，它将为电动泵提供足够的润滑。独立助力系统的正常操作的液体和独立动力助力器的液体都由主缸储液罐提供。

"独立动力"的基本构成如图 4-145 所示，操作助力器的液流与压力来自电动机带动的叶片泵，泵与电动机直接装在主缸下面。

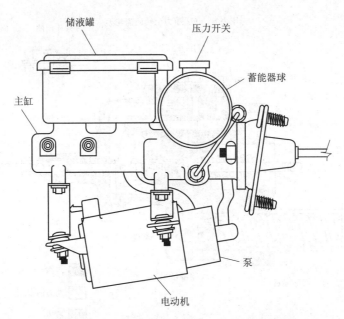

图 4-145 "独立动力"液压助力器的基本零件

"独立动力"主缸有 3 个液体腔室，而其他的双主缸只有两个，如图 4-146 所示。两个储液罐腔为车轮制动器提供液体，就像普通的双主缸一样。最大的储液腔包含了为独立动力器提供液体。这个腔的下面有两个口：一个为泵提供液体；另一个是助力器的回液口。独立动力助力器腔或储液罐的液体线位总是看起来较低，除了当蓄能器完全卸荷时，不要向这个腔注入液体，除非蓄能器卸荷，否则当蓄能器卸荷时，液体才会溢出，如图 4-147 所示。

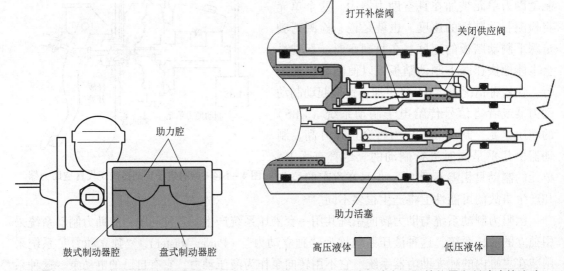

图 4-146 "独立动力"储液罐　　图 4-147 "独立动力"阀的位置和制动液的流动

虽然独立动力助力器也使用 DOT 类作为其车轮制动器的制动液，但是绝不能将储液罐中的助力器腔和车轮制动器腔内的液体互换。储液罐中的橡胶膜片只能够使车轮制动器腔与大气相分离。而助力器腔中的液体比车轮制动储液罐腔中的液体流速更快，流量更大。因此，助力器储液罐腔将与大气相连，防止储液罐中的压力和真空被锁住。由空气中分离出来的蒸汽不会对助力器的操作造成影响，因为助力器中的液体不会达到液体沸点。

当独立动力系统制动时，卸荷阀关闭，阻止液体流入储液罐。当推杆继续移动时，迫使供液阀开启，允许高压液流到助力活塞后的助力腔内，这将能帮助驾驶员进行制动。推杆的移动使更多的制动液进入，继而使压力升高。当释放制动踏板时，卸荷阀开启，供液阀关闭，这将减少流回储液罐的制动液，使助力失效。

4. 电液式制动

电液制动系统不是直接的助力器，但是它的制动效果最终是一样的。EHB 和 BA 单元与 ABS、TCS 和电子悬架共享信息。最常用的传感器是偏航传感器，轮速传感器，转向车轮角度传感器。最常用的电子调节器是液压控制单元，它也与 ABS 和 TCS 共享信息。事实上，如今所使用的 EHB 可以取代 ABS 和 TCS。如图 4-148 所示，是 EHB 与 BA 单元的比较。如果移动 BA 单元（图的右侧），将形成带有 ABS 的最普遍的制动系统。在这种情况下，BA 单元是 EHB 的一部分，图 4-148 左侧是 EHB 的完整结构图。车轮上的制动元件与 2006 年汽车的普通制动元件一样。EHB 的主要零件包括电子控制单元和电子踏板单元。踏板单元/主缸如图 4-149 所示。EHB 的主要优点是其制动距离较短，车辆的控制效果较好。

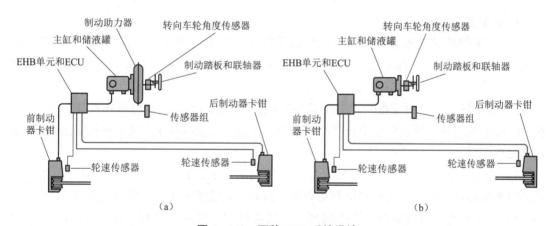

图 4-148 两种 EHB 系统设计

(a) 传统制动系统；(b) 未来 EHB 制动系统

当踩下 EHB 系统中的制动踏板时，传感器将检测踏板运动和速度，并将其信号传给安装在液压单元上的 EHB 控制单元。这种单元的外形与操作都与目前的 ABS 系统所使用的液压单元相似。踏板传感器单元同时含有能够产生反作用或驾驶员踏板感觉的零件。

EHB 控制单元收集来自偏航传感器和轮速传感器的数据，并通过液压单元将满足每个液压阀的液压进行制动。每个车轮上都有一个阀，利用这种方式，EHB 可以控制每个车轮的压力，当进行最大制动力制动时，可防止车轮抱死。如果车轮失去了牵引力，那么 EHB 将有适当的程序，像 TCS 一样工

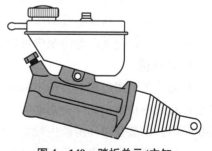

图 4-149 踏板单元/主缸

作。如果 EHB 与其他的制动系统、转向系统、牵引力系统相结合，那么，它将是一个很高效的制动系统。

在 EHB 的正常操作中，主缸将压缩的液体输送到调节器中。当主要的制动压力发生器在该点停止时，它将会起一定作用，但是它仍然在电子零件失效时提供备用的方式。如果 EHB 部分或完全失效时，驾驶员同样可以利用普通的液压系统进行制动。由于真空助力器的失效，驾驶员将施加更大的力，但是车辆同样可以得到控制，也可以得到制动。

学习任务 4.2.5　电磁刹车

电磁刹车又称为电涡流缓速器，是根据电磁感应原理制造的。其简单工作过程是：当踩下制动踏板给缓速器的定子线圈通入直流电的时候，在定子线圈会产生磁场，该磁场在相邻铁芯、磁轭板、气隙、转子之间形成一个回路。此时，如果转子和定子之间有相对运动，这种运动就相当于导体在切割磁力线，在导体内部会产生感应电流，同时，感应电流会产生另外一个感应磁场，该磁场和已经存在的磁场之间会有作用力，而作用力的方向永远是阻碍导体运动的方向。

电磁刹车目前主要应用于大型客车、城市公交车辆及重型卡车上，其主要优点有以下几点。

1. 安全性

1）它能够承负汽车运行中绝大部分制动负荷，使车轮制动器温升大为降低，以确保车轮制动器处于良好工作状态，进而缓解或避免车辆跑偏、传统刹车失灵和爆胎等安全隐患。

2）它能够在一个相当宽的转速范围内提供强劲的制动力矩，而且低速性能良好。车速在 10 km/h 的时候，缓速器就能提供缓速制动；车速达到 20 km/h，缓速器就能达到最大的制动力矩。

3）它是一个相对独立的、反应灵敏的辅助制动系统，它的转子与传动轴紧固在一起，任何时候都能按驾驶员的意愿提供制动力矩，因而它的性能优于发动机排气制动。

4）它采用电流直接驱动，无中间环节，其操纵响应时间非常短，仅有 40 ms，这比液力缓速器响应时间快了 20 倍。

2. 经济性

1）由于电涡流缓速器的定子和转子之间不接触，不存在磨损，因而故障率极低，平时除了做好例行检查和保持清洁以外，其他工作很少，所以维修费用极低。

2）由于电涡流缓速器能够承担车辆大部分制动力矩，因而能够延长轮制动器的使用寿命，降低用于车辆制动系统的维修费用，提高经济效益。有关数据统计，安装电涡流缓速器的车辆，其车轮制动器寿命至少可以延长 4~7 倍，轮胎寿命延长 20%。

3. 环保性

制动片在摩擦过程中会产生很多粉尘，粉尘中含有因高温作用而发生变异的有害物质，甚至含有致癌物质；此外，制动器频繁维修产生的较多维修废弃物以及汽车在制动时发出的尖锐噪声，也都会对环境产生较大污染。电涡流缓速器能够承担车轮制动器大部分的负荷，因而，也就能大大减少车轮制动器对环境带来的影响。

学习任务 4.2.6　汽车防抱制动系统

1987年，防抱制动系统（Antilock Brake System，ABS）第一次安装在轻型、小型货车中，这种系统的应用是为了减少制动过程中后轮的抱死情况。防抱制动系统主要用于在制动时易发生后轮抱死的汽车中。自从那时，防抱制动系统已经称为如今的电子制动系统的首次尝试。

福特公司首先将防抱制动系统应用在了生产型车中，而在1954年，林肯坦孚马克只把防抱制动系统当作备选。那时，防抱制动系统虽然起作用，但是它大大增加了汽车的质量，并且造价较高，因此没有继续使用。

1. 防抱制动系统和汽车控制

防抱制动系统并不代表汽车制动时能够完全安全，这种系统的设计是为了防止车轮发生抱死或侧滑。但是如果驾驶员在路面上过度驱动或者超过了汽车的极限能力时，防抱制动系统也不会对汽车有太多的帮助。如果汽车在良好的路面上，在其极限内制动时，防抱制动系统也可以成为汽车车身稳定控制系统。稳定控制的意思是汽车能在不发生侧滑的情况下，在较短的距离内制动，并且在防抱死系统的控制下，汽车在制动时，仍能对转向盘进行转向控制。如果车轮被抱死（或发生侧滑），那么它的牵引力则很小，与地面的附着系数也较小，以至于不能进行制动或转向。需要注意的是，汽车防抱制动系统不能比其他的制动系统制动得快。

当防抱制动系统检测到一个车轮的速度比其他车轮的速度下降得快时，它将打开一个阀，以使得该车轮内的制动液从该车轮的制动缸中流出。这个阀可以保持新的制动液压，并能够根据运行工况增加或减少液压。这是根据从WSS检测到的信号，以及液压调节器的要求进行液压调节的。根据防抱制动系统的类型不同，可以分别对一个车轴、一个车轮以及4个车轮进行制动。

（1）整体式和分置式防抱制动系统

整体式和分置式防抱制动系统的主要区别在于液压调节器的放置位置不同。在整体式防抱制动系统中，液压调节器与主缸作为一个整体，如图4-150所示。在早期的汽车中，这种形式的防抱制动系统中会出现一些问题，特别是对于驾驶员来讲，防抱制动系统较费力。由于驾驶员在工作时没有注意到防抱制动系统的报警灯，认为系统仍可以正常工作，所以这将导致调节器的失效。然而，这个问题并非由调节器的失效造成的，而是由于主缸的失效造成的。由于这是一个整体式的单元，在主缸失效后，那么整个机构都将不能运转。对于大多数的部件来说，最薄弱的部件是主缸，所以驾驶员不应该忽视这个问题。

图4-150　整体式防抱制动系统

分置式系统的优点是液压调节器与主缸独立安装的，它可以安装在主缸的下面或者发动机部件的左边。这时，主缸成为一个独立的单元。当主缸失效时，即可以只将主缸更换。这种分置式系统的花费是较少的，因为最大的花费是发动机，以及一些制动钢管和管路，系统的效能不会因此而受到影响。

（2）后轮防抱制动系统

后轮防抱制动系统（RWAL/RABS）是防抱制动系统首次安装在汽车中的应用。后轮防抱制动系统在1987年年末首次安装在小卡车和小货车中。RWAL是后轮防抱死的意思，是制造商用得最多的术语。RABS是后轮防抱制动系统，它是被早期的福特公司和其他的汽车制造商所广泛使用的术语。

这种系统实质上只是控制后轮的滑转，通常在不同的车轮壳上都安装有速度传感器，并能够检测出后轮不同的旋转速度。有些汽车制造商将传感器安装在变速箱中，用来测量驾驶员在驾驶时的驱动速度。在这两种情况下，传感器检测到的都是两个后轮的旋转速度。该系统中的控制器通常是相对较为简单的装置，它能够产生信号并控制液压调节器，通常把这种控制器称为分离阀，如图4-151所示。

在系统的控制中，分离阀可以将主缸的液压管路与后轮制动器中断或将其分离。如果在汽车继续运行时进行制动，主缸就会与后轮在操作器的作用下中断，并防止额外的制动液进入后轮制动器。同时，分离阀将打开，允许一小部分制动液进入储液缸，这将能在减少制动时，后轮制动器的液压力，减小的制动力仍能允许后轮有滚动，以防止车轮抱死。如果后轮的速度太快，那么分离阀将关闭，在压紧弹簧的作用下，储液缸能使一小部分制动液流入后轮制动器中。分离阀的作用将在紧急制动时产生制动踏板的振动。当汽车行驶在较易发生侧滑的砾石路面时，这种振动会使驾驶员由于紧张而施加较小的制动踏板力。

图4-151 后轮防抱制动系统的控制阀

该系统最大的缺点是分离阀安装在汽车车架的下面。然而，技术的进步能够增强该单元的耐久性。该系统另外的一个缺点是由于主缸的内部泄漏而造成单元的失效。这将会导致一些不必要的维修。

（3）四轮防抱制动系统

四轮防抱制动系统的工作原理是建立在后轮防抱制动系统的原理之上。它可以通过两种形式来控制每个车轮的制动力：三通道制动系统和四通道制动系统。但是两个前轮需要彼此独立地进行控制，这需要有3个车轮速度传感器以及一个大的、更精密的液压调节器。每个前轮都有一个速度传感器，另外一个用来测量后轮的车速。液压调节器的一个独立单元中含有3个分离阀，如图10-8所示。虽然操作原理是相同的，但是不同的部件会使设计和使用性都有所区别。控制器程序用来操纵额外的工作载荷，并能更有效地控制液压调节器。对于前盘式和后鼓式制动系统来说，三通道制动系统的工作较为适用，这主要是因为在制动或制动力释放时，后轮鼓式制动器的速度比前轮盘式制动器的速度慢。

四通道制动系统与三通道制动系统的工作管路是相同的，但是四通道制动系统中的每个车轮都有一个速度传感器。液压调节器单元安装有4个阀体，并通过一个强大的控制器控制，该控制器通常与调节器做成整体式。四通道制动系统比后轮防抱制动系统具有较好的设计程序，较好的制造工艺，使用较好的材料，并能够更好地适应制动液压系统。四通道制动系统能更好地适用于四轮盘式制动器，也满足盘式制动器和鼓式制动器的组合，它最好的特性就是对牵引力控制系统以及驱动防滑系统的适应性。

2. 防抱制动系统的主要元件

防抱制动系统的元件是前面所讲的标准制动液压元件的附加元件。常见的元件有控制器、液压调节器、车轮速度传感器和制动开关。

（1）控制器

防抱制动系统的控制器或微处理器是防抱制动系统的中央计算机。它通常被认为是电子制动控制单元（EBCM），不同的制造商会使用不同的名字，防抱死制动控制模块是防抱制动系统控制器的另一种叫法。如果控制器安装或连接到液压调节器的内部，那么整个系统总成将被认为是整体式控制单元（ICU）。所有控制器的基本工作是：接收信号、处理信号和储存信号以备用，并满足输出要求。大多数的汽车计算机，包括EBCM，都是由自适应记忆功能或学习模式控制。这看起来好像计算机是可以自学习的，但是，实际上计算机是没有学习的能力的。然而，计算机可以处理信号，并决定专门的传感器或调节器，包括驾驶员对不同的工况是如何反应的。这种"学习"功能仅仅是由程序参数来完成的。例如，如果安装了一个新的车轮速度传感器，计算机就会决定传感器的极限。新的传感器较高或较低信号可能会与以前的传感器有所不同。如果新的信号在传感器的极限范围内，那么计算机就会如正常的信号接收。如果信号超过了极限，那么，计算机将使仪表盘上的防抱死制动报警灯亮，使防抱制动系统不能工作。

如果EBCM没有与计算机共同装在液压调节器中，那么这个单元就叫作电子液压单元。这将限制一个控制器，并随着液压的控制提供较快的操作，甚至是当测量时间有千分之一秒的差别时，也会产生同样的效果。输入信号可以是模拟信号，也可以是数字信号，模拟信号是由一个叫作永久磁铁（PM）发生器的小型模拟电子发生器产生。汽车中最常见的是车轮速度传感器和汽车速度传感器。

（2）车轮速度传感器

永久磁铁性车轮速度传感器是由铝镍钴永久磁铁（AlNiCo）和铜线圈组成。AlNiCo是合金中所使用的铝、镍和钴等元素的缩写，如图4-152所示。AlNiCo永久磁铁的性能很稳固，每年它仅会失去很小一部分的强度。由于AlNiCo的寿命较长，它是用于车轮速度传感器的最合适的材料。

金属齿环安装在永久磁铁和线圈的附近。齿环的一个金属齿与磁铁线圈接触，并对磁铁产生反作用，产生磁性的线圈称为流动线圈。当铜线与齿轮的金属齿相接触时，流动线圈应缠绕在铜线圈上。磁感应现象的原理是，当线圈中有磁通变化时，线圈中就会产生电压，当线圈是电路时，则会产生电流。

齿轮的轮齿将使磁铁旋转，并调节轮齿与磁铁之间的距离。金属轮齿与永久磁铁之间的距离足够大，以便能产生足够大的电流，使其回到它们各自

图4-152 永久磁铁性车轮传感器

的位置。当永久磁铁的拉力减弱时,那么电流将会使其按原来的相反方向旋转。当磁铁按原来的相反方向绕铜线旋转时,它将再次产生电压,但是,这个电压将与原来的电压方向相反,轮齿与永久磁铁之间的运动产生了防抱制动系统中的模拟电压信号,如图4-153所示。

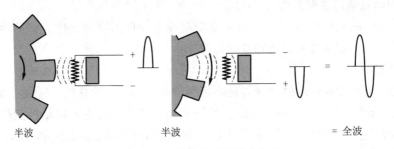

图4-153 车轮传感器输出信号

永久磁铁的触发电路通过通电自检(POST)系统进行自我检测。维修技师们需要知道在微处理器中的诊断程序的车轮传感器的电路是如何工作的。如果不清楚电路的工作原理,那么,维修技师们可能会在修理中用力猛拉造价较贵的元件,如微处理器、电路线、传感器,有时甚至是这3种元件同时被更换,而将这些很好的元件更换成与之相同的零件。这不仅使花费增多了,同时也增加了较多的劳动了。

微处理器有一个常规的电源,用以产生稳定的直流电压。该电压信号通常是1.5 V。电压是在微处理器的内部产生,并通过闭合的电路传递到 R_1 电阻上。R_1 电阻通常为10 000 Ω,而电流从微处理器中一直传递到永久磁铁发生器中。永久磁铁发生器的电阻通常为1 000 Ω。接下来,电流将通过返回电路线和电路板,返回微处理器电流,这将产生一系列的循环电路,典型的循环电路如图4-154所示。

电路中所耗费的所有电能称为负荷。在循环电路中,电阻将消耗一部分电压。这种阻力可能是导线中的阻力,也可能是固定电阻。在电路中,总的压降必须与电流的供应量相等。电压表是检测电路压降的电压检测仪。电压表内的理想电压值为136.3 kV,可以用电压表来测量电路中的电压值。如果电

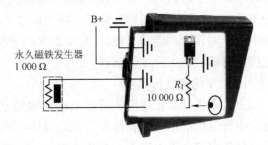

图4-154 永久磁铁发生器电路

压表没有检测到电压,那么则表明电路中则出现了问题。该问题可能是由于供电或电阻的电路板有损坏,也可能是由于永久磁铁发生器的电路损坏造成,发生器线圈应该搭铁。

永久磁铁发生器是多变的磁致电阻式传感器,在其内部通过车轮的速度来产生一定量的电压。当车轮减速时,EBCM不会检测出电压的强度。所以,如果车轮以较低的速度侧滑时,防抱制动系统可能不会正常地工作。虽然这可能被典型的防抱制动系统所接受,但是对于后面将要讲到的驱动制动系统来讲,则防抱制动系统则不会正确工作。坦孚在坦孚马克20E的防抱制动系统中使用磁致电阻式传感器作为它的车轮速度传感器,如图4-155所示。磁致电阻式传感器不能产生电压,因此必须由EBCM提供12 V的电源,如图4-156所示。这将在传感器的前部产生电磁力。返回电压或返回信号是根据传感器周围的永久磁铁电阻以

及传感器与轮齿之间的关系产生的。传感器有两个整体式的电路，通过它可以增大返回到 EBCM 中的转变数字信号的电阻。其中的一个电路在轮齿没有接近传感器的时候，它将在 0.9 V 的电压下产生 0.10 mA 的电流。当轮齿靠近传感器的永磁区时，第 2 个电路也将产生相同量的电压和电流。因此，返回信号的电压将增加到 14 mA 和 1.65 V（见图 4-157），由于输出电压信号不是由车轮的轮速决定的，因此，传感器更精密，它可以驱动制动系统和主动悬架系统，并能提供更准确的制动控制。车轮的速度可以使电压发生 0.9 V 变到 1.65 V 的变化，频率以及变化速度测量或者是由变化的周期测量。较快的轮速可以产生快的周期（高频），而较慢的轮速会产生慢的周期（低频）。

图 4-155 磁致电阻式车轮速度传感器

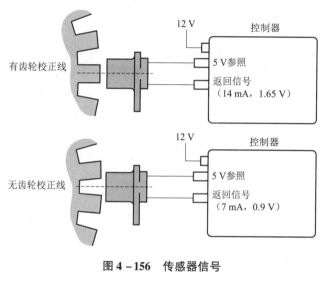

图 4-156 传感器信号

图 4-157 车轮频率信号
(a) 转速较快车轮；(b) 转速较慢车轮

　　通常在转变时，4 个车轮的速度是不同的。四轮防抱制动系统需要将车轮差转变成做曲线运动或转变时的制动量，甚至简单的车轮制动系统也允许这种情况。对于很多情况下，汽车的行驶在曲线路段上比在直线上多。另一种情况，大多数的紧急制动是当汽车在直线行驶时，即使是较短的距离。

　　需要注意的是，维修磁致电阻式传感器与维修永久磁铁触发器传感器是不同的，在维修时，要遵循制造商的意见，否则会损坏传感器，或者可能会产生短路。很多磁致电阻式传感器在传感器的内部有汞加速度传感器，带有汞的传感器都被当作有害的材料来使用或储存，在维修时，更换的汞传感器也被当作有害材料来处理。

　　(3) 制动开关

　　大多数的输入计算机中逻辑电路的开关都是搭铁的装置。只有当其搭铁时才会形成完整的电路。计算机控制带有电压压降电阻的电路。防抱制动系统开关与其他的电路开关是不同的，因为在制动踏板释放时，它将 B + 的电压信号传递给微处理器。这是一个包含两组连接线路的复杂开关：闭路电路和开路电路，如图 4 – 158 所示。

通常在踩下制动踏板时，开路电路是关闭的，这时它将 B + 信号传给制动灯电路，即为中间高处安装的制动灯（CHMSL），以及防抱制动系统微处理器。当常闭电路打开时，它将关闭汽车的巡航控制。

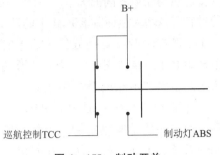

图 4 – 158　制动开关

（4）位移传感器

汽车防抱制动系统使用的另外一个较成熟的传感器是位移或偏移传感器。偏移传感器是测量侧向加速度的传感器，用来检测汽车的侧向运动和侧倾。虽然这种传感器在没有安装在早期的防抱制动系统中，但是它在驱动控制系统中第一次使用。当首次用在防抱制动系统中，偏航传感器用来决定前进、后退以及在加速和减速的过程中测量侧向位移。目前，它已经成为主动悬架、主动制动以及主动转向系统中的主要元件。偏航传感器在未来的汽车中将被广泛使用。

早期的偏航传感器含有水银开关，所以必须在 EPA 的导向下控制。最新的偏航传感器是卷轴类型的高效传感器，它能够从 EBCM 中获得 5 V 的信号，并能够将一部分电压作为信号返回。通常返回的电压为 2.5 V，代表侧向力为"0"，也就是说，汽车完全是按直线行驶的。电压由 2.5 V 的变化是由 EBCM 作为汽车的实际运动来控制的。卷轴类型的高效传感器产生输出模拟信号，并且在汽车不是直线行驶时，检测不出来。

（5）泵和蓄能器

防抱制动系统最后的主要元件就是内部的液压泵和蓄能器。一些防抱制动系统中使用液压泵代替真空助力器来产生制动助力压力。

防抱制动系统的助力来自于高压电泵，它通过控制一个叫作蓄能器的圆形小球来控制储液缸中的制动液。当蓄能器中的压力下降到极限位置时，压力开关则会将动力继电器线圈接地，这将使高压泵与点火 B + 动力源相接。当汽车长时间没有起动，或者压力下降到极限位置时，开关将打开，防抱制动系统助力压力将操纵高压泵。

没有蓄能器或压力开关的防抱制动系统将含有一个电液单元，该单元包含了一个叫作低压系统的电动机。电动机与低压泵相连，并迅速将制动液返回主缸和储液缸。在一些系统中，该泵用来提供较小的压力，以供独立车轮的液压电路，这种特性用来纠正加速时的牵引问题。如果汽车装有侧向加速度计，那么防抱制动系统在加速时将防止侧滑，它将给即将侧滑的驱动车轮较小的制动力。

（6）后轮动力比例阀

在现代的大多数汽车中，后轮动力比例阀取代了原有的液压比例阀。它是液压控制单元中的电子操作，并应用于很多汽车，特别是驱动制动汽车中。后轮动力比例阀利用主动控制以及现存的防抱制动系统来调节后车轮的制动压力。而对于液压比例阀，它只能调节汽车前行时的前车轮的制动力。如果在制动系统中出现液压问题，那么红色的制动报警灯将亮。

报警灯不是防抱制动系统操作的必要部件，但是，它是汽车电子组件和操作器之间的唯一连接。当检测工具失效时，维修技师们仍可以用它来恢复 DTC。然而，通信却是电子组件之间的必要部分，因为在各不同元件之间，如果没有通信，那就不会有操作。

(7) 报警灯

大多数人认为红色的制动报警灯是制动系统的基础。报警灯向驾驶员发出警报。当制动液下降，液压管路中的压力不平衡或者当进行驻车制动时，报警灯亮。报警灯同样可用来作为制动摩擦块的磨损指示灯。一些防抱制动系统使用红色的报警灯，当琥珀色的防抱死制动灯或它的线路不工作时，红色报警灯将暗示驾驶员防抱制动系统出现问题。

琥珀色的报警灯用在以下场合：指示微处理器正在检测系统，指示防抱制动系统的操作，提醒驾驶员防抱制动系统出现故障。另外，琥珀色的报警灯也可以用来诊断系统是否出现问题，它将发出问题数字代号。一些系统使用诊断发光信号，这与早期发动机控制器的原理相同，在数字代码的第一个和第二个数字之间有较短的间隙。每个完整的代码都有一个长的间隙，然而 RWAL 系统则采用另外一种方法。驾驶员需要记住这些闪现数字的次数，如果出现 16 次，那么就代表这个数字代号为 16。

一些系统使用遥控报警信号来控制琥珀色的报警灯。如果微处理器起作用时，那么它能够根据遥控报警信号将琥珀色的报警灯在 POST 之后将其关掉。如果微处理器或者其他相关的遥控报警灯线路没有起作用，那么它将不能关闭琥珀色的报警灯，所以报警灯将一直亮。

一些防抱制动系统是独立的单元，它们与其他的汽车电路都不相连。当这种系统出现故障时，需要根据报警灯闪烁的次数来检测故障。专用的制动输出试验装置可以用来对系统进行维修。美国联邦出台了车载自动诊断系统（On Board Diagnostics Ⅱ，OBD-Ⅱ）为维修技师们在维修汽车方面提供了更多的可用数据。

一些防抱制动系统与汽车的其他计算机通过当地的局域网络共享信息，这使得维修技师们可以通过与插上电源的所有计算机进行数据互通。这种系统允许维修技师们使用手操纵的检测仪或计算机，不但能够重获数据，还可以控制功能的执行，读取数据列表，并且快速抓拍数据。一些防抱制动系统可以为点火循环系统提供 6 次失效的机会。

不同的汽车制造商使用不同的计算机通信系统，汽车维修手册仍然是专用汽车维修的最佳信息来源，这是重获数据、数据列表说明以及数据检测的最佳来源。

学习任务 4.2.7　牵引力控制系统

1. 牵引力控制系统

牵引力控制系统（Traction Control System，简称 TCS，也称为 ASR 或 TRC）是在四轮四通道防抱死制动系统中发展而来的。在这两种系统的主要控制器和程序中都使用相同的元件。牵引力控制系统同时还与发动机和变速器的控制模块相连，以获得一定的功能。

牵引力控制系统用来控制车轮的旋转以及车轮的侧滑。如果在制动之后，发动机仍能提供足够的动力，但是汽车的加速性能仍不好，这时车轮将有在路面上旋转的趋势。如果车轮在较差的路面上旋转之后突然运行到干燥的路面上时，这可能会导致车轴的损坏，同时也会造成其他部件的损坏。虽然牵引力控制系统可以减少在急加速时的汽车旋转，但这不是它的主要功能，牵引力控制系统用来控制车轮在冰雪路面、湿路面以及其他路面上的旋转。

分离阀中的蓄能器可以为车轮的制动提供一些压力，以减小车轮的速度。牵引力控制系统使用了一个液压触发器，这使得牵引力控制系统使用了一个液压触发器，这使得牵引力控制系统成为比防抱死制动系统更精密的一套系统，如果车轮速度传感器提示出一个车轮的速度比另外的车轮速度快,那么牵引力控制器将对液压触发器发出信号,以使制动液流入该车轮。这时,便对车轮进行制动。由于汽车中使用了齿轮差速机构,所以动力可以传递给其他的驱动轮。当所有驱动车轮的速度都趋于一致,那么牵引力控制系统将较少或限制即将要旋转的车轮制动器的压力,并能够根据车轮重新分配制动力。

牵引力控制系统仍被用在许多生产用车中,用来限制汽车车轮的侧滑,但是这种系统由于其机械特性和防抱死特性仍存在一些问题。在多数情况下,这种系统是需要润滑的。牵引力控制限制了大多数的机械问题,并比其他的机械装置的反作用更快。

如果车轮的旋转不能通过制动停止,或者多于一个驱动轮的车轮旋转,那么牵引力控制系统的控制器将给 PCM 发出信号,通过延迟点火时刻或改变空燃比来减少发动机的动力输出。对于自动变速器汽车,牵引力控制系统的控制器将会给 TCM 发出信号,将挡位调至高挡,以减少传给驱动轮的转矩,在这两种情况下,驱动车轮的动力都减小了,并且车轮能够重新获得牵引力。通常这 3 种运动——发动机减小输出动力,高挡传动比和制动力输出,都可以用来控制车轮的侧滑。在冰雪路面以及泥泞路面更有帮助。

防抱死制动系统和牵引力控制系统的主要区别是使用的液压触发器和控制器不同。在一些较为精密的程序中,牵引力控制系统和防抱死制动系统使用相同的控制器(见图 4 - 159),或者使用两个连接的控制器,一种为防抱死制动系统提供服务;另一种为牵引力控制系统提供服务。

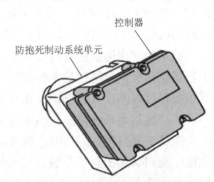

图 4 - 159 防抱死制动系统的控制器与液压触发器集成

2. 系统一体化

自从 21 世纪初期,整体式的转向系统、悬架系统和制动系统的一体化系统便发展起来了。曾经作为独立的系统也逐渐发展成了一个整体式的系统。由于电子技术的发展和应用,这将变的可以实现。正如家用电脑和工作电脑一样,汽车是由不同的电子装置共同作用的,并能在不同的工况下控制汽车各系统的工作。在大多数情况下,这种控制操作是不需要驾驶员的输入操作的。自从 20 世纪 90 年代中期开始,每个被提到的系统都被独立地安装在汽车中。在 20 世纪 80 年代末期,防抱死制动系统、牵引力控制系统以及驱动防滑系统都被安装在汽车中,并且每年都有所改进。对比现在的汽车电子系统,早期的系统看起来都是非常基础的。

在 2000 年的汽车中,防抱死制动系统、牵引力控制系统以及驱动防滑系统被制成了统一的整体。它们用在当汽车转弯以及汽车在其他路况下控制汽车,驱动防滑系统使用偏航和车身高度器来控制汽车的侧偏,并吸收地面的阻力,这是由减震器和空气弹簧来完成的。另外,防抱死制动系统和牵引力控制系统使用相同的偏航器来检测车身的侧倾以及在转弯时的侧向力,用来减轻汽车的一个或多个车轮的制动力,并轻微改变汽车的车身位置,并且能够减轻汽车在转弯时的侧向滑移的趋势。

在 1998 年和 1999 年,电子转向系统被应用在福特 F150 载货车中。那时的电子转向系统只是一个电子控制的转向助力器。在福特 F150 型载货车中,在转向系底部的传感器能够测量转向角和车轮的旋转速度,如图 4 - 160 所示。使用这些数据以及像汽车速度传感器等其他信息,电子转向控制单元可以通过安装在动力转向泵上的螺线管来调整转向齿轮中的制动液压力，如图 4-161 所示。其他的电子转向助力可以通过连接在转向轴或转向齿轮上的电动机为转向机构提供助力。

图 4-160 典型的转向轴车轮传感器

图 4-161 触发器螺线管

驱动防滑系统，使用强度较大的空气弹簧来代替机械式弹簧，如图 4-162 所示。空气弹簧腔通过充气或放气来为车辆提供支撑，并能使车辆具有较好的平顺性和操纵性。一些汽车中使用负极电子磁铁的减震器取代标准的液压减震器来控制汽车的振动。驱动防滑系统可以通过调节空气弹簧中的空气压力来控制汽车车身的侧倾，并能够适当地提高或降低车身的高度，以使汽车获得更好的空气动力性，并使空气能够较容易地进出。将防抱死制动系统、牵引力控制系统和驱动防滑系统组成一个系统，是相对较简单的电子元件和程序。当电子转向系统较成熟时，它将会融入这个系统中来。这 3 种系统的一体化很快将会成为汽车的稳定系统。

3. 大陆公司的坦孚马克 20 和坦孚马克 20E

坦孚马克 20 是分置式的，具有牵引力控制系统的三通道或四通道的四轮防抱死制动系统，它于 1995 年首先在欧洲使用。现在被广泛用于克莱斯勒、福特、本田和宝马汽车中。最新型式为坦孚马克 20E。

（1）坦孚马克 20

这种系统将电泵、螺线管和控制器做成一个总成，称为整体式控制单元或 ICU，如图 4-163 所示。ICU 是一个铝制壳体单元，包括阀体、泵和两个低压蓄能器，一个电动机和一个控制模块。阀体的螺线管代替阀身成为 ICU 控制器的一部分，ICU 的这一部分称为 CAB。在戴姆勒克莱斯勒中，还可以安装在转向支架的后面，在其他的汽车中，它也安装在相同的位置上。

图 4-162 空气弹簧具有更好的平顺性和操纵性

图 4-163 整体式控制单元（ICU）

对于三通道前后分路式制动系统，需要有6个阀体，每个前轮各有一个进口和出口，两个后轮共用一个进口和一个出口。进口阀是常开的，出口阀是常闭的。对于分路式的四通道制动系统，则需要8个阀体（4个进口阀、4个出口阀），每个液压回路使用一个阀体，如图4-164所示。如果将系统作为牵引力控制系统，那么还需要有额外的两个阀体，作为独立的阀体使用。坦孚马克20使用制动踏板安装开关。系统不需要通过开关的信号来进行工作，但是当踩下制动踏板时，开关则很快地开启防抱死制动系统。如果该装置为牵引力控制系统，那么仪表盘上的开关允许驾驶员启闭牵引力控制系统。仪表盘上的报警灯，牵引力系统的"开""关"按钮，为驾驶员提供了系统的状态，如图4-165所示。如果牵引力控制系统没有开启，那么防抱死制动系统将不会起作用。如果牵引力控制系统是在某一特定的情况下进行主动操作，那么控制器将关闭牵引力控制系统，以防止制动时过热。

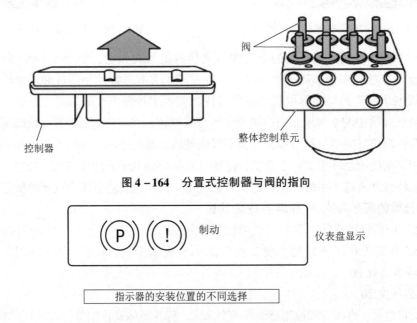

图4-164 分置式控制器与阀的指向

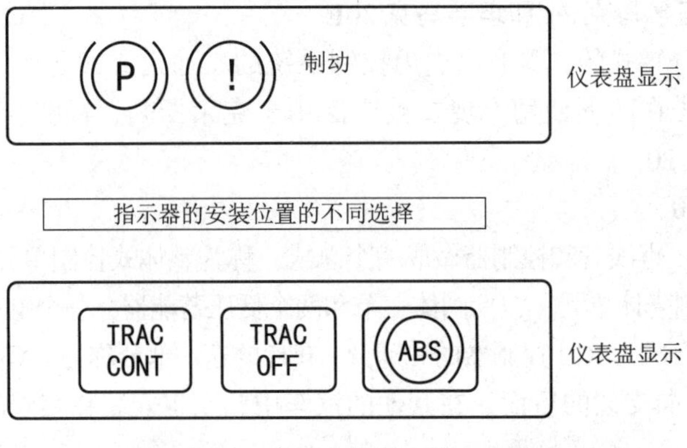

图4-165 牵引力控制系统一般图示

坦孚马克20的车轮速度传感器为永久磁铁传感器，如图4-166所示。传感器检测车轮的速度，并将速度转换成信号传递给CAB。CAB通过比较每个车轮的速度，并决定车轮是否即将抱死，或将要失去制动牵引力。坦孚马克的制动操作过程可分为：制动力分离、消除和建立3个阶段。如果一个车轮的速度比其他的车轮减速快，那么CAB将控制进口阀的螺线管关闭此阀，并使出口阀保持关闭，如图4-167所示。这种分离作用将阻碍流入此车轮中的制动液。如果车轮的速度继续比其他的车轮下降得快，那么将进入制动力消除阶段。进口阀保持关闭，而出口阀打开。这将通过使制动液流回蓄能器的方式减少制动压力，如图4-168所示。防抱死制动系统泵仍然开启，以将蓄能器中的制动液传递给系统中其他制动轮缸。制动压力下降了，车轮的速度将会提高，因此将会减少车轮抱死的概率。

知识领域 4　汽车转向系统和制动系统（ASB）

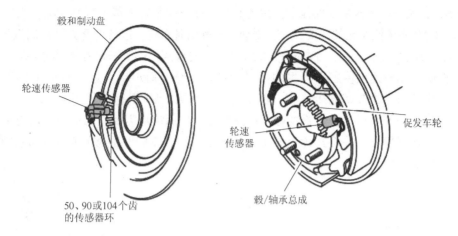

图 4-166　车轮速度传感器

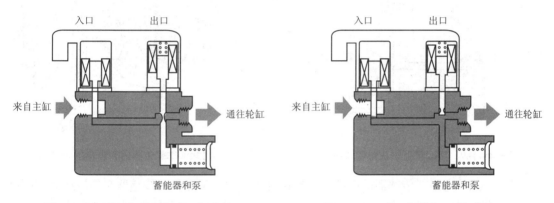

图 4-167　进口阀关闭、出口阀关闭　　　图 4-168　进口阀关闭、出口阀打开

制动液的建立阶段是对车轮重新分配制动压力的阶段。两个阀体通过自动调节，将进口阀打开，将出口阀关闭，如图 4-169 所示。这允许制动液直接有蓄能器中泵入到制动管路中重新分配给制动器。制动的分离、消除和重新建立这 3 个阶段通常被用来防止车轮的抱死。这 3 个阶段的快速转换会造成制动踏板甚至整个车身的振动。在牵引力控制系统的操作中，泵用来为即将要失去牵引力的车轮提供液压力。在汽车能够进行正常制动时，防抱死制动系统将回到其普通模式，剩余的制动压力将仍然保留在制动管路中。多余的制动液将通过 3 条管路中的一条返回到主缸中。在前后轮分路式制动系统中，液压泵将继续超过几秒钟，而对角分路式制动系统将使出口阀打开足够长的时间，以使汽车在再次起动时，将蓄能器的制动液排出。一些带有牵引力控制系统的程序使进口阀循环，以用尽多余的压力，这些操作通常只需要一两秒钟就可使多余的制动压力降为零。

（2）坦孚马克 20E

坦孚马克 20E 使用磁致电阻式车轮速度传感器，用来控制前后轮分路式制动系统的制动压力分配，它的制动效能比防抱死制动系统和牵引力控制系统更有效。坦孚马克 20E 除了具有制动力分配外，其他的功能与坦孚马克 20 相同。典型的液压比例阀被叫作电子制动比例阀（EVBP）的电子阀代替。EVBP 可以通过控制后出口阀的启闭循环来对后轮的制动压力进行调节。循环启/闭的持续时间和频率能够控制后轮的制动器压力。坦孚马克 20E 还有防抱死制动系统PLUS，这是一种车辆稳定性程序，并且不需要额外的装置就能实现其功能。当制动等开关关闭时，CAB将检测车轮的速度，并将制动力分配给各车轮，以帮助驾驶员控制汽车。CAB能够检测车轮速度、汽车速度、制动力分配以及转弯时检测出哪个车轮需要制动。

永久性磁铁车轮速度传感器产生的信号为模拟信号，而坦孚马克20E使用的磁致电阻式传感器产生的信号为数字电压信号，它能够更好地被CAB识别（见图4-170），注意车轮传感器和齿环的安装形式，传感器可以单独地更换，而齿环需要同驱动轴一同更换。CAB使用其产生的速度信号，并将其转变成车轮的速度，以便EVBP能够知道哪个轮胎被磨损，以进行更好地工作。

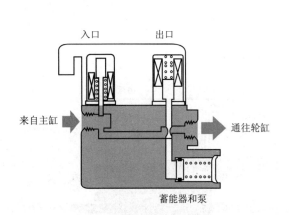

图4-169 两阀都处于正常状态时　　　　　图4-170 车轮传感器和齿环的安装形式

很多的磁致电阻式传感器的内部有汞加速度传感器。带有汞的传感器在使用或储存时都应被当作有害材料处理。当不使用时，也应被当作有害废料来处理。装有坦孚马克20E系统的吉普车都装有一个加速开关或者G开关，用来根据路面的牵引力情况来改变防抱死制动系统的操作。加速开关内部有3个汞开关，分别为G1、G2和G3（见图4-171），坦孚马克20E中的防抱死制动系统使用的加速传感器或G开关能够检测出向前或向后的加速度。在正常的操作下，这3个开关都是打开的。G1和G2开关检测汽车向前的位移，G3检测汽车向后的位移，带有一个或更多的"开""关"组合给CAB提供了更多的必要信息，以使其决定是否该进行防抱死制动与牵引力控制。

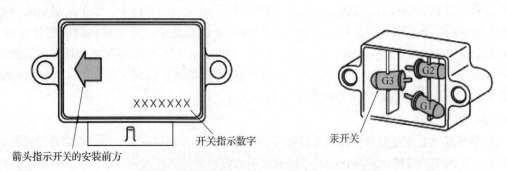

图4-171 坦孚马克20E中的防抱死制动系统

4. 德尔福DBC-10防抱死制动系统

德尔福DBC-10几乎用于所有的普通式发动机的汽车中，它是一个分置式的系统，将阀体和控制器安装在独立的壳体中。DBC-10 可以用于三通道或四通道防抱死制动系统中，并且可以转变成牵引力控制系统。与坦孚马克20E 一样，它与以前的同类系统相比，重量更轻，造价更低。DBC-10 是由 Delco-Ⅵ转型而来的主要产品。

最明显的设计改变是从液压模块向更加标准化使用螺线管的模块的改变，如图 4 – 172 所示。DBC-10 的设计与工作都与坦孚马克20 非常相似。阀和泵都安装在称为制动压力模块阀（BPMV）的阀中。和坦孚马克20 一样，阀体的螺线管和控制器安装在阀身上，并称为 EBCM。如果系统能与牵引力控制系统相配合，那么这个控制单元则被称为电子制动牵引力控制模块（EBTCM）。防抱死制动系统继电器，曾独立安装在 Delco-Ⅵ中，现在安装在 EBCM 或 EBTCM 内。如果需要的话，这两个单元的任何一个都可以被独立安装。在 EBCM（EBTCM）中的管路腔中，安装有一个小的排气软管，它用来排放控制单元与壳体之间的压力和真空。

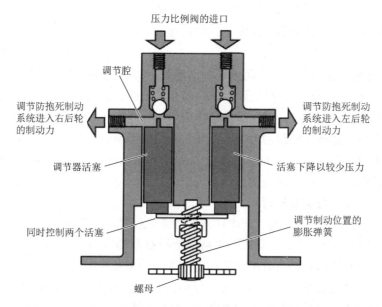

图 4 –172　在 DBC-10 中的防抱死制动系统Ⅵ中使用的液压模块

在 EPMV 的每个制动液压通道中都有一个进口阀和一个出口阀。在 BPMV 上安装有两个蓄能器，分别控制前后分置式或对角分路式液压管路的一条线路。在四通道防抱死制动系统中总共需要有八个阀和两个蓄能器，而在三通道防抱死制动系统中则总共需要有 6 个阀和两个蓄能器。出口阀是常闭的，而进口阀是常开的。EBCM/EBTCM 将螺线管接地，以使螺线管电路闭合。

在普通发动机的乘用车中，装有 DBC-10 的防抱死制动系统一般使用四通道系统。每个 BPMV 都与独立的制动管路相连，并且制动管路的颜色是不同的：左/右制动管路是紫色的，右/后制动管路是黄色的，左/前制动管路是红色的，右/前制动管路是绿色的。在美国通用汽车中使用的三通道制动系统有 3 个出口阀，每个前车轮都有一个出口阀，两个后车轮共用一个出口阀，它们是没有颜色标记的。

制动踏板开关用来检测制动是否进行。这个开关信号不会对防抱死制动系统的功能造成影响，但是都会使牵引力控制系统失效。在拖车中还另外装有其他的传感器，其中一个为加速度传感器，用它可以检测出汽车向前或向后的运动，以便EBCM/EBTCM能够根据汽车的加速度来调整制动力的分配。传感器接收到5 V的电压信号，并将其中一部分的电压信号传递给EBCM/EBTCM。如果电压很高，那么它将减少前轮制动器的制动力。这能够帮助驾驶员防止汽车失去转向能力，能够提供更好的汽车稳定性和控制性。牵引车还装有一个开关，以使四轮驱动的汽车能够对防抱死制动系统的操作进行改变。

所有的防抱死制动系统的车轮速度都是由速度传感器检测的。永久性磁铁式车轮速度传感器安装在车轮轴承总成中，并将成为一个整体。整体式传感器能够直接由EBCM/EBTCM读出，并提供一个更简明的信号，而不像防抱死制动系统Ⅵ那样需要将模拟信号转变成数字信号。整体式的车轮速度传感器用于高端的通用四轮驱动汽车中，如图4-173所示。所有的传感器都是不能进行自我调节的，在安装时都设计好了空气通道。

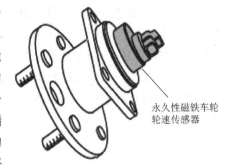

图4-173　车轮速度传感器

DBC-10系统的工作与大多数的防抱死制动系统一样，它能够控制比其他车轮减速快的车轮的制动液压力。在制动力保持阶段，进口阀是关闭的，以防止主缸中的制动液进入并保持现有的制动管路的压力不变。减压阶段是将出口阀打开，允许制动液通过制动管路流回蓄能器，以减少压力。这能够使制动力减小，并使车轮能够旋转得很快。在增压阶段，进口阀打开，出口阀关闭，允许主缸中的制动液进入制动管路。在这3个阶段中，泵开关是打开的，以使蓄能器中的制动液流回制动液压系统中。只要踩下制动踏板，防抱死制动系统在进行时，这个循环就会一直重复进行。

DBC-10使用后轮动力比例阀（DRP）来控制常规制动阶段的后轮制动压力。这不需要机械式/液压式比例阀的工作，并且能够更精确地控制制动压力。该阀通过控制进口阀和出口阀的循环来控制后轮的制动力分配，这与防抱死制动系统控制车轮抱死的情况是相同的。

轮胎磨损检测系统是在汽车正常行驶过程中，通过EBCM/EBTCM比较车轮的速度来完成的。磨损了的轮胎的滚动圆周比正常轮胎的滚动圆周小。如果轮胎是12 lb或者更小时，那么EBCM/EBTCM则会根据车轮的转速差，通过仪表盘上的报警灯来减小轮胎的压力。2001年及其以后在美国销售的汽车都必须装有这种形式的轮胎磨损检测系统。

DBC-10有两个控制牵引力的系统：增大牵引力系统（ETS）和牵引力控制系统（TCS）。牵引力控制系统可以通过PCM的控制信号来产生动力，并对将要侧滑的车轮施加制动力，以控制车轮的侧滑。这是ECCM中使用的典型的牵引力控制系统的操作程序。ETS可以通过延迟点火时刻、关闭制动缸、调节空燃比或对变速器加挡来对PCM产生信号，减少发动机的动力输出。PCM需要由这4种控制中的一种或多种组合来进行调节。但是ETS不会采取制动行动来控制车轮的侧滑。

如果在没有制动时，EBCM检测到车轮即将侧滑，那么它首先要通过PCM来减少发动机的转矩。PCM可能改变点火时刻或打开燃油喷射器的电路。发动机的转矩减少是通过PCM传递给EBCM的。这个信号叫作传递转矩信号。

如果车轮继续侧滑，那么EBCM将对车轮施加制动力。这是通过关闭防抱死制动系统进口阀来完成的。主要的阀是打开的，泵的开关为"开"挡，以承担蓄能器的压力。EBCM

接下来将打开或关闭进口阀和出口阀以完成这三个阶段：保压阶段、增压阶段和减压阶段。这 3 个阶段将持续循环，直到车轮停止侧滑。

牵引力控制系统有两个仪表盘，一个安装报警灯；另外一个装有可听见的报警器，如图 4-174 所示。一个报警灯为牵引力关闭（TRAC OFF）状态。当报警灯亮时，这就说明由于传感器的故障引起的牵引力程序的失效。同时，EBCM 要求 BCM 通过报警器发出报警。当 EBCM 模块检测出车轮的侧滑并开始对车轮进行牵引力制动时，牵引力控制灯亮。

DBC-10 和以前的通用汽车防抱死制动系统的另一个区别主要是二级线路的使用。二级线路是一种复杂的网络。每个线路模块都可以与用来识别网络中每个模块的不同的脉冲信号共享信息。二级线路比老式

图 4-174 典型普通发动机汽车的牵引力控制灯

的电子通信更快，并且可以在更高的电压下操作。老式的通信速度为 8 192 字节每秒，而二级线路的通信速度为 10 400 字节每秒。DBC-10 的工作电压为 10 V 而不是 5 V。虽然这些改变，外表看起来没有明显的区别，但是它的通信速度为每秒 186 000 m，这将能够传递更多的信息量。读取二级线路的数据不需要有扫描的工具。

5. 主动制动系统

主动制动系统是目前以及未来要使用的制动系统，这种系统目前使用于第一代和第二代的电子系统的汽车中。这种系统仍存在一些问题，但是不多，大多数的系统作为汽车稳定性控制，电子稳定性程序或其他类型的系统被人们所熟知。主动制动系统首次被安装在 1999 年的中型乘用车中。自从那时开始，主动制动系统便安装在了越来越多的汽车中，并且这种系统不易失效。到 2008 年，这种系统的所有问题将被找出并解决，并更换成更有效的元件和程序。这种系统将成为一种独立的制动系统，但是在 2001 年到 2006 年之间，这种系统是与 ARC 形成一体化的。主动制动系统的基本原理是当驾驶员的操作出现问题（例如驾驶太快）或者路面情况使汽车失去控制等情况，制动系统则允许电子系统对汽车进行控制。然而主动制动系统不能代替驾驶员进行操作，它只能帮助驾驶员对汽车进行控制。

主动制动系统有一个踏板位置传感器，通常安装在真空助力器上。传感器能够检测出踏板的行程以及踏板的运动速度。这个信号同 ARC 系统中的偏航传感器信号一同传给 EBCM 模块，这两个信号能够指示出汽车转弯时的侧倾倾向，并能产生使汽车制动的车轮的制动力。这种系统产生的功效与 ARC 系统产生的功效相同。这种操作是不需要驾驶员操控的。更加先进的主动制动系统将与车轮速度传感器，汽车速度传感器，偏航传感器，转向传感器以及其他的传感器共同作用，以对汽车进行方向控制和稳定性控制。

产生汽车的控制和稳定性问题的主要原因是不足转向或过多转向。不足转向是指汽车在转弯时的转向没有达到一定的要求，也就是汽车将不会按照转向意图进行转向。而过多转向则相反：它是转向量过多而造成的。在不足转向中，制动力将分配大后车轮中。这将产生驱动阻力，使汽车脱离转弯曲线。在过多转向中，制动力将作用于前外轮上，这将使汽车背离转向曲线，并减小后轮的甩尾现象。在其他的情况下，将使汽车失去控制的可能性，这时，前轮或后轮将帮助汽车制动。

一些乘用车使用前、后雷达系统来提供主动制动系统。如果前轮雷达系统检测出汽车前方有障碍物，那么它将使仪表盘上的制动报警灯亮，以提醒驾驶员进行汽车制动。在一些情况下，主动制动系统不需要驾驶员的输入操作就可以进行电子制动。这在有雾或者下雨的天气时是非常有帮助的。后轮的雷达系统也具有相同的功能。这在倒车时，如果有儿童在汽车附近，那对驾驶员更是大有帮助的。

但是需要注意的是，汽车上的电子系统都不能纠正驾驶员的错误操作。在路面上驾驶得太快或者超过了汽车的驾驶极限都会导致驾驶员受伤甚至死亡。正如古话所说："如果你想要挑战新事物，你就必须为此付出代价。有时这种代价是非常残酷的，电子设备也无法阻止。"

6. 电子制动系统和未来的制动技术

电子制动系统是一种组合式系统，它包括了本节课所要讲的所有系统。首先我们要介绍默西迪丝的线路制动系统以及它所存在的问题。一个真正意义上的电子制动系统是线路制动系统，能够消除几乎所有的机械式和液压式系统。制动是通过电子装置控制液压压力来完成的，直接供给车轮的机械制动元件，如发动机或螺线管，或通过磁铁来产生制动力。所有的制动操作都是根据驾驶员的减速或停车的信号来完成的。检测汽车和路面的不同传感器以及不同的电子信号会通过液压模块、螺线管或轮毂中的磁铁来控制液压压力。磁制动目前还没有用于汽车中，但是它已经在公园娱乐用车和快速列车中使用。如果实现了线路制动系统，那么磁制动的使用也将不远了。

但是现在所有的防抱死制动系统和主动制动系统都是由制动液压控制的。如果能够解决电子制动系统的舒适性和安全性的复杂问题，那么电子制动系统是能够在所有的汽车中广泛使用的。作者根据目前的一些研究推测，到 2015 年，大多数的汽车中都会安装有一体化的制动系统、悬架系统和转向系统。

真正的电子制动系统主要有两个问题，一个是在电子系统完全失效后的后备系统问题，通过使用小型主缸以及标准的液压/机械式制动元件可以解决，至少能部分解决这个问题。使用小型主缸以及标准机械式制动元件，即使是在驾驶员没有进行足够的制动力输入时，也会产生制动力。这与标准的制动助力器的失效原理相似。制造商在 2006 年也许会根据上述原理来提高系统的性能。现代汽车中所安装的电子系统的另外一个问题是：可利用的电能。由于受到汽车空间大小的限制，触发器和电池组的大小是有限制的。大的触发器和电池组的造价和重量对于考虑汽车燃油经济性和修理费用的乘用车和轻型货车来讲是不适用的。为了解决能源的供应问题，可以采取以下几种方法。其中一种，也是目前最有效的一种是在混合动力汽车中使用大驱动力的电池组和高输出的模拟触发器。这样做，虽然会相应增高汽车的造价，但是由于这是一项新技术，所以也是合理的。当同类型的汽车被生产的越来越多时，它的造价就会相应下降。驱动电池组将可以为所有的汽车电子系统提供所需要的电能。驱动模拟触发器所需要的能源可以通过使用再生制动力来降低。

再生制动力用于由汽车电子驱动发动机来驱动的汽车中。在正常的操作中，电能是用来为发动机提供电能，以驱动汽车的。当制动开关关闭时，发动机的控制器将使磁铁线圈反转，而成为触发器，它将产生电流以帮助电池组再充电。所有的混合动力汽车装有某种形式的电动机，所以在某种特定状况下时，可以转换成低输出的触发器。再生制动力也可以使汽车减速，这是因为汽车的动能可以用来驱动触发器，这可以延长制动器的使用寿命，同时还可以提高燃油经济性。再生制动力的另外一个优点是，当汽车以很高的速度下坡时，由汽车的动能产生的制动力比发动机能产生的制动力要多得多。发动机控制器能够检测出这种情况，并将发动机转换成触发器，由此使汽车减速并使电池组重新充电。可以查看关于混合动力式汽车、电动车和柴油车的有关内容。

在 20 世纪 80 年代末以及 20 世纪 90 年代初时，一些汽车制造商尝试在标准的模拟触发器中使用再生制动力。当进行制动时，模拟触发器的开关打开在全输出的位置。这使得发动机的转速下降，因此能够使汽车减速，并给 12 V 的电池组充电。然而，这种带有价格较贵程序的触发器的造价也较高。据我所知，这种系统和标准的充电式系统一样都不易失效。

参 考 文 献

[1] 陈家瑞．汽车构造［M］．北京：机械工业出版社，2016．
[2] 白红村．汽车底盘构造与维修［M］．北京：北京大学出版社，2011．
[3] 高峰．汽车底盘构造与维修［M］．北京：机械工业出版社，2016．
[4] 朱建柳，黄立新．汽车底盘构造与维修［M］．上海：上海科学技术出版社，2010．
[5] 刘东亚，王清娟．汽车底盘构造与维修．［M］．北京：北京大学出版社，2009．
[6] 孔令来．汽车底盘构造与维修［M］．北京：机械工业出版社，2011．
[7] 幺居标．汽车底盘构造与维修［M］．北京：机械工业出版社，2011．
[8] 涂潭生．汽车底盘构造与维修［M］．北京：机械工业出版社，2011．
[9] 罗智强．汽车底盘构造与维修［M］．北京：机械工业出版社，2013．
[10] 李栓成．汽车底盘构造与维修［M］．北京：人民交通出版社，2007．
[11] 周林福．汽车底盘构造与维修［M］．北京：人民交通出版社，2005．
[12] 张红伟．汽车底盘构造与维修［M］．北京：高等教育出版社，2007．
[13] 蒋进运．汽车底盘构造与维修［M］．北京：北京理工大学出版社，2010．
[14] 李春明．现代汽车底盘技术［M］．北京：北京理工大学出版社，2010．
[15] 赵新民．汽车构造［M］．北京：人民交通出版社，2001．
[16] 蔡兴旺．汽车构造与原理［M］．北京：机械工业出版社，2004．
[17] 刘道春．汽车传动系统及维修实例［M］．北京：人民邮电出版社，2007．
[18] 蒋勇．汽车结构与拆装（下册）［M］．上海：复旦大学出版社，2007．